Informatik – Fachberichte

Band 1: Programmiersprachen. GI-Fachtagung 1976. Herausgegeben von H.-J. Schneider und M. Nagl. (vergriffen)

Band 2: Betrieb von Rechenzentren. Workshop der Gesellschaft für Informatik 1975. Herausgegeben von A. Schreiner. (vergriffen)

Band 3: Rechnernetze und Datenfernverarbeitung. Fachtagung der GI und NTG 1976. Herausgegeben von D. Haupt und H. Petersen. VI, 309 Seiten. 1976.

Band 4: Computer Architecture. Workshop of the Gesellschaft für Informatik 1975. Edited by W. Händler. VIII, 382 pages. 1976.

Band 5: GI – 6. Jahrestagung. Proceedings 1976. Herausgegeben von E. J. Neuhold. (vergriffen)

Band 6: B. Schmidt, GPSS-FORTRAN, Version II. Einführung in die Simulation diskreter Systeme mit Hilfe eines FORTRAN-Programmpaketes, 2. Auflage. XIII, 535 Seiten. 1978.

Band 7: GMR – GI – GfK. Fachtagung Prozessrechner 1977. Herausgegeben von G. Schmidt. (vergriffen)

Band 8: Digitale Bildverarbeitung/Digital Image Processing. GI/NTG Fachtagung, München, März 1977. Herausgegeben von H.-H. Nagel. (vergriffen)

Band 9: Modelle für Rechensysteme. Workshop 1977. Herausgegeben von P. P. Spies. VI, 297 Seiten. 1977.

Band 10: GI – 7. Jahrestagung. Proceedings 1977. Herausgegeben von H. J. Schneider. IX, 214 Seiten. 1977.

Band 11: Methoden der Informatik für Rechnerunterstütztes Entwerfen und Konstruieren, GI-Fachtagung, München, 1977. Herausgegeben von R. Gnatz und K. Samelson. VIII, 327 Seiten. 1977.

Band 12: Programmiersprachen. 5. Fachtagung der GI, Braunschweig, 1978. Herausgegeben von K. Alber. VI, 179 Seiten. 1978.

Band 13: W. Steinmüller, L. Ermer, W. Schimmel: Datenschutz bei riskanten Systemen. Eine Konzeption entwickelt am Beispiel eines medizinischen Informationssystems. X, 244 Seiten. 1978.

Band 14: Datenbanken in Rechnernetzen mit Kleinrechnern. Fachtagung der GI, Karlsruhe, 1978. Herausgegeben von W. Stucky und E. Holler. (vergriffen)

Band 15: Organisation von Rechenzentren. Workshop der Gesellschaft für Informatik, Göttingen, 1977. Herausgegeben von D. Wall. X, 310 Seiten. 1978.

Band 16: GI – 8. Jahrestagung, Proceedings 1978. Herausgegeben von S. Schindler und W. K. Giloi. VI, 394 Seiten. 1978.

Band 17: Bildverarbeitung und Mustererkennung. DAGM Symposium, Oberpfaffenhofen, 1978. Herausgegeben von E. Triendl. XIII, 385 Seiten. 1978.

Band 18: Virtuelle Maschinen. Nachbildung und Vervielfachung maschinenorientierter Schnittstellen. GI-Arbeitsseminar. München 1979. Herausgegeben von H. J. Siegert. X, 230 Seiten. 1979.

Band 19: GI – 9. Jahrestagung. Herausgegeben von K. H. Böhling und P. P. Spies. (vergriffen)

Band 20: Angewandte Szenenanalyse. DAGM Symposium, Karlsruhe 1979. Herausgegeben von J. P. Foith. XIII, 362 Seiten. 1979.

Band 21: Formale Modelle für Informationssysteme. Fachtagung der GI, Tutzing 1979. Herausgegeben von H. C. Mayr und B. E. Meyer. VI, 265 Seiten. 1979.

Band 22: Kommunikation in verteilten Systemen. Workshop der Gesellschaft für Informatik e.V.. Herausgegeben von S. Schindler und J. C. W. Schröder. VIII, 338 Seiten. 1979.

Band 23: K.-H. Hauer, Portable Methodenmonitoren. Dialogsysteme zur Steuerung von Methodenbanken: Softwaretechnischer Aufbau und Effizienzanalyse. XI, 209 Seiten. 1980.

Band 24: N. Ryska, S. Herda, Kryptographische Verfahren in der Datenverarbeitung. V, 401 Seiten. 1980.

Band 25: Programmiersprachen und Programmentwicklung. 6. Fachtagung, Darmstadt, 1980. Herausgegeben von H.-J. Hoffmann. VI. 236 Seiten. 1980

Band 26: F. Gaffal, Datenverarbeitung im Hochschulbereich der USA. Stand und Entwicklungstendenzen. IX, 199 Seiten. 1980.

Band 27: GI-NTG Fachtagung, Struktur und Betrieb von Rechensystemen. Kiel, März 1980. Herausgegeben von G. Zimmermann. IX, 286 Seiten. 1980.

Band 28: Online-Systeme im Finanz- und Rechnungswesen. Anwendergespräch, Berlin, April 1980. Herausgegeben von P. Stahlknecht. X, 547 Seiten, 1980.

Band 29: Erzeugung und Analyse von Bildern und Strukturen. DGaO – DAGM Tagung, Essen, Mai 1980. Herausgegeben von S. J. Pöppl und H. Platzer. VII, 215 Seiten. 1980.

Band 30: Textverarbeitung und Informatik. Fachtagung der GI, Bayreuth, Mai 1980. Herausgegeben von P. R. Wossidlo. VIII, 362 Seiten. 1980.

Band 31: Firmware Engineering. Seminar veranstaltet von der gemeinsamen Fachgruppe „Mikroprogrammierung" des GI Fachausschusses 3/4 und des NTG-Fachausschusses 6 vom 12. – 14. März 1980 in Berlin. Herausgegeben von W. K. Giloi. VII, 289 Seiten. 1980.

Band 32: M. Kühn, CAD Arbeitssituation. Untersuchungen zu den Auswirkungen von CAD sowie zur menschengerechten Gestaltung von CAD-Systemen. VII, 215 Seiten. 1980.

Band 33: GI – 10. Jahrestagung. Herausgegeben von R. Wilhelm. XV, 563 Seiten. 1980.

Band 34: CAD-Fachgespräch. GI - 10. Jahrestagung. Herausgegeben von R. Wilhelm. VI, 184 Seiten. 1980.

Band 35: B. Buchberger, F. Lichtenberger: Mathematik für Informatiker I. Die Methode der Mathematik. XI, 315 Seiten. 1980.

Band 36: The Use of Formal Specification of Software. Berlin, Juni 1979. Edited by H. K. Berg and W. K. Giloi. V, 388 pages. 1980.

Band 37: Entwicklungstendenzen wissenschaftlicher Rechenzentren. Kolloquium, Göttingen, Juni 1980. Herausgegeben von D. Wall. VII, 163 Seiten. 1980.

Band 38: Datenverarbeitung im Marketing. Herausgegeben von R. Thome. VIII, 377 pages. 1981.

Band 39: Fachtagung Prozeßrechner 1981. München, März 1981. Herausgegeben von R. Baumann. XVI, 476 Seiten. 1981.

Band 40: Kommunikation in verteilten Systemen. Herausgegeben von S. Schindler und J.C.W. Schröder. IX, 459 Seiten. 1981.

Band 41: Messung, Modellierung und Bewertung von Rechensystemen. GI-NTG Fachtagung. Jülich, Februar 1981. Herausgegeben von B. Mertens. VIII, 368 Seiten. 1981.

Band 42: W. Kilian, Personalinformationssysteme in deutschen Großunternehmen. XV, 352 Seiten. 1981.

Band 43: G. Goos, Werkzeuge der Programmiertechnik. GI-Arbeitstagung. Proceedings, Karlsruhe, März 1981. VI, 262 Seiten. 1981.

Informatik-Fachberichte

Herausgegeben von W. Brauer
im Auftrag der Gesellschaft für Informatik (GI)

62

Michael Malms

Ein inhaltsadressierbares Speichersystem zur Unterstützung zeitkritischer Prozesse der Informationswiedergewinnung in Datenbanksystemen

Springer-Verlag
Berlin Heidelberg New York Tokyo 1983

Autor

Michael Malms
Lehr- und Forschungsgebiet für Verfahren
der Prozeßdatenverarbeitung und Prozeßführung
der RWTH Aachen
Sommerfeldstr. 54, 5100 Aachen

D 82 RWTH Aachen

CR Subject Classifications (1982): B.1.5, B.2.1, B.3.2, B.6.1, C.1.2, H.2.6, H.3.3

ISBN-13:978-3-540-12006-3   e-ISBN-13:978-3-642-68832-4
DOI: 10.1007/978-3-642-68832-4

2145/3140 – 5 4 3 2 1 0

Geleitwort

Die Anwendung der Hochintegrationstechnologie im Bereich der
Meß-, Steuerungs- und Regelungstechnik mit oder ohne Verwendung von datenverarbeitenden Komponenten, wie beispielsweise
Mikroprozessoren, ist in den letzten Jahren im wesentlichen
unter dem Gesichtspunkt des Ersatzes konventioneller Techniken
erfolgt. Mikrorechner waren insbesondere dort erfolgreich, wo
bereits in der Vergangenheit Verfahren entwickelt worden waren, die in das Rechnerprogramm übernommen werden konnten. Erst
in jüngster Zeit ist eine Fortentwicklung bestehender Methoden
unter spezieller Nutzung von hochintegrierten Komponenten zu beachten.

Weiterhin zeigt sich, daß die Entwicklung von neueren Verar-
beitungsverfahren in vielen Bereichen der Meß- und Regelungstechnik neue Aspekte eröffnet. Dies hat dazu geführt, daß die
Komponentenhersteller sich rasch auf diese Situation eingestellt haben.

In diesen Bereich ist - insbesondere unter Verwendung lei-
stungsfähiger Speicher- und Zusatzkomponenten - die von
Herrn M.Malms vorgelegte Arbeit einzureihen. Sie befaßt sich
mit einer Verarbeitungseinheit, die im wesentlichen ein inhaltsadressierbares Speichersystem darstellt, bei dem Zusatz-
elemente sämtliche Operationen der Informations-Wiedergewinnung abzuarbeiten erlauben. Allerdings darf dieses System
nicht nur unter dem Gesichtspunkt der schnellen Datenfindung
gesehen werden, da auch andere Applikationsbereiche wegen der
hohen Leistungsfähigkeit erschlossen werden können.

Es ist zu begrüßen, daß diese Arbeit in der Reihe
"Informatik-Fachberichte" herausgegeben werden kann.
Somit wird dieses System einem breiteren Kreis von Fachleuten
zugänglich, zumal eine Fortentwicklung mit Unterstützung der
Deutschen Forschungsgemeinschaft vorgesehen ist.

Aachen, im November 1982   Prof. Dr. K.W. Pleßmann

<u>Vorwort</u>

Informationssysteme sind nicht nur in der kommerziellen
Datenverarbeitung eine Selbstverständlichkeit, sondern
gewinnen auch im Bereich der Prozeßdatenverarbeitung zunehmend an Bedeutung: So kann z.B. für die vielschichti-
gen Aufgaben der Fertigungssteuerung [RIE 79], eine um-
fassende Intensivüberwachung im medizinischen Bereich
[DES 80] sowie für den effektiven Betrieb von Netzleit-
systemen [BBC 81] auf ein leistungsfähiges Informationssystem nicht mehr verzichtet werden.

Gegenwärtig sind ausnahmslos *rechnergestützte Informationssysteme* im Einsatz, die zum größten Teil auf dem Konzept
der *Datenbank* (s. Kap. 2) basieren. Dieses Konzept wurde
in den 60-er Jahren entwickelt, in einer Zeit, die durch
hohe Kosten für die Rechnerhardware charakterisiert ist.
Daher ergab sich der Zwang, Datenbanksysteme als teilweise
sehr umfangreiche Software-Pakete auf Universalrechnern
des *"von Neumann-Prinzips"* zu implementieren, das auch
als die "Architektur des minimalen Hardware-Aufwands"
[GIL 81] bezeichnet wird.

Obwohl sich diese Rechnerarchitektur aufgrund ihrer struk-
turellen und operationalen Schlichtheit und der damit verbundenen hohen Flexibilität bis heute bewährt hat, werden
ihre Schwachstellen vor allem in der nicht-numerischen
Datenverarbeitung zunehmend offensichtlich (s. Kap. 3).
Hier hat sich bereits gezeigt, daß die ständig steigenden
Anforderungen an Datenbanksysteme nur dann zufriedenstellend erfüllt werden können, wenn neuartige, unkonventionel-
le Hardware-Systeme zur Verfügung gestellt werden (s. 3.2).
Dies gilt vor allem für den Bereich der Prozeßdatenbanken,
da hier die zusätzliche Bedingung der Echtzeitfähigkeit

gilt (s. 2.4). Die technologischen Voraussetzungen für
die Realisierung solcher Systeme sind seit der Mitte der
70-er Jahre durch die Einführung hochintegrierter digitaler Schaltkreise gegeben.

Diese *innovativen Hardware-Systeme* zeichnen sich durch
einen hohen Grad an Parallelverarbeitung aus und weichen
erheblich von dem bereits erwähnten von Neumann-Konzept
ab. Ihre Aufgabe besteht in einer effektiven Unterstützung
aller zentralen Datenbank-Funktionen; hierzu gehören die
Selektion, ein flexibler und schneller Änderungsdienst
sowie die Koordinierung der konkurrierenden Benutzerzu-
griffe.

In dieser Arbeit wird ein unkonventionelles Speichersystem vorgestellt, das inhaltsorientierte Zugriffe auf
tabellenartig strukturierte Datenbestände erlaubt und somit den Prozeß der Informations-Wiedergewinnung (information retrieval) in Datenbanksystemen wesentlich beschleunigt und vereinfacht. Dieses Speichersystem kann
als eine autonome Spezial-Hardware-Einheit angesehen werden, die über eine Parallelschnittstelle an jeden Universalrechner gekoppelt wird und besonders zur Unterstützung
relationaler Datenbanksysteme (s. 2.3) ausgelegt wurde.
Neben diesem Einsatzgebiet ergeben sich noch andere Anwendungsmöglichkeiten, vornehmlich in der Mustererkennung
und bei statistischen Auswertungen, die nicht nur für den
kommerziellen Datenbank-Bereich, sondern auch für die Meßdatenverarbeitung typisch sind (s. Kap. 9).

Der methodologische Kapitelaufbau führt den Leser systema-
tisch durch alle Entwurfs- und Realisierungsphasen. Hiermit kann er die wichtigsten, während der Konzeption getroffenen Entscheidungen nachvollziehen. Das System steht
als funktionsfähiger Prototyp zur Verfügung.

Die vorliegende Arbeit entstand in den Jahren 1979 - 1982
während meiner Tätigkeit als wissenschaftlicher Mitarbeiter am Lehr- und Forschungsgebiet für Verfahren der Prozeßdatenverarbeitung und Prozeßführung der Rheinisch-West-
fälischen Technischen Hochschule Aachen.

Herrn Prof. Dr.-Ing. K.W. Pleßmann möchte ich sowohl für
seine stete Unterstützung während meiner Tätigkeit als
auch besonders für die wertvollen Anregungen und Hinweise
bei der Anfertigung der Arbeit recht herzlich danken.

Mein Dank gilt ebenfalls Herrn Prof. Dr.-Ing. M. Weck für
die eingehende Durchsicht dieser Arbeit und für die sachdien-
lichen Verbesserungsvorschläge.

Außerdem bin ich Herrn Prof. Dr.-Ing. M. Thoma für die
wohlwollende Unterstützung im Zusammenhang mit der Ver-
öffentlichung zu Dank verpflichtet .

Schließlich danke ich allen Mitarbeitern der Lehrgebiets
für die wertvollen Diskussionen sowie allen Hilfsassisten-
ten für die tatkräftige Unterstützung bei der Durchführung
der Systementwicklung und der Erstellung der vorliegenden
Arbeit.

Aachen,den 3.November 1982   M.Malms

Inhaltsverzeichnis

1

1. Einleitung

Sucht man nach einem prägnanten Schlagwort zur Charakteri-
sierung des technisch-wirtschaftlichen Fortschritts dieses
Jahrhunderts, so bietet sich mit einem Blick auf jüngste
Statistiken der Begriff der *"Zweiten industriellen Revolution" - Übergang vom Industriezeitalter in das Informations-
zeitalter* - geradezu an (vergl. [PLA 80]). Diese Aussage bezieht sich auf die Entwicklung der Beschäftigungsstruktur
in den letzten 30 Jahren: die Anzahl der in der Industrie
Beschäftigten ist spürbar zurückgegangen, während immer mehr
Menschen einen Arbeitsplatz im Bereich der Informationsver-
arbeitung finden. In diesem Zusammenhang bezeichnet die
erste industrielle Revolution einen entsprechenden Übergang
vom Agrar- zum Industriezeitalter.

Bild 1.1[PLA 80] gibt die zeitliche Entwicklung der Beschäftigungsstruktur in den USA von 1900 bis 1980 wieder, wobei
eine Gliederung in die drei Bereiche Industrie, Landwirt-
schaft und Dienstleistungen zugrunde gelegt wird. Der Sektor
der Dienstleistungen ist hierbei noch einmal in *konventionelle* und *Informations-Dienstleistungen* aufgeteilt, so daß sich
der geradezu revolutionäre Anstieg der in der Informations-
verarbeitung Erwerbstätigen ab 1950 deutlich zeigt. Der Bereich der Informations-Dienstleistungen umfaßt hierbei alle
Tätigkeiten, die sich mit der Erfassung, Verarbeitung und
Weitergabe von "Information" befassen.

Die Graphik in Bild 1.1 läßt sicherlich die Interpretation zu,
daß in den letzten 30 Jahren der Stellenwert von Information
und - damit eng verbunden - Systemen, die zur Aufnahme, Speicherung und Auswertung von Informationen dienen, erheblich
an Bedeutung gewonnen haben. Es gibt heute kaum noch größere
wirtschaftliche, staatliche und private Institutionen, die
auf ein umfangreiches Informationssystem verzichten können.

Als Beispiele seien hier Informationssysteme für Kranken-
häuser, Banken, Fluggesellschaften, das Informationssystem
des Bundeskriminalamtes und des deutschen Patentamtes aufgeführt (vergl. [STE 78]).

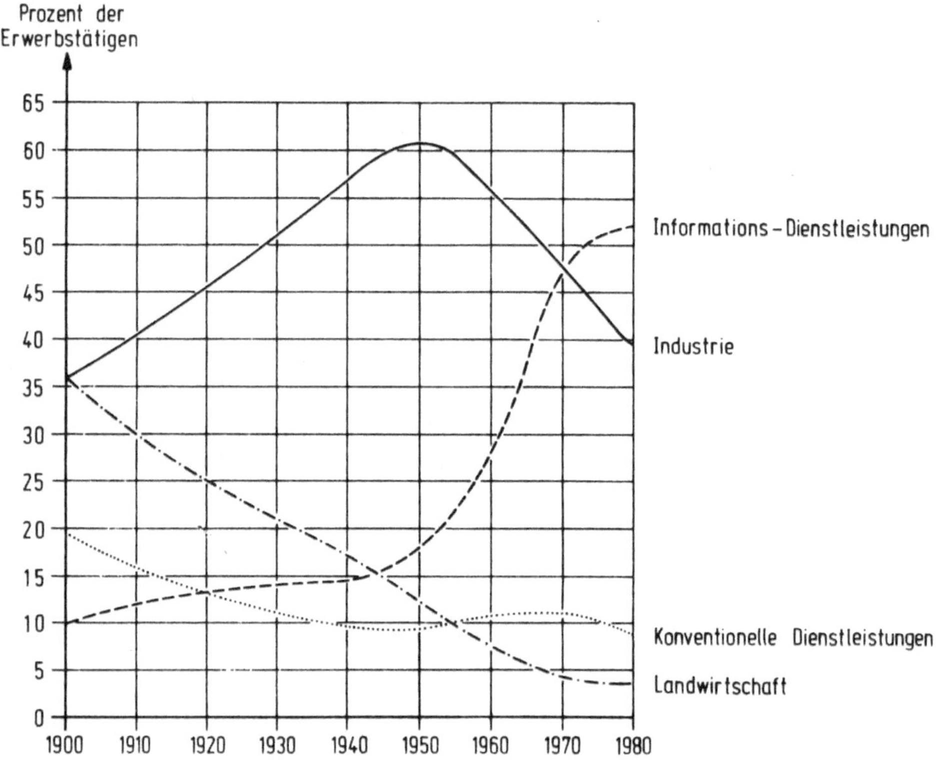

Bild 1.1 Entwicklung der Beschäftigungsstruktur

Informationssysteme haben im wesentlichen zwei Aufgaben:

    1. Sie unterstützen die Entscheidungsprozesse innerhalb
       der einzelnen Institutionen durch die Bereitstellung
       eines vielschichtigen Informationsangebotes, so daß

Entscheidungen leichter und schneller getroffen, besser begründet und somit Fehlentscheidungen erheblich reduziert werden können.

2. Informationssysteme sollen in zunehmendem Maße durch einen erleichterten Informationsaustausch die Effektivität der Zusammenarbeit zwischen den einzelnen Institutionen erhöhen.

Die Bedeutung, die solchen Systemen in verschiedenen Unternehmen eingeräumt wird, läßt sich am Informationskostenanteil des Umsatzes erkennen [PLA 80]: In den USA beträgt er z.Z. ca. 20%, vorsichtige Schätzungen für europäische Unternehmen sehen hierbei 15% vor. Dieser recht hohe Kostenanteil zwingt die meisten Institutionen dazu, die Produktivität ihrer Informationssysteme zu erhöhen, um auch in Zukunft konkurrenzfähig zu bleiben.
Eine wesentliche Steigerung der Produktivität kann hierbei aber durch die Wahl des richtigen Werkzeugs zur Realisierung eines Informationssystems erreicht werden. Hier hat sich schon seit einigen Jahren das Hilfsmittel "Rechner" als ideal herausgestellt, so daß heute praktisch nur noch *Rechner-orientierte Informationssysteme* existieren. Es sei durchaus unterstellt, daß die Entwicklung der Informationssysteme auf der einen und Rechnersysteme auf der anderen Seite nicht unabhängig voneinander abgelaufen sind, sondern sich ohne Zweifel gegenseitig beeinflußt haben.

2. <u>Rechnerorientierte Informationssysteme</u>

Um das entwickelte Speichersystem, das in erster Linie die
Effektivität echtzeitfähiger Datenbanksysteme steigern soll,
besser beschreiben zu können, werden in diesem Kapitel einige Grundbegriffe aus dem Gebiet rechnergestützter Informationssysteme kurz erläutert.

2.1 Das Konzept der Datenbank

Moderne rechnerorientierte Informationssysteme basieren auf
dem Konzept der Datenbank, für die T.LUTZ die folgende Definition liefert [LUT 77]:

> *Eine Datenbank ist eine physisch verfügbare*
> *Menge von Datenelementen unterschiedlicher*
> *Struktur (Format), die nicht redundant ist*
> *und unter Vielfachzugriff steht.*

"Physisch verfügbar" deutet hierbei darauf hin, daß die gespeicherten Daten einen tatsächlich existierenden *"Ausschnitt*
aus der realen Welt" beschreiben. Elemente dieser *"Miniwelt"*
werden hierbei als Objekte sog. *Entities* angesehen, zwischen
denen gewisse *"Beziehungen"* bestehen [SCH 77].

Die Angabe *"nicht redundant"* bezeichnet die Tatsache, daß
Informationen zu einem *"Entity"* in jedem Fall nur einfach
abgespeichert werden, obwohl sie in den Anwendungen (Daten-
bankzugriffen) in unterschiedlichen Zusammenhängen bzw. Struk-
turierungen benötigt werden.

"Vielfachzugriff" deutet an, daß mehrere Benutzer gleichzeitig Zugang zu den - zentral gespeicherten - Informationen
haben. Durch die zentrale Speicherung werden außerdem eine
Reihe von Maßnahmen zur *Zugriffskontrolle* und Erhaltung der

Datenintegrität ermöglicht.

Diese Eigenschaften unterscheiden eine Datenbank eindeutig von konventionellen Datenverarbeitungssystemen, bei denen eine starke Bindung der Anwenderdaten zu den jeweiligen Programmen besteht. Jedes Anwenderprogramm besitzt hierbei nicht nur eine individuelle Sicht auf die Daten, sondern enthält auch eigene Organisationsvorschriften für die Abspeicherung und die Zugriffe.

Die Konsequenzen hiervon sind

- ein erschwerter Überblick über den gesamten Datenbestand seitens des Benutzers
- eine nicht zu vermeidende Mehrfachspeicherung (dieselbe Information wird mehrfach abgespeichert)
- Inkonsistenzen bei Änderungen (u.U. wird eine Information nicht an allen Stellen, an denen sie abspeichert ist, bei einer Änderung erfaßt)
- hohe Inflexibilität, d.h. eine Änderung der Datenorganisation (Datenstruktur, Zugriffsverfahren, Speicherungsstruktur) hat teilweise erhebliche Modifikationen des Anwenderprogramms zur Folge.

Das Datenbankkonzept sieht dagegen vor, daß alle Anwendungsprogramme *indirekt* auf einen *gemeinsamen* Datenbestand zugreifen, wobei die Zugriffe durch die *Datenbanksoftware* verwaltet und koordiniert werden. Dieses Softwarepaket sorgt dafür, daß die einzelnen Anwender (auch Benutzer) nach wie vor ihre individuelle - *logische* - Sicht auf die Daten beibehalten, obwohl diese in einer einheitlichen, für den Benutzer vollkommen unsichtbaren - *physischen* - Organisation abgespeichert sind.

Die Datenbanksoftware bietet dem Benutzer die Möglichkeit, Informationen in die Datenbank einzufügen, zu löschen, zu ändern und unter Angabe geeigneter Kriterien die Datenbank nach bestimmten Informationen zu durchsuchen.

2.2 Datenbank-Architektur

Die *Datenbank* ist mit der *Datenbanksoftware* in einem *Daten-banksystem* zusammengefaßt, dessen Architektur in <u>Bild 2.1</u> vereinfacht dargestellt worden ist.

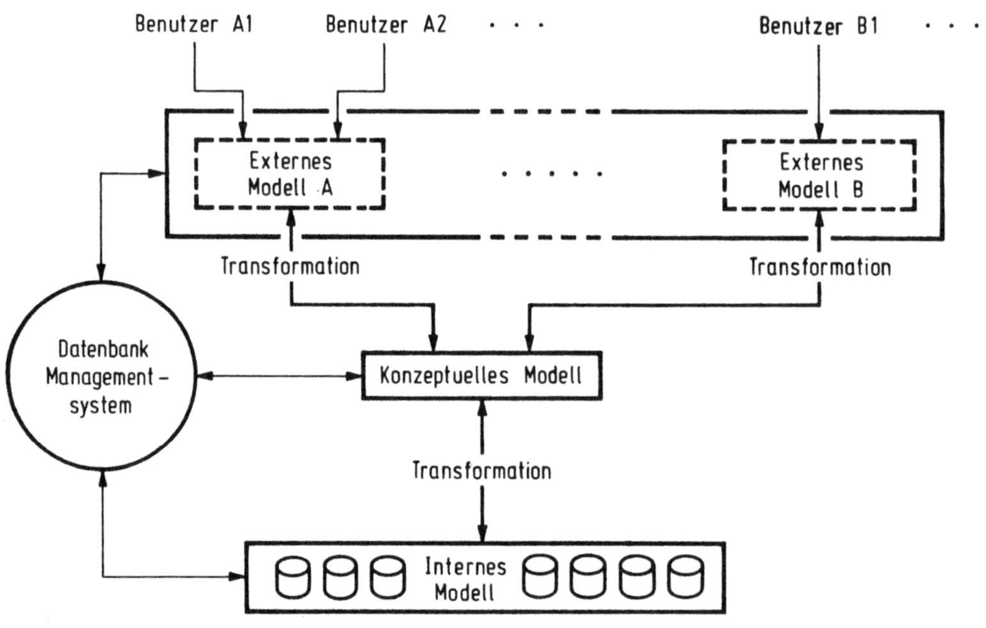

Bild 2.1   Architektur eines Datenbanksystems

Man unterscheidet grundsätzlich drei Ebenen: das *externe*, das *konzeptuelle* und das *interne* Modell. Hierbei gibt das externe Modell die Sicht der verschiedenen Benutzer auf die gespeicherten Daten wieder, das konzeptuelle Modell umfaßt

die logische Gesamtsicht der abgelegten Information, während
das interne Modell die physische Organisation der Daten repräsentiert. Das *Datenbankmanagementsystem* koordiniert und
verwaltet sämtliche Aktionen, die zwischen den drei Ebenen
ablaufen. So muß es z.B. die in einer geeigneten Sprache
(*"Query-Language"*) vom Benutzer im externen Modell formu-
lierten Anfragen in die entsprechenden, im internen Modell
definierten Operationen umsetzen, die physischen Zugriffe
durchführen und die gesuchte Information dem Benutzer in
seiner Sichtweise zur Verfügung stellen. Bei diesen Aktionen
wird es - soweit dies überhaupt möglich ist - durch das auf
dem Rechner implementierte Betriebssystem unterstützt. Im
externen Modell sind die verschiedenen Sichtweisen der Benutzer definiert, wobei jeder die für sein spezifisches Problem relevanten Entities mit den aus dem konzeptuellen Modell abgeleiteten Beziehungen verwendet.

Im konzeptuellen Modell erfolgt die *logische* Datenorganisation: hier wird auf einer von der Hardware des Rechnersystems
abgelösten Ebene die Gesamtheit aller Daten (Entities und
deren Beziehungen untereinander) auf der Basis eines *Datenmodells* (s. 2.3) beschrieben. Außerdem sind hier zentral bestimmte Kontrollfunktionen definiert, z.B. Zugriffsrechte und
Integritätsbedingungen.

Im internen Modell ist die *physische* Datenorganisation be-
schrieben, wie etwa die verwendeten Speicherungsstrukturen
(Adresskettung, Indextabellen, sequentielle oder gestreute
Speicherungsstruktur), der Satzaufbau, die Darstellung der
Attributwerte in Feldern fester bzw. variabler Länge, die
Interpretation der Werte sowie verschiedene Zugriffspfade.

Die drei Ebenen müssen so konzipiert werden, daß keine möglichst irgendwelche Auslegungsmerkmale der darunter liegen-
den Ebene voraussetzt. Beim Übergang zwischen zwei Ebenen
sind deshalb Transformationsvorschriften zu berücksichtigen.

2.3 Datenmodelle

Im konzeptuellen Modell erfolgt die Beschreibung der Informationen über die Entities und über die gegenseitigen Beziehungen zwischen einzelnen Entities auf der Basis eines geeigneten *Datenmodells*. Das Datenmodell stellt hierbei das "Gerüst" dar, in dem auf einer abstrahierten Ebene eine möglichst treue Abbildung des gewählten "Ausschnitts aus der realen Welt" aufgebaut wird.

Die bekanntesten Datenmodelle sind:

- das hierarchische Datenmodell
- das Netzwerk-Datenmodell
- das relationale Datenmodell.

Das hierarchische und das Netzwerk-Modell seien hier nur kurz erwähnt, eine ausführliche Erläuterung und Definition kann aus [SCH 77 und DAT 77] entnommen werden.

Im hierarchischen Modell werden die Entities und ihre Beziehungen untereinander durch die Baumstruktur repräsentiert, wobei die Knoten einzelne Entities und die gerichteten Kanten die entsprechenden Beziehungen (*sets*) symbolisieren. Der Zugriff zu einem Entity erfolgt immer über spezielle Einstiegspunkte; in diesem Fall über den Ursprung des Baumes, die Wurzel (s. <u>Bild 2.2</u>).

Im Netzwerk-Modell kann ein Datenelement sowohl mehrere Nachfolger als auch mehrere Vorgänger haben, so daß alle Knoten miteinander in direkten Beziehungen stehen können. Der entstehende Graph stellt hierbei eine Netz-Struktur dar.

Das relationale Datenmodell (auch Relationenmodell genannt) wurde durch E.F. CODD zu Beginn der 70er Jahre eingeführt und ist wohl das z.Z. am meisten diskutierte Modell [COD 70].

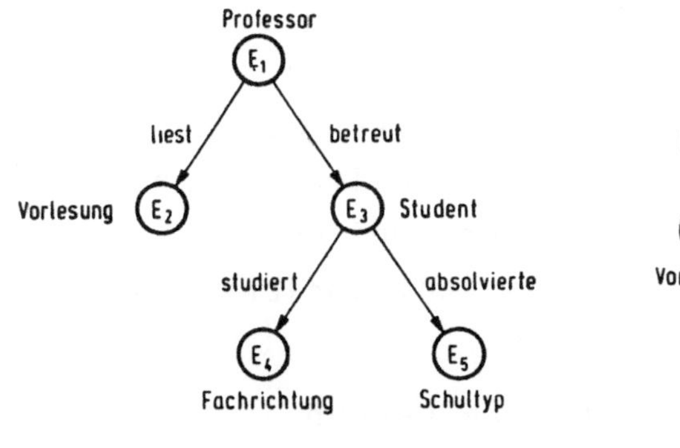

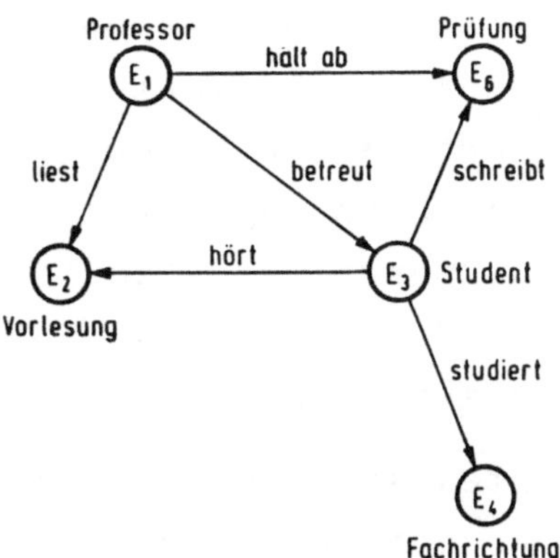

hierarchische Struktur   Netzwerk-Struktur

Bild 2.2   Datenstrukturen

Im Unterschied zu den beiden oben vorgestellten werden im
Relationenmodell alle *Beziehungen* zwischen Entities ebenfalls
als Entities dargestellt. Dieser Ansatz führt zu einer sehr
übersichtlichen und für den Benutzer leicht verständlichen
Struktur.

Da das Relationenmodell in den folgenden Kapiteln häufiger
zur Sprache kommen wird, seien hier einige grundlegende Er-
läuterungen angeführt:

Der Begriff "Relation" wird hier im mathematischen Sinne benutzt und ist folgendermaßen definiert :

> Das kartesische Produkt der beiden Mengen A und B
> ist definiert als $A \times B = \{ <a,b> \mid a \in A$ und $b \in B\}$.
> Das Symbol $<a,b>$ stellt ein geordnetes Paar dar.
> "Geordnet" bedeutet in diesem Zusammenhang, daß die

Position des ersten und zweiten Elementes eines
Paares nicht vertauscht werden darf. Demnach ist
das kartesische Produkt die Menge aller geordneten Paare und eine *Relation R* eine Teilmenge der
Produktmenge: $R \subseteq AxB$. Solange nur zwei Mengen
an der Produktbildung beteiligt sind, spricht man
von *R* als einer *binären Relation*.

Wird das kartesische Produkt über mehrere Mengen
A_1, A_2 ... A_n gebildet, so ergibt sich hierbei:

$$A_1 \; x \; A_2 \; x \; \ldots A_n = \{<a_1, \; a_2, \; \ldots a_n>|a_1 \; \epsilon \; A_1, \; a_2 \; \epsilon \; A_2, \; \ldots a_n \; \epsilon \; A_n\}$$

Hieraus entsteht die *"n-stellige Relation"* mit der Definition:

$$R \subseteq A_1 \; x \; A_2 \; x \; \ldots A_n$$

Der Ausdruck $< a_1, \; a_2, \; \ldots a_n >$ wird ein *"n-Tupel"* genannt,
so daß eine n-stellige Relation die Menge von geordneten
n-Tupeln darstellt vgl. auch [WED 74].

Bedingt durch die einfache Struktur und die damit verbundene gute Übersichtlichkeit wird auf das Relationenmodell
in den letzten Jahren bevorzugt zurückgegriffen, zumal
diese tabellenartige Darstellung auch im externen Modell
dem Benutzer direkt angeboten werden kann. Daraus ergibt
sich u.a. ein geringerer Aufwand für die Transformation
zwischen der externen und der konzeptuellen Ebene als bei
Zugrundelegung eines anderen Datenmodells.

Eine Relation kann in Form einer zweidimensionalen Tabelle
dargestellt werden,in der jede Zeile einer Ausprägung des
n-Tupels entspricht. Jede Spalte wird durch einen
Attributnamen identifiziert; die Elemente in einer Spalte
heißen *Attributwerte*. Häufig wird die Menge aller Attribut-

werte auch *Domäne* genannt. <u>Bild 2.3</u> zeigt ein einfaches
Beispiel für eine 4-stellige Relation.

<u>Relation</u> : Auto

Kennzeichnen	Hubraum [l]	Fabrikat	Steuerklasse
AC-D -5189	1.2	VW	7
F -XY-124	2.0	VOLVO	4
OL-AB-509	0.9	FIAT	10
M -Z -1248	1.2	OPEL	7
D -CC-824	1.1	RENAULT	8
AC-CC-23	1.3	OPEL	5

n-Tupel

Domäne

Bild 2.3   Beispiel für eine 4-stellige Relation

Aufgrund der Mengeneigenschaft einer Relation kommen keine
Tupel mehrfach vor. Da demnach alle Tupel unterschiedlich
sind, existiert eine die Tupel *identifizierende Attributkombination*. Besitzt sie *Minimumeigenschaft*, d.h. entfällt bei Weglassen eines Attributs aus dieser Attributkombination die identifizierende Eigenschaft, so wird diese
Kombination auch *Schlüssel* genannt.

Existieren mehrere Attributkombinationen mit Schlüsselei-
genschaft, so wird eine ausgewählt, die dann tatsächlich
die Funktion eines Schlüssels übernimmt. Dieser Schlüssel
wird auch als *Primärschlüssel* bezeichnet. Alle Nicht-Pri-
märschlüssel werden üblicherweise *"Sekundärschlüssel"* genannt.

In Bild 2.3 hat das Attribut "Kennzeichen", solange man davon ausgeht, daß jedes Kennzeichen nur einmal vergeben wird, die Funktion des Primärschlüssels.

Ein *Schlüsselattribut* ist Teil irgendeines Schlüssels; ändert man seinen Wert, so ändert sich auch der Wert des Schlüssels. Ein *Nichtschlüsselattribut* ist dann konsequenterweise nicht Teil irgendeines Schlüssels, so daß eine Wertänderung hierbei keinen Einfluß auf den Wert des Schlüssels hat.

Da in der Regel nicht alle Attribute in einer Relation untergebracht werden können, müssen mehrere Relationen angelegt werden, wobei sich die Frage stellt, welche Attribute in welche Relationen zu integrieren sind.
Die von CODD eingeführte *Normalformenlehre* macht Aussagen darüber, welche Attribute in einer Relation sinnvoll zusammengefaßt werden sollen. Es werden bei CODD vier Stufen unterschieden: die *unnormalisierte Form,* die *erste, zweite* und *dritte Normalform* (s. [SCH 77]).
Der Übergang von der unnormalisierten Form zur ersten Normalform schreibt vor, daß alle Attribute nicht weiter zerlegbar sind, also kein Attribut existiert, das selbst wieder eine Relation darstellt.

Die zweite Normalform liegt vor, wenn sich die Relation in der ersten Normalform befindet und außerdem jedes Nichtschlüsselattribut voll von jedem Schlüssel *funktional abhängig* ist. Die funktionale Abhängigkeit einer Attributkombination B von einer Attributkombination A liegt vor, wenn für jedes Element (jeden Wert) aus A *höchstens* ein Element B existiert.

Für die Relation "Auto" in Bild 2.3 ist die zweite Normalform-Bedingung erfüllt. Für jedes Element aus "Kennzeichen" gibt es naturgemäß nur ein Element aus "Hubraum", "Fabrikat" und "Steuerklasse". Die dritte Normalform ergibt sich aus der zweiten Normalform, wenn zusätzlich kein Nichtschlüsselattribut von einem Schlüssel *transitiv abhängt*.

Eine solche transitive Abhängigkeit liegt z.B. in der Relation "Auto" vor: legt man die heutige Steuerpraxis zugrunde, so ist das Nichtschlüsselattribut "Steuerklasse" transitiv von "Kennzeichen" abhängig, da es nicht *nur* funktional abhängig von "Kennzeichen", sondern *auch* von "Hubraum" ist. Die Relation "Auto" befindet sich demnach nur in der zweiten Normalform.

Durch die Überführung in die dritte Normalform werden viele durch unerwünschte Datenabhängigkeiten entstehende *Anomalien* beim Löschen, Einfügen und Ändern vermieden.

Die Praxis hat gezeigt, daß jedoch nicht alle Anomalien durch die dritte Normalform beseitigt werden können; deshalb sind inzwischen noch weitere Normalformen definiert worden, auf die jedoch nicht mehr eingegangen werden soll, da für die Ausführungen in den folgenden Kapiteln tiefere Kenntnisse der Normalformenlehre nicht notwendig sind. (s. hierzu [BEE 78, SCH 77, CODD 70]).

2.4 Prozeßdatenbanksysteme

Im Bereich der Prozeßdatenverarbeitung hat sich in den letzten Jahren ein wachsender Bedarf an echtzeitfähigen Datenbanksystemen eingestellt. Während sich früher die Aufgaben bei der Führung eines Prozesses auf die Meß-, Regelungs- und Steuerungstechnik beschränkten, kommen heute Aufgaben der *dispositiven Prozeßführung* hinzu. Klassische Beispiele hierfür sind:

- Erfassung und Verwaltung von Betriebsdaten
- Intensivüberwachung im medizinischen Bereich [DES 80]
- Netzleitsysteme für Energieversorgungsunternehmen
  [BBC 81]
- Gebäudeleitsysteme [BBC 80].

Bei diesen Applikationen muß der Prozeßrechner zusätzlich
zu seinen Meß- und Steuerungsaufgaben unter *Realzeitbedin-*
gungen eine in der Regel große Menge an Informationen ver-
walten und in Echtzeit darauf zugreifen können. Diese Aufgaben lassen sich nur durch ein *echtzeitfähiges Prozeß-*
datenbanksystem erfüllen.

Die Anforderungen an ein Prozeßdatenbanksystem sind als
eine Übermenge der für ein kommerzielles Datenbanksystem
typischen Leistungsmerkmale anzusehen. Als zusätzliche
"Benutzer" müssen Prozeß-Anwendungsprogramme berücksichtigt werden, so daß die Forderung nach einer Echtzeitfähigkeit hinzukommt; das heißt: ein großer Teil der Zugriffe muß in durch den Prozeß bestimmten Zeitverhältnissen
vollständig bearbeitet werden. Eine besondere Rolle spielt
bei Prozeßdatenbanken das Attribut *"Zeit"*: z.B. wird jedem
erfaßten Signalwert einer Meßreihe der Erfassungszeitpunkt
als Wert des Attributs "Zeit" zugeordnet. Dabei muß laut
[DES 80] dieses Zeit-Attribut bei allen Maßnahmen der Datenorganisation und Zugriffssteuerung besonders berücksichtigt werden.

Ansonsten sind auch hier die klassischen Bedingungen, die
jede Datenbank erfüllen muß, gültig. Allerdings - so be-
merkt R. Desjardins - läßt der derzeitige Entwicklungsstand von der Datenbanksoftware für Echtzeitsysteme zu
wünschen übrig, u.a. aufgrund der bisher unzulänglichen
und unvollständigen Spezifikationen des Anforderungsprofils
an Echtzeitdatenbanksysteme [DEJ 79].

Zu den bereits genannten Forderungen nach einer redundanz-
freien, zentralen Speicherung der Information und einem
Vielfachzugriff durch mehrere Benutzer gehören noch eine
physische und *logische* Datenunabhängigkeit und eine *zentrale Integritätskontrolle* [WED 74 und SCH 77].

Zu berücksichtigen ist außerdem noch die besondere Hard-
ware-Umgebung für eine Prozeßdatenbank: Der in den letzten
Jahren zunehmende Einsatz *dedizierter* Prozeßführungssysteme
"vor Ort" stellt besondere Anforderungen an eine *Konfek-
tionierbarkeit* der Prozeßdatenbank-Software.

Da außerdem verstärkt Mikrorechner verwendet werden, und
deren Leistungsfähigkeit für die Führung des Prozesses *und*
die Verwaltung einer Datenbank noch zu gering ist, wird
die Datenbank auf einem eigenen Rechner implementiert, der
über ein Kommunikationssystem mit dem eigentlichen Automa-
tisierungsrechner verbunden ist. Hier kommt also als zusätzliche zeitkritische Komponente die *Kommunikationstätig-
keit* zwischen den beiden Teilsystemen hinzu.

Schließlich sei noch darauf hingewiesen, daß bei dedizierten Mikrorechnersystemen das Vorhandensein eines Betriebs-
systems noch nicht selbstverständlich ist, so daß ein Prozeßdatenbanksystem hier um einige wesentliche betriebs-
system-spezifische Funktionen ergänzt werden muß.

3 Hardware-Systeme für die Informationswiedergewinnung

3.1 Konventionelle Rechnerarchitekturen

Das zentrale Problem bei allen Datenbanksystemen ist die
schnelle Wiedergewinnung der von den Benutzern gewünschten Informationen (information retrieval). Betrachtet man
einerseits die Benutzerebene (s.a. 2.2) und die heute
verfügbaren Rechnerarchitekturen andererseits, so wird
eine spürbare Diskrepanz offensichtlich:

Die Benutzer (hierunter werden auch Anwenderprogramme
verstanden) sind lediglich am *Inhalt* bestimmter Informationen interessiert. Der *Speicherort*, die internen
Datenstrukturen und die *physische Organisation* sind
für sie vollkommen belanglos.

In der Regel gibt es mehrere Benutzer, so daß Suchaufträge *parallel*, d.h. *gleichzeitig*, anfallen und bearbeitet werden müssen.

Untersucht man heute *verfügbare* Rechnersysteme auf ihre
Leistungsfähigkeit bezüglich *Inhaltsadressierung* und
Parallelverarbeitung hin, so gelangt man sehr schnell zu
dem Schluß, daß es bis auf eine Spezialanfertigung
(STARAN, ein assoziativer Feldrechner, der in Verbindung
mit einem Universalrechner primär zur Lösung mathema-
tischer Probleme wie z.B. der Verarbeitung boole'scher
Matrizen eingesetzt wird [GOO 72]) keine Systeme mit
diesen Merkmalen gibt. Dieser Tatbestand ist dem jahr-
zehntelangen Festhalten an einer vielfach bewährten - da
sehr einfachen - Rechnerarchitektur zuzuschreiben: dem
"von Neumann-Prinzip".

W.K. GILOI bezeichnet die von Neumann-Architektur als eine
Architektur des minimalen Hardwareaufwandes [GIL 81], da
sie nur die Komponenten vorsieht, die unbedingt notwendig sind: das zentrale Rechenwerk, den Speicher, das
Kommunikationssystem (Bus) und die Ein/Ausgabe-Einheiten
(s. Bild 3.1).

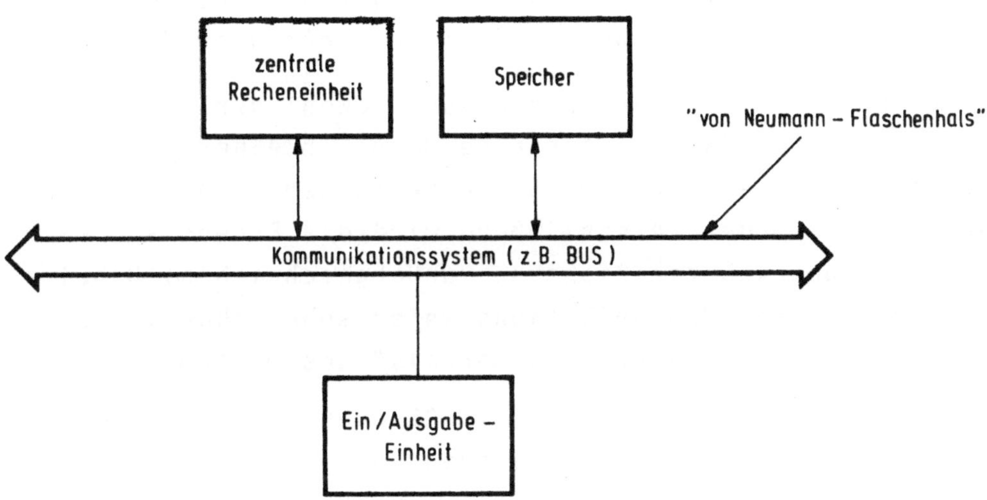

Bild 3.1   Die "von Neumann"-Rechnerstruktur

Diese Rechnerstruktur ist in einer Zeit entstanden, die
durch hohe Hardwarekosten und erheblich bescheidenere Anforderungen an die Leistungsfähigkeit eines Rechnersystems
gekennzeichnet war. Die entscheidenden Fortschritte der
Halbleitertechnologie haben diese Situation heute vollkommen verändert: die Hardwarekosten belaufen sich in der

Regel auf weniger als 25% der Gesamtkosten eines Rechnersystems. Den weitaus größeren Kostenanteil verursacht
die Erstellung der Betriebssoftware.

Trotz dieser degressiven Hardwarekosten basieren auch
heute noch fast alle Rechnersysteme auf diesem tradi-
tionsreichen Konzept. Betrachtet man neben der physikalischen Struktur auch das *Operationsprinzip* der von
Neumann-Maschine, so ergeben sich im wesentlichen zwei
Merkmale: die streng *serielle Befehlsabarbeitung* im
Rechnerkern und der *ortsadressierte Speicherzugriff*.

Zur Abarbeitung eines Befehls müssen sowohl der Befehl
selbst als auch das dazugehörige Datum in einer bzw. in
mehreren Taktphasen aus dem Speicher in den Rechnerkern
transferiert werden. Anschließend wird das Ergebnis wieder in der umgekehrten Richtung zurückgeschrieben. Dabei
entpuppt sich das Kommunikationssystem sehr schnell als
das "Nadelöhr" oder der "Flaschenhals" des Systems.

Dazu schreibt J. BACKUS [BAC 78]: "Sicherlich muß es doch
        auch einen weniger primitiven Weg geben, um umfang-
        reiche Änderungen im Speicher vorzunehmen, ohne
        gleich größe Mengen von Wörtern hin und zurück
        durch den von Neumann-Flaschenhals zu pumpen. Die-
        ser Weg ist ja nicht nur sprichwörtlich der
        Flaschenhals für den mit einer Problemlösung ver-
        bundenen Datenverkehr, sondern, was noch mehr ins
        Gewicht fällt, stellt einen intellektuellen
        Flaschenhals dar, der uns in Richtung auf eine ein-
        Wort-nach-dem-anderen-Verarbeitung denken läßt,
        statt uns zu ermutigen, in größeren konzeptuellen
        Einheiten zu denken, die der vorliegenden Aufgabe
        besser angepaßt sind".

Der zweite große Nachteil dieses Konzepts ist in der strengen Ortsadressierung zu sehen: Der Prozessor kann nur aufgrund seines aktuellen Zustandes entscheiden, ob das aus dem Speicher gelesene Wort ein Befehl oder ein Datum ist. Der Zugriff kann nur dadurch problemlos gestaltet werden, daß Befehle und Daten in einer strengen, durch das Programm vorgeschriebenen Reihenfolge im Speicher abgelegt und im Prozessor verarbeitet werden. Somit ist eine Adressierung nur über die Angabe des *Speicherortes* möglich. Wird eine bestimmte, gespeicherte Information gesucht, so müssen alle in Frage kommenden Speicherorte adressiert, die Inhalte in den Prozessor gelesen und dort verglichen werden.

Dieser unbefriedigende Entwicklungsstand der heute verfügbaren Hardwaresysteme erzwingt einen großen Aufwand bei der Datenbanksoftware, wenn man alle oben aufgeführten Anforderungen zufriedenstellend erfüllen möchte. So müssen parallele Benutzeranfragen zwangsweise sequentiellisiert und womöglich mit unterschiedlichen Prioritäten in Warteschlangen eingereiht werden, die dann wieder verwaltet werden müssen.

Um bei der Beantwortung einer Benutzeranfrage nicht die gesamte Datenbank sequentiell durchsuchen zu müssen (das würde sehr schnell zu einer Überlastung der Kommunikationswege führen), sind Strategien entwickelt worden, die ein möglichst schnelles Auffinden der gewünschten Information bei geringer Ein/Ausgabe-Tätigkeit erlauben. Diese Strategien (*Zugriffspfade*) sind auf bestimmte physische Datenorganisationsformen zugeschnitten, die wiederum den real verfügbaren Speicher- und Rechnergegebenheiten angepaßt sind. Als Speichermedien finden heute hauptsächlich

Plattensysteme Verwendung, da sie für die meisten Anwendungen einen günstigen Kompromiß aus Speicherkosten pro Bit, Zugriffszeiten und Speicherkapazität bieten.

Beispiele für physische Datenorganisationen sind (s. [KNU 73,SCH 77]):

- die indexsequentielle Organisation
- das Hash-Verfahren
- sortierte und unsortierte Listen
- Schlüsselbäume
- Bitlisten
- Multilist-Organisation
- Invertierung

Sinn der Einrichtung von Zugriffspfaden ist es, die gewünschten Informationen mit einem geringen Suchaufwand zu finden. In der Literatur [SCH 77] wird zwischen Zugriffspfaden für Primärschlüssel und Sekundärschlüssel unterschieden. Im folgenden soll hierauf nicht weiter eingegangen werden, da dies den Rahmen dieser Arbeit sprengen würde.

Es sei lediglich angeführt, daß die Verfahren sehr zeitraubend und speicherplatzintensiv sind, sobald eine logische Verknüpfung mehrerer Sekundärschlüssel als Suchkriterium angegeben wird. In der Regel muß hierbei ein Suchargument nach dem anderen bearbeitet werden; die Zielinformation ergibt sich dann durch fortlaufende Schnittmengen-Bildung. Oft müssen zusätzliche Tabellen angelegt werden, deren Speicherbedarf in ungünstigen Fällen in derselben Größenordnung wie der der Nutzinformation selbst liegt.

Datenbanksysteme, die auf Universalrechnern implementiert sind, zeichnen sich demnach durch eine umfangreiche und aufwendige Auslegung der internen Ebene aus. Hierbei ist auch zu beachten, daß die notwendigen Transformationen zwischen der internen und der externen Ebene sehr kompliziert werden können. Diese Problematik wird vor allem dann offensichtlich, wenn ein sehr benutzerfreundliches Datenmodell, wie z.B. das Relationenmodell, benutzt werden soll und andererseits ein echtzeitfähiges Datenbanksystem gefordert wird. Obwohl der Begriff "Echtzeitfähigkeit" sehr stark von der Applikation abhängt, ist als Richtwert ein um den Faktor 10^3 - 10^4 schnellerer Zugriff bei vergleichbarer Anfragekomplexität realistisch. (Während bei konventionellen Systemen Zugriffszeiten im Bereich von Sekunden zulässig sind, werden für Prozeßdatenbanken Zeiten in der Größenordnung weniger msec bis zu einigen hundert µsec gefordert.)

Diese Reaktionszeiten können mit konventionellen Hardware-Systemen nur dann erreicht werden, wenn teilweise gravierende Kompromisse zugelassen werden: Das Datenmodell in der konzeptuellen Ebene wird den physischen Gegebenheiten weitgehend angepaßt; dadurch wird jedoch die gegenseitige Unabhängigkeit der einzelnen Ebenen aufgegeben. Oder aber eine Reihe von Standard-Forderungen, wie z.B. die Datenstrukturunabhängigkeit, müssen verletzt werden [HER 81].

Schon heute ist allerdings der Zeitpunkt abzusehen, in dem selbst solche Kompromißlösungen ihre Berechtigung verlieren. Steigen die Anforderungen an die Reaktionszeit noch weiter, müssen auch komplexere Suchanfragen (komplexe logische Verknüpfungen von Sekundärschlüsseln) bearbeitet werden, und nimmt die Anzahl der parallel zugreifenden Benutzer bzw. Anwenderprogramme weiter zu, so können diese Bedingungen auch nicht mehr mit einer noch leistungsfähigeren Datenbanksoftware auf konventionellen Hardwaresystemen erfüllt werden. Es hilft hier auch nicht, schnellere Prozessoren bzw. größere Speichersysteme einzurichten,da hiermit zwar die Symptome gemildert, die Ursachen jedoch nicht behoben werden.

3.2 Innovative Hardware-Systeme

Ein Ausweg aus diesem Dilemma kann nur noch durch die Nutzung unkonventioneller, innovativer Hardware-Systeme gefunden werden. Die wichtigsten Forderungen an derartige Systeme lassen sich in vier Punkten zusammenfassen, die bezüglich des Umfangs der zu bewältigenden Aufgaben in aufsteigender Reihenfolge angeführt sind:

1. *Inhaltsadressierter Datenzugriff*
   Anstelle der im von-Neumann-Konzept enthaltenen Ortsadressierung müssen inhaltsadressierte Speichersysteme vorgesehen werden. Hierbei erfolgen die Adressierungen nicht über die Angabe des *Speicherortes*, sondern über die Vorgabe eines beliebigen Teils der gesuchten Informationen selbst in Form eines *Suchargumentes*. Dabei ergeben sich, wie in 3.3 gezeigt wird, eine Reihe wichtiger Vorteile.

2. *Paralleler Datenzugriff*
   Geht man von einer üblichen Strukturierung der gespeicherten Information in Form von *Sätzen* bzw. *Tupeln* aus, die wiederum in *Felder* bzw. *Attribute* unterteilt sind, so müssen die Sätze durch einen parallelen inhaltsadressierten Zugriff auf mehrere Attribute *gleichzeitig* referiert werden können.

3. *Verlagerung der Selektion in die Peripherie*
   Die zentrale Operation eines Datenbanksystems -
   die Selektion - wird vollständig in die Peripherie
   verlagert und dort von einem eigenständigen spe-
   zialisierten Hardware-System durchgeführt. Durch
   diesen Ansatz sollen die Ein-Ausgabe-Kanäle noch
   wirkungsvoller als durch die ersten beiden Maßnahmen entlastet werden. Sämtliche mit den Daten-
   zugriffen verbundene Operationen laufen unmittelbar am Speicherort, d.h. in der Peripherie, ab.
   Wird die hierfür notwendige Spezialhardware in
   Form eines selbständigen Rechnersystems konzipiert (*Suchrechner*), können auch dem einfachen
   Suchen übergeordnete arithmetisch/logische Wei-
   terverarbeitungen der qualifizierten Informationen
   vorgenommen werden.

4. *Einführung einer Datenbankmaschine*
   Werden *sämtliche* Datenbankfunktionen auf einem
   zugeschnittenen Spezialrechnersystem implementiert, das sowohl in seiner physischen Struktur,
   als auch in seinem Operationsprinzip auf die Da-
   tenbankoperationen zugeschnitten ist, so spricht
   man von einer *Datenbankmaschine*. In vielen Fällen
   sind diese Rechner sogar auf die Unterstützung
   eines bestimmten Datenmodells, wie z.B. des
   Relationenmodells, hin optimiert. Diese Lösung bietet durch die Nutzung einer dedizierten Hardware
   die größten Leistungsvorteile, setzt jedoch allen
   konzeptuellen Änderungen im Datenbanksystem enge
   Grenzen. Datenbankmaschinen befinden sich ausnahmslos in der Entwicklungsphase; ein aktueller
   Überblick ist in [EBE 81] wiedergegeben (s. auch
   [LEI 80]).

Im Rahmen dieser Arbeit werden Systeme vorgestellt, die
die ersten drei Bedingungen erfüllen.

Schwerpunkt der folgenden Kapitel ist die Präsentation
unkonventioneller Hardware-Systeme zur wirksamen Unterstützung echtzeitfähiger Prozeßdatenbanken. Dabei wird
in erster Linie davon ausgegangen, daß für die Aufgabe
der Prozeßführung konventionelle Prozeßrechner (auch
Mikrorechner) eingesetzt werden, die hauptsächlich Aufgaben der numerischen Datenverarbeitung zu lösen haben.
Diese Systeme sind - wenn überhaupt - auf die Belange
der Steuerung und Regelung des jeweiligen Prozesses zugeschnitten. Eine Unterstützung durch innovative Hardware-Systeme kann also hier nur durch die *Beistellung*
eines zweiten Rechners geschehen, der mit dem Prozeßrechner gekoppelt ist. So entsteht eine Kombination aus
zwei Systemen, von denen eines für numerische und das
zweite für nicht-numerische Operationen ausgelegt ist.
Es wäre unvorteilhaft, beide Systeme zu einem einzigen
zu integrieren, da dann wichtige Vorteile verloren gingen:

- eine erhöhte Ausfallsicherheit durch die Aufteilung auf zwei weitgehend autonome Systeme
- eine größere Flexibilität bezüglich späterer
  Systemmodifikationen
- eine verbesserte Schutzwirkung der Datenbank, da
  diese nicht im direkten Zugriff der Anwenderprogramme liegt.

Aus diesen Gründen soll die integrierte Lösung der Datenbankmaschinen hier nicht mehr weiter verfolgt werden.

3.3 Inhaltsadressierbare Speicher

3.3.1 Funktionsprinzip und Klassifikation

Alle bekannten Konzepte innovativer Hardware-Konzepte
für Datenbanksysteme basieren auf der Nutzung inhaltsadressierbarer Speicher, die sich von üblichen ortsadressierbaren Speichern durch die Art des Zugriffs unterscheiden: Wie aus Bild 3.2 zu entnehmen ist, wird
anstelle der Ortsadresse ein Suchargument in Form eines
m-stelligen boole'schen Vektors vorgegeben. In dem n Worte
zu je m bit fassenden Speicher wird jedes Wort mit dem
Suchargument verglichen und eine eventuelle Übereinstimmung über den zugeordneten Trefferausgang signali-
siert.

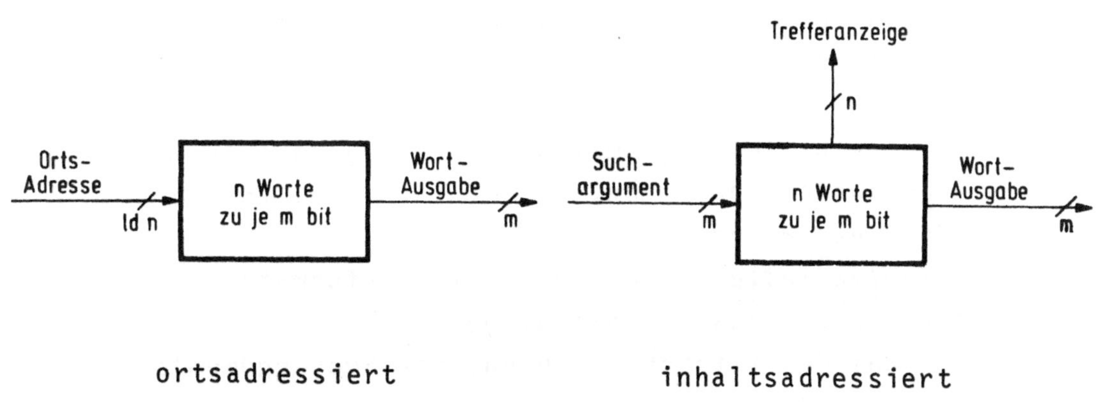

Bild 3.2   Speicher-Blockbilder

Diese Trefferinformation wird in einem anschließenden
Zyklus für eine oder mehrere der folgenden Operationen
benutzt (vgl. [LEI 74]):

- Feststellung, ob überhaupt Treffer vorliegen
  (Treffernachweis)
- Ermittlung der Trefferanzahl
- Lesen eines beliebigen, markierten Wortes
- Lesen aller markierten Worte
- Schreiben in ein markiertes Wort
- Schreiben in alle markierten Worte.

Da diese Vorgänge seriell ablaufen, muß in einer externen
Wortrangschaltung aus dem parallelen Trefferbild eine
Sequenz abgeleitet werden, in der nach einer bestimmten
Priorität die getroffenen Worte nacheinander für den
Lesevorgang aktiviert werden. Diese Funktionsweise bie-
tet folgende Vorteile:

- Die Bindung eines Wortes an einen bestimmten
  Speicherort ist aufgehoben, so daß die einzelnen
  Worte *ungeordnet* abgelegt sind.
- Die gleiche Teilinformation (Merkmal) kann in mehreren Worten vorkommen, so daß sich sog. *Vielfach-
  koinzidenzen* ergeben.
- *Beliebige* Teile der gespeicherten Information
  können als Suchargumente dienen.
- Die Zahl der tatsächlich benutzten Suchargumente
  muß nicht der Gesamtzahl der möglichen Suchvek-
  toren entsprechen. Für bestimmte Suchvektoren gibt
  es keine Koinzidenzen, so daß hierfür auch kein
  Speicherplatz reserviert werden muß.
- Nicht alle m Bits müssen am Vergleich teilnehmen:
  durch die Einrichtung einer *Maske* können beliebige
  Stellen ausgeblendet werden.

In der Literatur wird für den Begriff "inhaltsadressierbarer Speicher" sehr häufig das Synonym "Assoziativspeicher" verwendet. Diese Bezeichnung soll darauf hin-
deuten, daß hier ein Vergleichsvorgang stattfindet, d.h.
der Speicherinhalt zu einem Suchwort "assoziiert" wird.

Streng genommen versteht man unter einer Assoziation eine
"Zuordnung, Verbindung". Eine "Zuordnung" besteht allerdings auch bei den ortsadressierten Speichern; hier wird
jedem Wort ein Speicherort "zugeordnet, assoziiert". Da
in der Literatur keine einheitliche Nomenklatur herrscht,
soll der Begriff "Assoziativspeicher" im Rahmen dieser
Arbeit nur für inhaltsadressierbare Speicher benutzt
werden, bei denen alle für die Vergleichsoperationen notwendigen Schaltungen *integraler Bestandteil* der Speicherelemente selbst sind. Alle Erscheinungsformen, bei denen konventionelle Schreib/Lese-Speicherelemente in
Verbindung mit einer *externen* Suchlogik so aufgebaut
sind, daß sie "nach außen" hin wie inhaltsadressierbare
Speicher erscheinen, sollen fortan nicht die Bezeichnung
"Assoziativspeicher" tragen dürfen. Hierfür wird der Begriff *"Quasi-Assoziativspeicher"* bzw. der Oberbegriff
"inhaltsadressierbarer Speicher " benutzt.

Die *Klassifikation* inhaltsadressierbarer Speicher basiert
auf der Spezifikation des zeitlichen Ablaufs des Vergleichsvorgangs und auf der Speicheraufteilung.

Der Suchvorgang erfolgt:

- *vollparallel*, d.h. gleichzeitig in allen Speicherzellen,
- *bit-parallel und wort-seriell*, wobei sich die
  Gleichzeitigkeit auf die Bits innerhalb eines Wortes beschränkt, alle Worte aber seriell verglichen
  werden,
- *bit-seriell und wort-parallel*: hierbei findet der
  Vergleich in allen Worten gleichzeitig, aber bit-
  sequentiell statt.

Außerdem unterscheidet man:

- *vollassoziative Speicher*, die nur aus inhaltsadressierbaren Speicherzellen bestehen und
- *teilassoziative Speicher*, die aus einem inhaltsadressierten und einem ortsadressierten Bereich zu-
  sammengesetzt sind. Eine typische Anwendung hierfür
  sind *Cache-Speicher* (siehe 3.3.3).

3.3.2 Technische Realisierungen

Inhaltsadressierbare Speicher sind in ihrer Funktion seit
1956 bekannt. Seitdem hat man unter Verwendung unter-
schiedlichster Technologien versucht, Elemente mit großer
Speicherkapazität kostengünstig herzustellen. Dabei ist
meistens versucht worden, bestehende Speicherkonzepte so
zu modifizieren, daß ein inhaltsorientierter Zugriff
möglich wird.

Fast alle Konzepte sind leider von historischem Inter-

esse, da sich bis auf die Realisierung unter Verwendung
von Halbleiterelementen keine andere Technologie bewährt hat.

Im einzelnen wurden folgende Lösungen für Assoziativspeicher erprobt:

- *Magnetische Bauelemente*
  Da sich Kernspeicher einer großen Beliebtheit er-
  freuten, ist versucht worden, durch Modifikation
  der Kerngeometrie bzw. durch den Übergang zu
  Mehrlochkernen, assoziative Speicherzellen in
  großer Anzahl aufzubauen. Als nachteilig erwiesen
  sich die hohen Produktionskosten, relativ lange
  Schaltzeiten, durch die Notwendigkeit des zerstörungsfreien Lesens bedingte lange Zykluszeiten
  und ein schlechtes Signal-Störverhalten des Systems.

- *Supraleitende Elemente*
  1956 wurde von SLADE und MC MAHON [SLA 56] ein Assoziativspeicher in Form einer Matrix aus bistabilen,
  supraleitenden Kryotron-Zellen vorgeschlagen. Die
  integrierten Dünnfilmausführungen versprachen eine
  kostengünstige Massenproduktion und große Speicherkapazitäten. Eine technische Nutzung ist an
  den hohen Kosten für die notwendigen Kühlungsmaß-
  nahmen gescheitert.
  Seit einigen Jahren hat man jedoch wieder begon-
  nen, intensiver an supraleitenden Speichern unter
  Ausnutzung des Josephson-Effekts [SÖL 78] zu arbeiten. Dieser Ansatz ist besonders wegen der
  kurzen Schaltzeiten des Josephson-Elementes inter-

essant, die im Bereich von 15 - 40 ps liegen. Für
den wirtschaftlichen Einsatz gilt allerdings hier
ebenfalls das Argument des hohen Kühlungsaufwandes.

- *Holographische Assoziativspeicher*
Die wohl höchste Speicherkapazität überhaupt läßt
sich mit holographischen Speichern erreichen (bis
zu 10^{12} bit/cm^3 bei Volumenhologrammen). Das Zugriffsverfahren ist vom Prinzip her assoziativ,
außerdem gibt es neben der hohen Speicherdichte
noch die Vorteile der Nichtflüchtigkeit und der
hohen Datenraten von 10^{11} bit/s [MOH 76]. Das
Scheitern dieses Verfahrens ist auf das Fehlen geeigneter, löschbarer Speichermaterialien, die Notwendigkeit hochpräziser Einrichtungen zur Strahlen-
ablenkung und die hiermit verbundenen Kosten verbunden.

- *Halbleiterelemente*
Die für die Zukunft einzig vielversprechenden Lösungen beruhen auf der Nutzung von Halbleiterelementen. Diese Technologie bietet den Vorteil kurzer Zugriffszeiten, eines mäßigen Energiebedarfs,
zerstörungsfreien Lesens und einer ausgezeichneten
Anpassungsfähigkeit an die anderen Rechnerkompo-
nenten. Aufgrund der revolutionären technologischen
Entwicklung der Speichertechnik (inzwischen gibt
es Musterexemplare dynamischer Schreib/Lesespeicher
mit einer Kapazität von 256 K bit und einer Zugriffszeit von ca. 120 ns) sollte man eigentlich
eine ähnliche Entwicklung bei assoziativen Speichern erwarten können.

Tatsache ist jedoch, daß heute Elemente mit einer
typischen Kapazität von 16 bit angeboten werden.
Einige Firmen, wie z.B. INTEL, haben die Produk-
tion ganz aufgegeben. Die Folge davon ist: voll-
parallele Halbleiter-Assoziativspeicher werden
nur in wenigen Spezialanwendungen (s. 3.3.3) eingesetzt. Im wesentlichen lassen sich hierfür zwei
Erklärungen finden:

Es haben sich gravierende technologische Probleme
ergeben. Erstaunlicherweise ist nämlich nicht die
erhöhte Gatteranzahl pro Speicherzeile eine kritische Größe für eine Integration, sondern die mit
wachsender Kapazität stark ansteigende Anzahl der
Gehäuse-Anschlußstifte [MOT 77]. Wie aus Bild 3.2
zu entnehmen ist, geht bei ortsadressierten Speichern die Wortanzahl logarithmisch in die Gesamtzahl der Anschlüsse ein, während dieser Zusammenhang bei Assoziativspeichern aufgrund der parallelen Trefferausgänge *linear* ist. Aus fertigungs-
technischen Gründen ist die Gehäuseanzahl heutiger
Komponenten jedoch auf maximal 64 beschränkt, so
daß sich zwangsläufig Elemente mit geringer Speicherkapazität ergeben. Ein typisches Beispiel hierfür ist der bipolare Speicher 3104 der Firma INTEL
mit 16 Speicherzellen und 24 Gehäuseanschlüssen.

Eine Abhilfe kann nur durch folgende Änderung geschaffen werden:

Die Trefferanzahl wird nicht voll parallel, sondern
schon kodiert ausgegeben. In diesem Fall ist die
noch extern vorzuschaltende Wortranglogik bereits

im Speicher integriert. Durch ein zusätzliches
Steuersignal wird an diesem Trefferausgang die ko-
dierte Position des getroffenen Wortes mit der
nächst höheren Priorität in der Wortrangfolge an-
gezeigt. Durch diese Änderung können, wie in
[MOT 78] gezeigt, Bauelemente mit einer Kapazität
von 1024 bit in einem 28-poligen Gehäuse untergebracht werden. Allerdings ergeben sich dann erhebliche Probleme bei der Kaskadierung mehrerer Komponenten zu einem größeren Speichersystem, so daß
diese Lösung auch nicht zufriedenstellend ist.

Außerdem müssen noch historische und marktwirt-
schaftliche Aspekte berücksichtigt werden. Der große Erfolg der von Neumann-Architektur in den letzten drei Jahrzehnten hat viele Benutzer und Anwender dazu verleitet, neue Probleme trotz aller
Schwierigkeiten mit bewährten, wenn auch veralteten
Hardwaresystemen zu bewältigen. Dadurch ist nie eine besondere Nachfrage entstanden, die der Industrie den notwendigen Anreiz gegeben hätte, inten-
siv an der Lösung der oben genannten technischen
Probleme zu arbeiten.

3.3.3 Einsatz in Rechnersystemen

Voll parallele Assoziativspeicher werden aus den oben genannten Gründen nur für wenige, spezialisierte Aufgaben
in Rechnersystemen verwendet:

- in Speicherverwaltungs-Einheiten (*memory management unit*)
- als cache-Puffer in virtuellen Speichersystemen
- als Kommunikations-Kontrollspeicher für Mehrrech-
  nersysteme

In modernen Rechnersystemen mit Multiuser- und Multitas-
king-Fähigkeiten erfolgt die Speicherverwaltung nicht
mehr durch den Prozessor selbst, sondern durch eine dedizierte Komponente, die *"memory management unit"*. Ihre
Hauptaufgabe ist die Abbildung der vom Prozessor geliefer-
ten logischen in physikalische Adressen. Dazu werden der
logische und der physikalische Adreßraum in *Seiten* eingeteilt, so daß beide Adreßtypen aus einer Seitenadresse
und dem Seitenoffset (auch "Wortadresse", die eine Spei-
cheradresse innerhalb einer Seite identifiziert) bestehen.
In einem teilassoziativen Speicher werden jetzt im inhaltsadressierbaren Teil der Speicherworte die logischen
Seitenadressen und im ortsadressierbaren Teil die physikalischen Seitenadressen abgelegt. Da die verwendeten
Assoziativspeicher nur eine geringe Kapazität (typisch
64 Worte) besitzen, sind hier nur die Adressen der Seiten
gespeichert, auf die die *gerade aktiven* Programme zugreifen. Der Abbildungsvorgang erfolgt durch den *gleichzeitigen* Vergleich der vom Prozessor ausgegebenen logischen
Seitenadresse mit allen Eintragungen im assoziativen Teil
des Speichers. Im Trefferfall wird automatisch aus dem

ortsadressierbaren Teil die physikalische Seitenadresse gelesen und mit der Wortadresse kombiniert auf den Adreßbus des Hauptspeichers gelegt. Stellt sich kein Treffer ein, so muß ein Zugriff auf eine übergeordnete Seitenadreß-Tabelle erfolgen, die in einem konventionellen Hilfsspeicher abgelegt ist. Das dort gefundene Adreßpaar wird dann mit einem nicht mehr aktuellen im Assoziativspeicher ausgetauscht.

Durch den gleichzeitigen inhaltsorientierten Zugriff auf alle logischen Seitenadressen im Assoziativspeicher wird die Adreßzuordnung (*"mapping"*) erheblich beschleunigt.

Eine *virtuelle* Speichertechnik gehört nicht nur zur Standardausrüstung der meisten kommerziellen Rechner und Prozeßrechner, sondern wird auch bei modernen 16-bit Mikrorechnern angeboten. Bei diesem Verfahren werden der Arbeitsspeicher und der Sekundärspeicher bezüglich des Adreßraumes *einheitlich* verwaltet. Daraus ergeben sich eine Reihe von Vorteilen für den Benutzer [GIL 81].

Um die Zugriffszeiten auf diesen Gesamtspeicher möglichst kurz zu halten, wird ein schneller Speicher (typ. Zugriffszeiten 80 ns), der in modernen Systemen als teilassoziativer Speicher (s.a. 3.3.1) realisiert ist, zwischen Prozessor und Hauptspeicher geschaltet. Die Verwaltung dieses *"caches"* nach dem LRU-Prinzip (*least recently used*) sorgt dafür, daß nur die Worte mit den zugehörigen Hauptspeicheradressen gespeichert sind, die von den gerade aktiven Programmen mit größter Wahrscheinlichkeit referiert werden. Müssen neue Worte eingelagert werden, werden die Worte im cache überschrieben, auf die am längsten nicht mehr zugegriffen worden ist.

Bei jedem Speicherzugriff seitens des Prozessors wird zuerst der cache angesprochen und durch einen parallelen assoziativen Zugriff geprüft, ob die gerade referierte Adresse (hierbei handelt es sich schon um physikalische Adressen) dort enthalten ist. Im Trefferfall wird das markierte Wort aus dem ortsadressierten Teil des caches gelesen; falls kein Treffer eintritt, muß ein langsamerer Hauptspeicherzugriff durchgeführt werden.

Die Verwendung eines teilassoziativen caches trägt unter der Voraussetzung einer geschickten Ladestrategie wesentlich zur Beschleunigung der Hauptspeicherzugriffe bei.

Die zeitliche Koordination der Datentransfers in Mehrrechnersystemen kann, wie in [STE 77] gezeigt wird, wirkungsvoll durch die Nutzung assoziativer Speicher unterstützt werden. Hierzu werden die Statusinformationen der im System implementierten Hardwaremoduln in Form boole'scher Vektoren zentral in einem Assoziativspeicher abgelegt, der einer Steuereinheit unterstellt ist. Jeder Kommunikationswunsch der im System enthaltenen Prozessormodule wird an diese Steuereinheit gemeldet, die durch einen schnellen inhaltsorientierten Zugriff auf die Statusinformationen die notwendigen Maßnahmen zum Aufbau des Transferweges trifft. Jede Zustandsänderung eines Hardwaremoduls wird sofort im Assoziativspeicher vermerkt.

Nur durch die Verwendung eines inhaltsadressierbaren Speichers ist die zentrale Steuerungseinheit in der Lage, schnell und flexibel auf konkurrierende Übertragungsanforderungen zu reagieren.

4. Entwurf eines inhaltsadressierbaren Speichersystems für Echtzeitanwendungen

4.1 Ausgangsposition

Die Motivation zur Realisierung eines inhaltsadressierbaren Speichersystems entstand während der Konzipierungsphase eines Forschungsprojektes, in dem ein *echtzeitfähiges* Datenbanksystem auf einem Prozeßrechner implementiert werden sollte. Die Bedingung der Echtzeitfähigkeit machte, wie in 3.1 geschildert, die Notwendigkeit neuer Methoden und Verfahren zur Beschleunigung des Datenzugriffes offensichtlich, wobei sehr schnell die Entscheidung zugunsten einer Lösung im Bereich innovativer Hardware-Systeme fiel. Die Entwicklung sollte mit der Realisierung eines inhaltsadressierbaren Speichersystems beginnen und später in die Einbettung mehrerer dieser Speicher in einen Suchrechner (s. 3.2) übergehen.

Die Ausgangsbasis für die Systementwicklung ist durch den Mangel eines geeigneten technologischen Instrumentariums gekennzeichnet und kann wie folgt zusammengefaßt werden:

- Von allen verfügbaren Technologien erweisen sich Halbleiterelemente als besonders geeignet aufgrund relativ günstiger Kosten, kurzer Zugriffszeiten und hoher Integrationsdichten.
- Es existieren zur Zeit wegen der in 3.3.2 beschriebenen technologischen und wirtschaftlichen Probleme keine geeigneten inhaltsadressierbaren Bauelemente, aus denen sich ein Speichersystem der gewünschten Kapazität aufbauen ließe.

- Auch in naher Zukunft wird sich entsprechend übereinstimmender Aussagen in der aktuellen Fachliteratur an dieser Situation kaum etwas ändern, so daß ein Abwarten auf bessere Technologien nicht lohnt.

Somit zeichnet sich als einziger Ausweg aus dieser Situation folgender Ansatz ab:

Die Funktion der Inhaltsadressierung muß in einem modifizierten, mit konventionellen Hardware-Elementen realisierten, ortsadressierbaren Speichersystem emuliert werden.

Dieses Speichersystem kann wie eine "black-box" betrachtet werden, dessen Schnittstellen-Verhalten dem eines inhaltsadressierbaren Systems voll entspricht. Die *interne* Funktion basiert auf der Mischung einer orts- und inhaltsadressierten Zugriffstechnik.

Ein solches System (s. <u>Bild 4.1</u>) wird, wie in 3.3.1 erwähnt, auch als *Quasi-Assoziativspeicher* bezeichnet. Es handelt sich hierbei um eine Kompromißlösung zwischen einem mit heutigen Mitteln nicht realisierbaren, "echten" Assoziativspeicher und einer auf ausschließlich konventioneller Hardware abgebildeten, allein durch Software ausgeführten Inhaltsadressierung.

Bild 4.1 zeigt die globale Struktur des Systems, das aus einem ortsadressierten Schreib/Lese-Speicher, einer hierzu externen Suchlogik und einer auf beide Systemteile einwirkenden Steuerung besteht. Über die einzige Schnittstelle werden sowohl Daten, Suchparameter als auch Steuerbefehle transferiert. Dem Rechner, an den dieses System über eine definierte Schnittstelle angekoppelt wird, erscheint der Speicher während des Datenzugriffs vollkommen inhaltsadressierbar. Diese

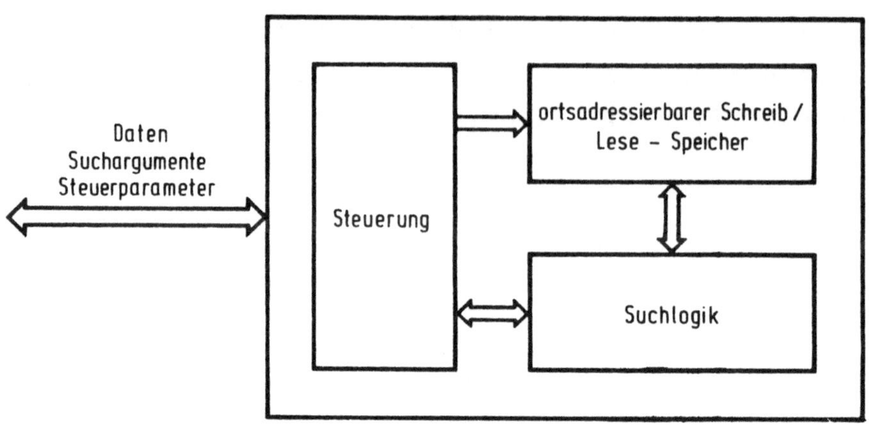

Bild 4.1   Struktur eines Quasi-Assoziativspeichers

Lösung hat den Vorteil, daß die eigentliche Speichermatrix aus konventionellen, hochintegrierten Elementen aufgebaut werden kann und somit hohe Speicherkapazitäten möglich werden. Der Vergleich zwischen gespeicherter Information und Suchargumenten findet in einer Logik statt, deren Funktionsabläufe durch eine Steuerung vorgegeben werden und die ausschließlich für den Suchvorgang ausgelegt wird.

Der wissenschaftliche Gehalt einer solchen Entwicklung ergibt sich demnach sowohl aus dem Entwurf und der Realisierung einer vielseitigen, leistungsfähigen Suchlogik und Steuerung, als auch aus der Integration des Gesamtkonzeptes in verschiedene Bereiche der Echtzeit-Datenverarbeitung.

4.2 Quasi-Assoziativspeicher

Der Grundgedanke, inhaltsadressierbare Speicher großer
Kapazität auf der Basis konventioneller Komponenten
zu emulieren, ist nicht neu.

Seit Mitte der siebziger Jahre werden an mehreren voneinander unabhängigen Stellen solche Systeme entwickelt,
die bezüglich des verwendeten Speichermediums in drei
Gruppen eingeteilt werden können. Man unterscheidet
Systeme auf der Basis

- modifizierter Plattenspeicher,
  auch *rotierende* Quasi-Assoziativspeicher genannt,

- von Halbleiterspeichern

- von Magnetblasenspeichern

4.2.1 Modifizierte Magnetplattensysteme

Stellvertretend für die Gruppe rotierender Quasi-Assoziativspeicher (vergl. hierzu [MAL 79, EBE 81]) sei im
folgenden die Struktur des in Braunschweig entwickelten
SURE-Systems (von "Suchrechner") vorgestellt [LEI 80]:

Wie aus Bild 4.2 zu entnehmen ist, basiert der Speicher
auf einem Plattenlaufwerk mit 9 Datenspuren pro Zylin-
der, die durch eine entsprechende Modifikation der
Schreib/Lese-Elektronik parallel gelesen werden können.
Die 9 Datenströme werden in einer Steuereinheit im Zeit-

multiplex so überlagert, daß ein Byte-Strom mit 7,3
Mbyte/s entsteht, der gleichzeitig den 14 unabhängigen
Suchwerken zugeführt wird. Hier findet ein byte-seri-
eller Vergleich des Datenstroms mit jeweils einer Such-
frage statt, die wiederum aus mehreren Suchargumenten
besteht. Ergibt sich in mindestens einem Suchwerk eine
Übereinstimmung zwischen einem Datensatz und der Anfrage, so wird die Adresse des Satzes zusammen mit einem die Anfrage identifizierenden Bit-Muster vom Tref-
ferwort-Generator an den Steuerrechner übergeben. Der
Rechner verwaltet das Speichermedium und die Suchwerke
und übergibt die Anfangsadressen der durch die verschiedenen Suchanfragen qualifizierten Datensätze.

Neben dem Vorteil einer sehr großen Speicherkapazität,
die im Bereich einiger 100 Mbyte liegt, weist dieses
System einige für die Echtzeitverarbeitung nachteilige
Eigenschaften auf. Hierzu gehören vor allem die langen
Anfangs-Zugriffszeiten des Speichermediums (Kopf-
Positionierzeit), die abhängig vom Plattensystem
zwischen 20 und 70 ms liegen. Ein weiterer Nachteil
besteht in der schlechten Modularität des Speichermediums: Die Kosten für die Anschaffung und Modifikationen des Plattensystems sind für viele Applikationen
untragbar, zumal, wenn man an verteilte Prozeßdatenbanken denkt. Diese beiden Nachteile sind allen rotierenden Assoziativspeichern gemeinsam und waren neben einer
Reihe weiterer ungünstiger Eigenschaften, die sich aus
4.5 und 5.1 ergeben, Grund genug, um dieses Konzept für
zeitkritische Anwendungen in der Prozeßdatenverarbeitung auszuschließen.

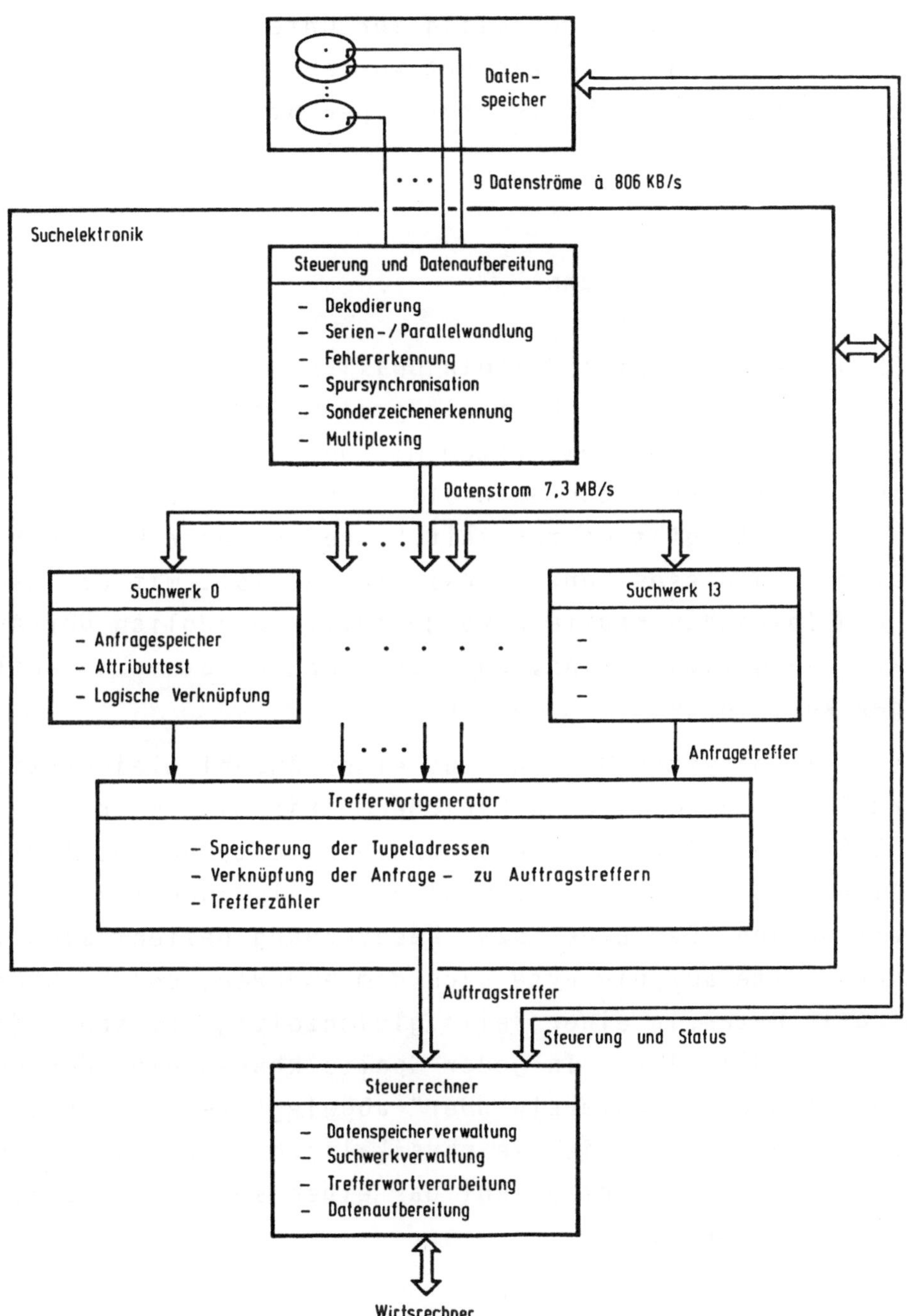

Bild 4.2 Architektur des SURE-Systems (vgl. [LEI 80])

Diese Systeme sind vornehmlich zur Unterstützung kommer-
zieller Datenbanken konzipiert worden und bis auf eines
(vergl. [MAL 79]) nur als Prototypen bzw. Labormuster verfügbar.

4.2.2 Halbleitersysteme

1978 wurde zum ersten Mal ein Quasi-Assoziativspeicher auf
der Basis von Halbleiter-Speicherelementen vorgestellt
[LAM 78]. Außer diesem System mit der Bezeichnung REM (re-
cognition memory), das auch als kommerzielles Produkt er-
hältlich ist, gibt es zur Zeit keine weiteren Halbleiter-
systeme. Da dieses Konzept das einzige ist, mit dem man das
in den folgenden Kapiteln vorgestellte bezüglich der Architektur vergleichen kann, soll es hier in seinen wesentlichen
Zügen kurz vorgestellt werden.

Das Speichersystem besteht aus einer Anzahl gleichartiger
Karten, die jeweils eine Speichermatrix mit 16 Spalten zu
je 256 byte (siehe Bild 4.3) und eine externe Suchlogik enthalten. Jedes Byte kann sowohl orts- als auch inhaltsadres-
siert werden. Der Lade- bzw. Lesevorgang bezieht sich in
jeder Spalte auf ein Byte nach dem anderen, der Suchvorgang
auf alle Bytes in einer Zeile gleichzeitig (s. schraffierte
Fläche in Bild 4.2). In jeder Spalte können ein oder mehrere Datensätze "untereinander" abgelegt werden, unter der
Voraussetzung, daß sie die physikalische Begrenzung von
256 byte (logisch entspricht das einem sog. *Superwort*)
nicht überschreiten.

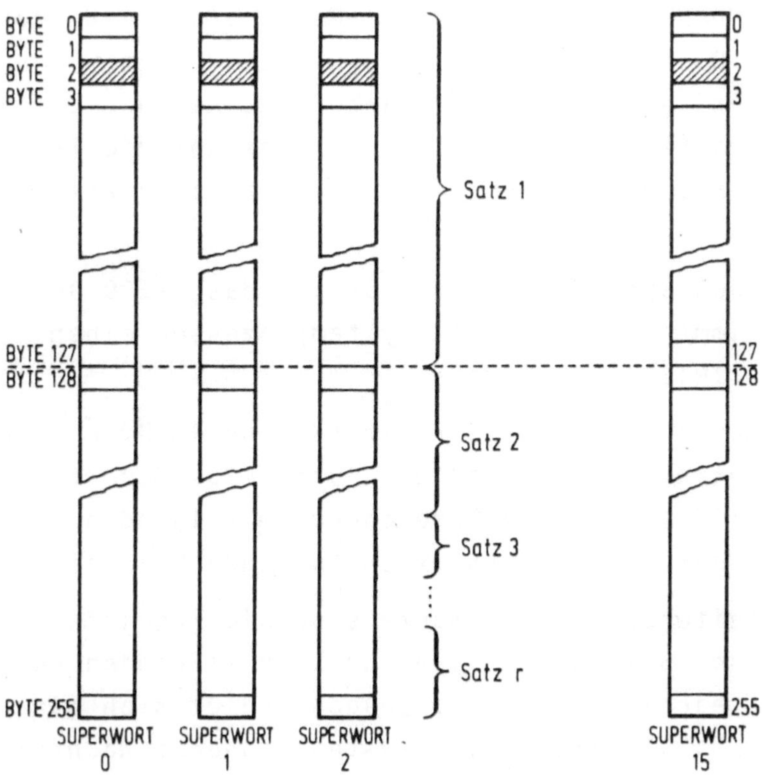

Bild 4.3   REM-Speicherstruktur (vergl. [LAM 78])

In der externen Suchlogik werden alle Bytes einer Zeile
mit *demselben,* von außen angelegten Suchargument und einer
wahlweise vorgebbaren Bit-Maske gleichzeitig verglichen.
Jeder Spalte ist ein Flip-Flop zugeordnet, das in Abhängigkeit des Vergleichsergebnisses gesetzt wird.

Die Steuerung der Suchvorgänge erfolgt unter der Regie
eines Mikrorechners, an dessen Systembus diese Speicher-
karten gekoppelt sind. Bei jedem Vergleichszyklus legt der

Prozessor das Suchargument, eine Bit-Maske und einen Such-
befehl auf den Bus. Diese drei Bytes werden von der Suchlogik erkannt und entsprechend verarbeitet. Am Ende eines
gesamten Vergleichsvorgangs liest der Prozessor die Tref-
fer-Flip-Flops aus und erkennt somit die qualifizierten
Datensätze.

Die Auslegung des Speichersystems ist auf das S-100 Bus-
konzept abgestimmt und setzt als Systemprozessor einen
ZILOG Z80 bzw. INTEL 8085 voraus.

Eine Speicherkarte umfaßt eine Kapazität von 4 KByte, die
Zugriffszeit beträgt 200 ns und ein Suchzyklus dauert
4 µs. Der Begriff *Suchzyklus* bezeichnet im folgenden die
auf eine Zeile der Speichermatrix entfallende Suchzeit.

Dank der Halbleiterspeicherelemente sind die Zugriffszeiten bei diesem System im Gegensatz zu rotierenden Qua-
si-Assoziativspeichern geringer, jedoch ergibt sich eine
ganze Reihe in 5.1.1 erläuterter systembezogener Nachteile,
die sowohl mit der physischen Struktur des Systems als
auch mit dem Operationsprinzip zusammenhängen.

4.2.3 Magnetblasen-Speichersysteme

Schließlich sei noch ein System erwähnt, das auf einem
major-minor-loop-Magnetblasenspeicher basiert [DOT 80];
da es sich hierbei um *rein serielles* Speichermedium handelt, hängen die Zugriffszeiten für Schreib/Lese-Vorgänge
mit wahlfreier Adressierung von der Schleifenlänge ab und
liegen z.Z. im Mittel bei ca. 40 µs (1 M bit-Typ INTEL
7110 MBM). Daher ist ein solches Speichersystem für zeitkritische Anwendungen ebenfalls nicht attraktiv.

4.3 Globale Entwicklungsziele

Bevor auf die spezifischen Anforderungen an ein echtzeitfähiges Quasi-Assoziativspeichersystem eingegangen wird,
seien noch einige globale Entwicklungsziele aufgeführt.
Es handelt sich hierbei um einzelne Kriterien, die in jeder Phase des Entwurfs als Entwicklungsmaxime zu berücksichtigen sind.

Unterstützte Datenstrukturen: Das Speichersystem soll insbesondere Relationen unterstützen, indem die Systemfunk-
tionen in jedem Fall einen effizienten inhaltsorientierten
Datenzugriff auf die Datenstruktur "Relation" erlauben.
Dies erscheint vor allem aufgrund der sich allgemein ab-
zeichnenden Tendenz, in der konzeptuellen und externen Ebene moderner Datenbanken das Relationenmodell zu implementieren, besonders sinnvoll. Je mehr die logische Sicht
des Benutzers auf die Daten mit der physischen Speicherstruktur übereinstimmt, umso weniger Transformationsschrit-
te sind zwischen diesen Ebenen notwendig; dies ist gleich-
bedeutend mit einer Beschleunigung der Zugriffsvorgänge.

Die gespeicherten Tupel sollen attributweise referiert werden können, wobei Suchanfragen, die aus einer logischen
Verknüpfung mehrerer Atributwerte bestehen, direkt im
Speichersystem abgearbeitet werden können. Es soll nur
die erste der Normalformen entsprechend 2.3 für die Speicherungsstruktur vorausgesetzt werden; somit sind alle ta-
bellenförmige Datenstrukturierungen zugelassen, wobei sich
lediglich Randbedingungen bezüglich der Formatierung und
Darstellung der Tabellenelemente ergeben. Durch diese Vorgabe ist das Speichersystem nicht nur in Verbindung mit
relationalen Datenbanken einsetzbar, sondern grundsätzlich
in allen Bereichen der Datenverarbeitung, in denen ein

schneller Zugriff auf tabellenartig formatierte Datenbestände notwendig ist, wie z.B. auch in der Mustererkennung (vergl. [KRA 81]).

Ein besonders aktueller Anwendungsbereich ist die Objektklassifikation in der Mustererkennung, bei der aus dem vorverarbeiteten Graubild extrahierte Merkmale mit den Modellparametern verglichen werden. Speichert man diese tabellenförmig ab, wobei die einzelnen Parameter innerhalb einer Zeile wie die Attribute innerhalb eines Tupels angeordnet werden, so kann der Qualifikationsvorgang auf der Basis mehrfacher inhaltsadressierter Zugriffe durchgeführt werden. Der Vorteil ist laut [KRA 81] eine Vereinfachung und Beschleunigung des Mustererkennungsvorgangs.

Systemautonomie: Die Entwicklung sollte ein möglichst eigenständiges Speichersystem zum Ziel haben, das bezüglich der Interaktionen mit seiner Umgebung als weitgehend *autonom* bezeichnet werden kann. Diese Forderung bezieht sich in erster Linie auf die Leistungsfähigkeit der speichereigenen Steuerung, die alle internen Speicherfunktionen und den Informationsaustausch mit dem übergeordneten Rechner steuern und überwachen muß. Das Schnittstellenverhalten ist so auszulegen, daß der Rechner das System wie einen "intelligenten" Externspeicher betreibt. Demnach dürfen bis auf die Synchronisation der Datenübergabe (*handshake*) keine weiteren Steuerfunktionen vom Rechner gefordert werden.

Nur durch die Maximierung der Autonomie werden folgende
Ziele erreicht:

- problemlose Ankopplung an unterschiedliche Rechnersysteme
- effektive Entlastung des übergeordneten Rechners
  von allen zeitaufwendigen Suchoperationen
- größtmögliche Unabhängigkeit beider Systeme in
  Bezug auf Hard- und Softwaremodifikationen.

Expandierbarkeit: Die Forderung nach der Expandierbarkeit
des Systems bezieht sich vor allem auf die Erweiterung der
Speicherkapazität. Hierbei soll eine gute Anpassung an
verschiedene Applikationen erreicht werden. Diese Forderung impliziert einen hohen Grad an *Modularität* des internen Systemaufbaus, die durch eine Anzahl in sich ab-
geschlossener, *kaskadierbarer* Speicher- und Sucheinheiten
verwirklicht wird.

Es ist sehr schwierig, verläßliche Angaben zu geforderten
Speicherkapazitäten für verschiedene Anwendungen in Pro-
zeßdatenbanksystemen zu geben. Sicher ist nur, daß Kapazitäten bis zu einigen Mbyte gefordert werden, wobei als
Anhaltswerte maximal Relationengrößen von einigen 1000 Tupeln zu je 32-80 Bytes genannt werden können (s. [BBC 82]).

Bisherige Erfahrungen zeigen, daß die Größe der Relationen
bei Applikationen der Prozeßdatenverarbeitung erheblich
geringer ist als bei kommerziellen Anwendungen.

In jedem Fall muß eine Expandierbarkeit in Spalten- als
auch in Zeilenrichtung durch das Hinzufügen weiterer Module möglich sein, wobei sich das Schnittstellenverhalten
keinesfalls ändern darf.

Systemflexibilität: Eine problemlose Anpassungsfähigkeit des Speichersystems an unterschiedliche Applikationen impliziert auch eine hohe Flexibilität sowohl des Schnittstellenverhaltens als auch der internen Funktionsabläufe. In einigen Fällen werden neben dem inhaltsorienterten Zugriff höhere Operationen, wie z.B. Sortierverfahren und mengenalgebraische Verknüpfungen mehrerer Relationen verlangt, die auf eine Reihe einfacher Suchverfahren zurückgeführt werden können (s. Kapitel 6).

Die Forderung nach Flexibilität konzentriert sich im wesentlichen auf die Speichersteuerung: ein autonomes und flexibles Speichersystem kann nur durch die Einführung einer *mikroprogrammierbaren* Steuerung verwirklicht werden (s. auch 5.4).

Eine mikroprogrammierbare Steuerung zeichnet sich neben einer ausgezeichneten Anpassungsfähigkeit an unterschiedliche Hardware- und Softwaregegebenheiten (die Befehlswortlänge ist beliebig expandierbar, neue Makrobefehle und Algorithmen können durch Erweiterung der Mikroprogramme schnell implementiert werden), durch kurze Befehlsausführungszeiten aus, die im Bereich von 120 - 200 ns liegen (vergl. [HÄN 80]): Die entsprechenden Zeiten selbst modernster 16 bit-Mikrorechner sind in vergleichbaren Applikationen um den Faktor 10 -20 länger (s. 5.4).

Diese Vorteile müssen in der Regel mit einem höheren Entwicklungsaufwand bezahlt werden, da die Implementations- und Testphasen der Programme aufwendiger sind als bei Verwendung des Mikrorechners, der über einen a priori definierten Befehlssatz verfügt.

Die Forderung nach hohen Verarbeitungsgeschwindigkeiten läßt hier jedoch keine Wahl, so daß trotz des höheren Aufwandes ein Mikroprogramm-Schaltwerk vorzuziehen ist.

Maximierung der Parallelarbeit: Die Speicher-Hardware muß mit dem Ziel strukturiert werden, den Grad an Parallelarbeit zu maximieren. Dabei kann grundsätzlich nur noch die Wahl zwischen einer wortparallelen und bitseriellen oder wortseriellen und bitparallelen Zugriffstechnik fallen. Hier kann eine Entscheidung durch die Spezifikation der Speicherfunktion in 4.5 vorgenommen werden.

4.4 Die Topologie des Speichersystems - ein Überblick

Eine grobe physische Strukturierung des Speichersystems ist unter Berücksichtigung der oben angeführten Entwicklungsziele und der Randbedingung, daß wegen der Forderung nach Echtzeitfähigkeit nur Halbleiter-Elemente als Speichermedium in Frage kommen, schon hier möglich.

Unabhängig von ihrer Kapazität sind alle handelsüblichen Halbleiter-Speicher wortseriell und bitparallel organisiert, wobei die Anzahl der Worte die Zahl der Bits/Wort bei weitem übersteigt. Eine bitserielle und wortparallele Adressierung ist bei Halbleiter-Speichern aufgrund des Problems der begrenzten Anzahl an Gehäuseanschlüssen nicht realisierbar. Somit ist automatisch, bedingt durch die Technologie der Bauelemente, die Art der Parallelarbeit vorgegeben: Sie erstreckt sich auf die in einer Speicherstelle implementierten Bits.

Ein hohes Maß an Parallelarbeit kann nur durch große Speicherwortlängen erreicht werden. Somit ist eine Expandierbarkeit in Wortrichtung zwingend notwendig, so daß sich die in Bild 4.4 dargestellte Anordnung ergibt.

Die Such- und Speicherlogik ist in einzelne Module unterteilt, die in theoretisch beliebiger Anzahl parallel ge-

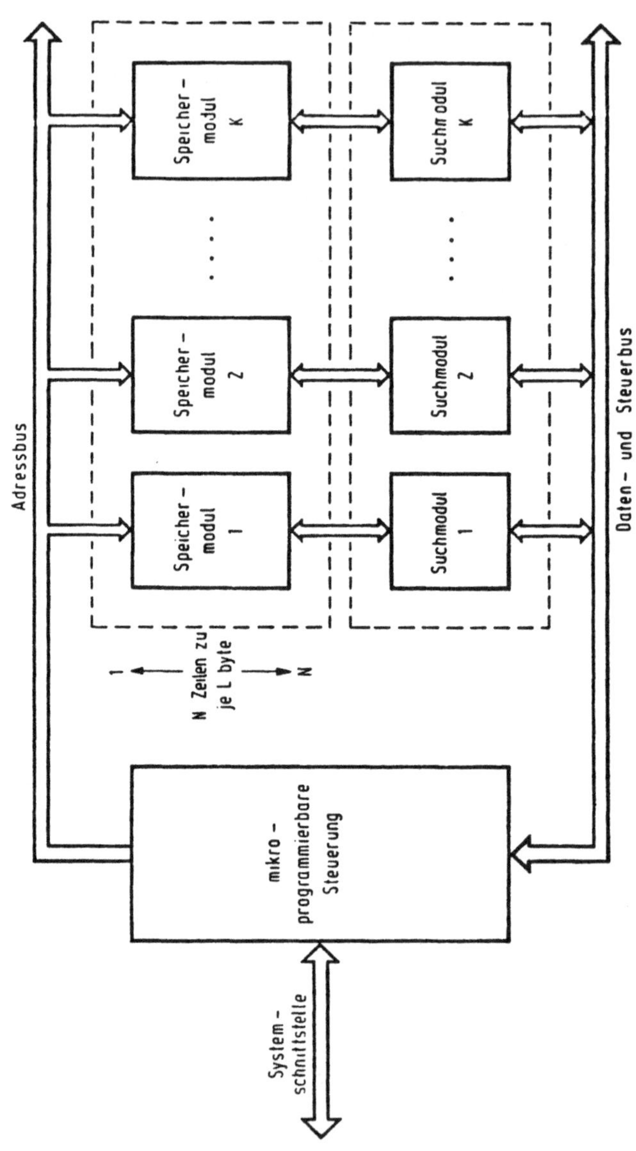

Bild 4.4   Die Topologie des Speichersystems

schaltet werden können. Es ergibt sich eine Speichermatrix mit N Zeilen und zu je L byte.

Die Speichermoduln sind parallel an einen gemeinsamen Adreß-bus und über ihr zugeordnetes Suchmodul an einen Daten- und Steuerbus gekoppelt. Alle Funktionsabläufe können aufgrund folgender Überlegung über eine *zentrale* Steuerung koordiniert werden:

- mit Ausnahme der Lade- und Lesevorgänge laufen alle Operationen parallel in den k Moduln ab, d.h. zu jedem Zeitpunkt muß nur *ein* Befehl ausgeführt werden.
- Da die Lade- und Lesevorgänge über *eine* Systemschnittstelle erfolgen, ist hier keine Parallelarbeit möglich, es wird zu jedem Zeitpunkt *nur* ein Befehl ausgeführt.

Eine dezentralisierte Steuerung käme nur in Frage, wenn *gleichzeitig mehrere*, voneinander *unabhängige* Operationen auf *unabhängige* Daten ausgeführt werden könnten. Die Steuerung basiert aus den bereits oben erwähnten Gründen auf einem Mikroprogrammschaltwerk.

Ein Erhöhen der Zeilenanzahl ist im Gegensatz zu einer Expandierung der Zeilenlänge von sekundärer Wichtigkeit, da zum einen zwischen den Zeilen keine Parallelarbeit möglich ist und außerdem die Speichermodule ohne weiteres in der Größenordnung $N = 64\ K$ bis $256\ K$ ausgelegt werden können und somit bereits vielen Anwendungen gerecht werden.

Bei der hier vorgestellten *Topologie* des Speichersystems sind zwei Speicherstrukturen möglich: Bezieht man sich auf die Datenstruktur "Relation", so können die Tupel sowohl zeilenorientiert angelegt werden, als auch, wie in dem in 4.2.2 vorgestellten REM-System, spaltenorientiert. Beide

Anordnungen haben unterschiedliche Auswirkungen auf die
Speicherfunktionen (s. 5.1). Eine Entscheidung kann hierfür durch die Spezifikation der Speicherfunktionen im
nächsten Kapitel getroffen werden.

4.5 Anforderungen an die Speicherfunktionen

In diesem Kapitel werden die zu fordernden Speicherfunktionen definiert und spezifiziert. Dieser Anforderungs-
Katalog ist während der Entwicklungsarbeiten durch Diskussionen mit verschiedenen Arbeitsgruppen wesentlich erweitert worden und soll, in zwei Abschnitte unterteilt,
hier wiedergegeben werden.

In 4.5.2 sind einige Funktionen, sog. *Basisfunktionen*, erläutert, die das System in jedem Fall erfüllen muß; in
4.5.3 werden übergeordnete Funktionen beschrieben, die in
einigen Applikationen sinnvoll sind und auf den Basisope-
rationen aufbauen.

Zunächst sollte jedoch noch auf die Darstellung der gespeicherten Daten eingegangen werden: auf die Datentypen
und Datenformate.

4.5.1 Datentypen und Datenformate

Das Speichersystem soll, wie bereits in 4.3 erwähnt, nicht
normalisierte Relationen verarbeiten können, wobei die Begrenzung der Tupel- und Attributanzahl lediglich durch die
endliche Speicherkapazität des Systems und nicht durch
funktionsbedingte Beschränkungen gegeben sein darf.

Die Wahl der Datentypen und Datenformate muß sich in erster

Linie an den im übergeordneten Rechnersystem verwendeten Typen und Formaten orientieren. Da diese jedoch nicht standardisiert sind und das Speichersystem mit unterschiedlichen Rechnertypen effektiv zusammenarbeiten können muß, wird von ihm eine gewisse Flexibilität vorausgesetzt, die sich in einer großen Zahl implementierter Typen niederschlägt. Die in Bild 4.5 dargestellte, zu implementierende Auswahl repräsentiert gewissermaßen eine Obermenge der bei heutigen Rechnersystemen gebräuchlichsten Typen und Formate. Die Datentypen werden in die beiden Klassen *binary integer* und *binary real* eingeteilt; es können sowohl positive als auch negative Werte dargestellt werden.

Als Integer-Größen sind 8-, 16-, 32- und 64-bit Worte zugelassen, wobei negative Werte im 2er-Komplement dargestellt werden. Das höchstwertigste Bit ist für das Vorzeichen reserviert, eine log. "1" symbolisiert negative Werte.

Alternativ können alle Integer-Größen in den einzelnen Formaten auch als *vorzeichenlose* Zahlen interpretiert werden.

Die Real-Formate entsprechen dem von der "Floating-Point Working Group des Institute of Electrical and Electronics Engineers" (IEEE) vorgeschlagenen Standard (Draft 8.0, IEEE Task P 754; s. auch [STE 81]). Dieser Standard wurde gewählt, da er mit großer Wahrscheinlichkeit in den meisten zukünftigen Rechnerarchitekturen berücksichtigt wird und heute bereits in einigen Systemen, wie z.B. dem Arithmetik-Prozessor 8087 der Firma INTEL und dem Floating Point-Coprozessor MC 68881 von MOTOROLA, implementiert ist.

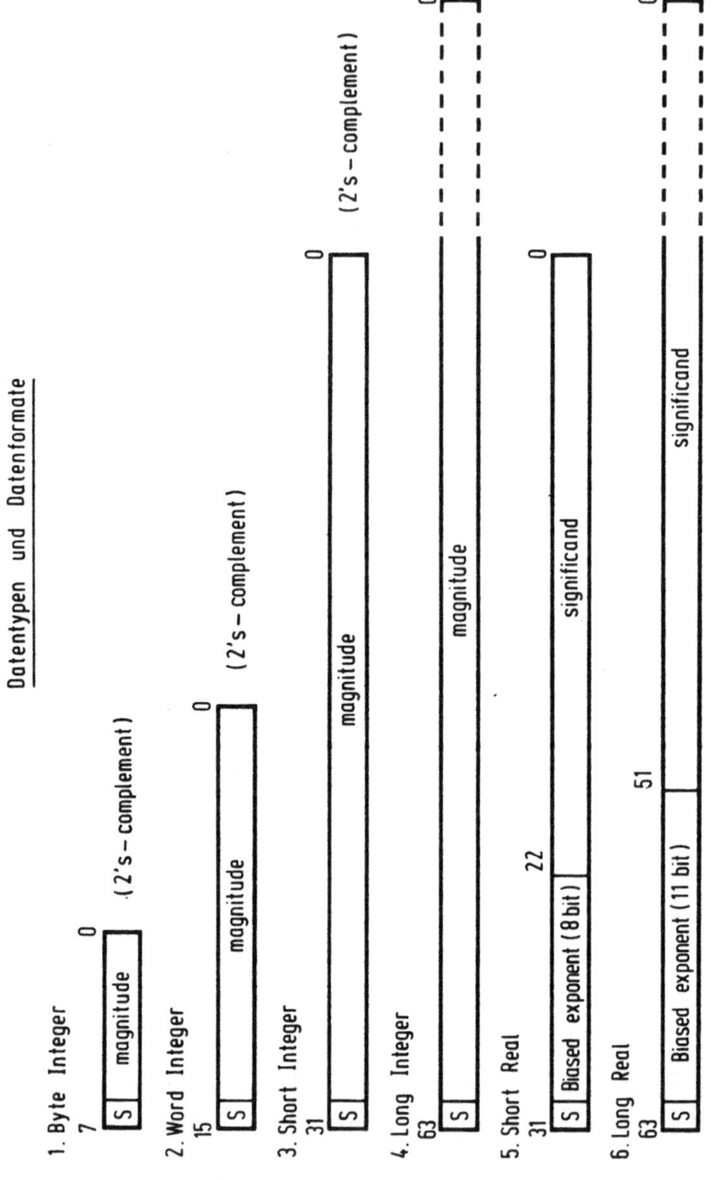

Bild 4.5 Datentypen und Datenformate

Für Real-Größen gibt es hier zwei Formate:

ein 32 bit-Format mit einer 23 bit-Mantisse
(significand), einem 8 bit-Exponenten und einem
Vorzeichen-Bit.

Der Exponent ist durch die Addition eines Offsets stets
positiv.
Analog besteht das

64 bit-Format aus einer 52 bit-Mantisse, einem
11 bit-Exponenten und einem Bit für das Vorzeichen.

Vom Speichersystem wird gefordert, daß es ihm übergebene
Daten, die einem der hier aufgeführten Typen entsprechen,
formatgerecht abspeichern und vorzeichenrichtig durchsuchen kann.

Diese hohe Zahl implementierter Datentypen ist ein wesent-
licher Unterschied zu dem in 4.2.2 beschriebenen REM-System, das nur einen 8- und einen 16- bit-Integer-Typ unterstützt. Eine eingehendere Diskussion der hier verwandten
Formate kann auch [INT 80 und STE 81] entnommen werden.

4.5.2 Mindestanforderungen

Die im folgenden vorgestellten Anforderungen an die Basisfunktionen sind in 3 Gruppen eingeteilt und beziehen sich
auf:

-    die ortsadressierten Lade- und Lesefunktionen
-    die Suchfunktionen
-    die Trefferverarbeitung

4.5.2.1 Ortsadressierte Lade- und Lesefunktionen

Neben der inhaltsorientierten Zugriffstechnik müssen auch ortsadressierte Lade- und Lesevorgänge möglich sein; das Speichersystem verhält sich dann wie eine herkömmliche Schreib/Lese-Speichermatrix.

Wie in Bild 4.4 dargestellt, sollen die Relationen tupelweise geladen werden, indem die Attributwerte jedes Tupels nacheinander übergeben und in dieser Reihenfolge abgespeichert werden, wobei noch nicht vorgeschrieben ist, ob sie zeilen- oder spaltenorientiert abgelegt werden.

Die Transfergeschwindigkeit an der Schnittstelle soll maximal 4 - 5 M byte/s betragen, um einen Anschluß an DMA-Kanäle (*Direct Memory Access*) ohne Geschwindigkeitsverluste zu ermöglichen.

Ein Vergleich der Datenbreite und Transfergeschwindigkeit an DMA-fähigen Parallelschnittstellen heutiger Mikro- und Minirechner hat ergeben, daß eine Wortlänge von 16 bit von den meisten Systemen (8 bit Mikrorechner bis 32 bit Prozeßrechner) angeboten wird. Aus diesem Grund erweist sich eine 16 bit Speicherschnittstelle als zweckmäßig. Hierbei sollte allerdings eine eventuelle spätere Anpassung an größere Wortlängen bei der Systemauslegung berücksichtigt werden. Die für die hier genannten Rechnersysteme typischen Transfergeschwindigkeiten liegen zwischen 0,5 und 2,5 M byte/s, so daß eine maximale Datenweite von 4 - 5 M byte/s vollkommen ausreicht.

Die Forderung nach der Adressierbarkeit der gespeicherten Information besagt, daß jeder Attributwert beim ortsadressierten Lesevorgang wahlfrei adressierbar ist. Da als Datentyp mit der geringsten Wortlänge das "Byte-Integer" definiert ist, ergibt sich zwangsläufig, daß *jedes* Byte der Speichermatrix ortsadressierbar sein muß.

In <u>Bild 4.6</u> ist an Hand einer Relation in einem beliebigen Speicherausschnitt der Adressierungsmechanismus dargestellt, der auf der Spezifikation folgender Parameter beruht:

- *Zeilenindex ZI*
- *Zeilenoffset ZO*
- *Spaltenindex SI*
- *Spaltenoffset SO.*

Nimmt man in der *N*-zeiligen Speichermatrix aus Bild 4.4 die Breite der Spalten zu 8 bit an, so ist die Lage jedes Bytes durch die Angabe des entsprechenden Indexes für die Zeile und Spalte gegeben.

Sollen mehrere Bytes in einer Zeile adressiert werden, so genügt bei vorgegebener *Adressierungs-Reihenfolge* die zusätzliche Angabe eines Spaltenoffsets. Das gleiche gilt für die Adressierung mehrerer Zeilen. Durch diese vier Parameter ist jeder beliebige, zusammenhängende Ausschnitt der Speichermatrix definiert.

Bild 4.6 zeigt eine mögliche Adressierungsfolge, in der alle Bytes einer Zeile von rechts nach links und die Zeilen von oben nach unten fortlaufend referiert werden. Diese Systematik gilt sowohl für den Lade- als auch für den Lesevorgang.

Eine weitere sehr wichtige Forderung bezieht sich auf die speicherinterne *Bit-Modifikation*. Hierbei soll die Wertänderung beliebiger Bits im Speicher möglich sein, ohne den aktuellen Wert des übergeordneten Bytes über die Schnittstelle transferieren, extern modifizieren und wieder zurückschreiben zu müssen. Um eine Bit-Modifikation durchzuführen, werden neben der Spezifikation der Spalte und Zeile, in der die Änderung stattfinden soll, eine Maske zur Festlegung der Bit-Positionen und die neuen Bit-Werte übergeben.

Durch diese Methode wird nicht nur eine weitere Entlastung des übergeordneten Rechners, sondern auch ein schnellerer und flexiblerer Änderungsdienst erzielt: Die Blockierung des Zugriffs auf das Speichersystem während einer extern durchgeführten Änderung aus Gründen der Erhaltung der Daten-Konsistenz entfällt somit.

Schließlich wird noch die Bedingung gestellt, daß gespeicherte Tupel untereinander ausgetauscht werden können, ohne einen Transfer über die Schnittstelle durchführen zu müssen. Diese Funktion ist eine notwendige Voraussetzung für die Implementation von Sortieralgorithmen (s. 4.5.3.1).

4.5.2.2 Suchfunktionen

Der inhaltsadressierte Zugriff auf die zuvor in den Speicher geladenen Relationen wird durch die Spezifikation der Suchfunktionen charakterisiert.

Um die Anforderungen an die Suchfunktionen formulieren zu können, erweist es sich als vorteilhaft, die Struktur der Suchanfragen (auch *Suchaufträge*), die vom System zu bewältigen sind, in 3 Kategorien einzuteilen.

Jede Anfrage stellt eine logische Verknüpfung mehrerer Suchkriterien dar, die im einfachsten Fall aus der Zuordnung eines *Attributwertes* zu einem *Attributnamen* entsprechend einem der folgenden Operatoren bzw. *Suchmodi* bestehen:

$$= , \neq , > , < , \geq , \leq .$$

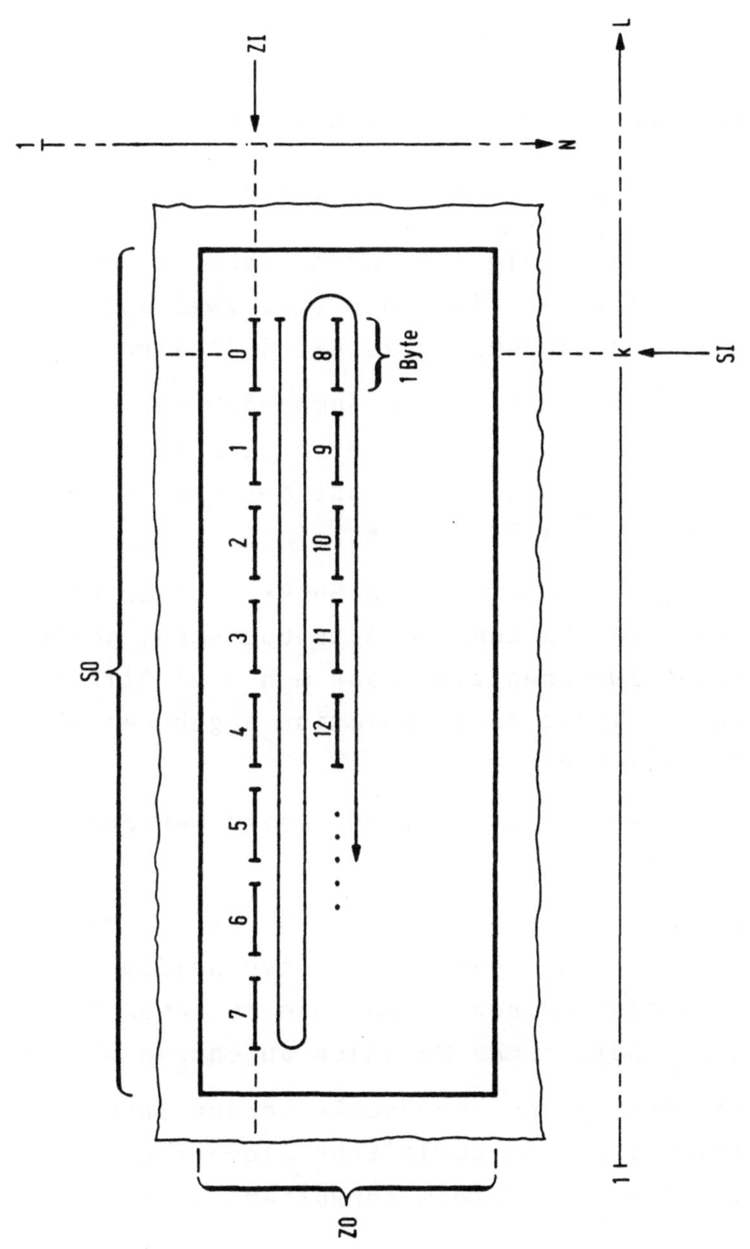

Bild 4.6   Das Verfahren der Orts-Adressierung

Neben diesen *einfachen* gibt es auch *zweifache* Zuordnungen,
wobei einem Attributnamen über zwei Operatoren zwei Attributwerte (auch *Suchargumente*) zugewiesen werden:

$$> < \; , \; < > \; , \; \geq \leq \; , \; \leq \geq \; , \; > \leq \; , \; < \geq \; , \; \geq < \; , \; \leq > \; .$$

Die 1. Anfragen-Kategorie ist durch Suchkriterien gekennzeichnet, die aus einer einfachen bzw. zweifachen Zuordnung *konstanter* Suchargumente zu Attributnamen bestehen.

In der 2. Kategorie stellen die Suchargumente *relative*,
einfach zugeordnete Größen dar: Hier wird nach dem größten (max.), kleinsten (min.), nächst größeren (↑) bzw.
nächst kleineren (↓) Wert gesucht.

In der 3. Kategorie bestehen die Suckkriterien nicht aus
einer Zuordnung von Werten zu Attributnamen, sondern aus
einer Beziehung zwischen zwei oder mehreren Attributnamen,
die nicht zwangsläufig *einer* Relation angehören müssen
(s. folgendes Beispiel).

In der Praxis gehören Suchaufträge meist mehreren der drei
Kategorien an.

Im Rahmen der Minimalanforderungen an das Speichersystem
sollen Anfragen entsprechend den ersten beiden Kategorien
durchgeführt werden können, wobei die in jeder Anfrage
referierten Atribute *einer* Relation angehören müssen.

Die logische Verknüpfung der Suchkriterien untereinander
kann in Anlehnung an die Boole'sche Algebra hierbei in
einer *disjunktiven Normalform* formuliert werden.

Zu den Minimalanforderungen an das System gehört, daß es
pro Suchvorgang einen Min-Term vollständig abarbeiten kann.
Jeder Suchvorgang liefert somit ein abgeschlossenes Teil-
ergebnis; die Gesamtzahl der getroffenen Tupel ergibt

sich durch die ODER-Verknüpfung aller Teilergebnisse.

Von der Steuerung und der Suchlogik des Systems wird die Fähigkeit verlangt, Suchvorgänge auf der Basis dieser insgesamt 18 Suchmodi, die für jedes Attribut verschieden sein können, durchzuführen.

Hier ein triviales Beispiel für Suchanfragen dieser drei Kategorien: Angenommen wird eine Relation *Angestellte* (Personal-Nummer, Name, Geb.-Datum, Geb.-Ort, Wohnort, Beruf, Vergütungsgruppe, ..). Eine Anfrage der 1. Kategorie ist z.B. die Suche nach allen Angestellten, für die gilt:

$$1.1.1947 \leq \textit{Geb.-Datum} \leq 31.12.1958 \quad \textit{UND}$$
$$\textit{Wohnort} \neq \textit{Aachen UND Beruf} = \textit{Ingenieur UND}$$
$$\textit{Vergütungsgruppe} \geq 3 \textit{ UND } ...$$

ODER

$$\textit{Geb.-Datum} \geq 1.1.1962 \textit{ UND Wohnort} = \textit{Aachen}$$
$$\textit{UND Vergütungs-Gruppe} < 6 \textit{ UND } ...$$

ODER ...

Wird für eines dieser Attribute ein Extremwert gesucht, so gehört diese Anfrage auch zur 2. Kategorie. Beispiel: Die Frage nach der Personal-Nummer des bzw. der Angestellten mit der höchsten Vergütungsgruppe (hier wird nach dem absoluten Maximalwert in der Spalte "Vergütungsgruppe" gesucht),

oder auch

die Frage nach dem oder den Angestellten mit der höchsten Vergütungs-Gruppe UND Wohnort ≠ Aachen UND Beruf = Ingenieur (hier wird nach einem relativen Maximum gesucht).

Ein Beispiel für eine Suchanfrage der 3. Kategorie ist
die Frage nach allen Angestellten, für die gilt:

Wohnort = Geb.-Ort.

Um solche Anfragen beantworten zu können, muß das System
in der Lage sein, relationale Verknüpfungen durchzuführen,
auf die im Rahmen der "erweiterten Anforderungen" (4.5.3.2)
eingegangen wird.

Als zusätzliche Randbedingungen für die Auslegung der
Suchfunktionen soll berücksichtigt werden, daß mehrere,
voneinander unabhängige, d.h. sich auf verschiedene Relationen beziehende Suchanfragen der 1. und/oder 2. Kategorie möglichst parallel abgearbeitet werden.

Schließlich wird noch die Funktion der *Bit-Maskierung* gefordert, wobei beliebige Bits beliebiger Spalten während
eines Suchvorgangs als "don't-cares" behandelt werden.

Zur Abwicklung eines Suchvorgangs werden dem Speicher über
die Schnittstelle für jedes Attribut das bzw. die Suchargumente zusammen mit den entsprechenden Suchmodi und den
Masken für die Ausblendung einzelner Bits übergeben. Die
richtige Zuordnung dieser *Suchparameter* zu den entsprechenden Attributen ergibt sich aus einer vorgeschriebenen
Reihenfolge bei der Übergabe.

Während eines Suchvorgangs werden die qualifizierten Tupel
jeder Relation im Speichersystem markiert und sind somit
für alle weiteren Verarbeitungsschritte identifizierbar.

4.5.2.3 Trefferverarbeitung

Als Ergebnis eines Suchvorgangs liegt eine Markierung der qualifizierten Tupel vor. Die im folgenden aufgeführten Operationen, die eine Weiterverarbeitung der "getroffenen" Tupel darstellen, müssen vom Speichersystem durchgeführt werden können (s. auch 3.3.1):

- *Treffernachweis:* Nach Beendigung eines Suchvorgangs soll das Speichersystem über eine Statusmeldung mitteilen, ob überhaupt *"Treffer"* eingetreten sind.
- *Ermittlung der Trefferanzahl:* Neben dem einfachen Treffernachweis muß das System die Anzahl der qualifizierten Tupel ermitteln können und in Form eines Zählerstandes zur Verfügung stellen.
- *Lesen einzelner bzw. aller getroffener Tupel:* Wahlweise sollen nur eine bestimmte, vorgebbare Teilanzahl bzw. alle getroffenen Tupel gelesen werden können.
- *Lesen bestimmter Attribute der getroffenen Tupel:* Die Werte beliebig auswählbarer Attribute der getroffenen Tupel, wobei die Auswahl durch die Vorgabe der Parameter *SI* und *SO* gegeben ist, müssen gelesen werden können.
- *Modifikation bestimmter Attributwerte:* Hierbei wird gefordert, daß die Werte beliebig wählbarer Attribute in *allen* getroffenen Tupeln modifiziert werden können, indem die neuen Werte *einmalig* zu Beginn dieser Operation dem Speichersystem übergeben werden.
Diese Modifikation muß sogar auf der *Bit-Ebene* möglich sein. Dabei wird neben den neuen Bit-Werten eine Maske übergeben, die die zu modifizierenden Bit-Stellen identifiziert.

- *Lesen und Modifizieren* von Tupeln bzw. ausgewählten Attributen von Tupeln, die in einem *bestimmten*, vorzugebenden *Zeilenabstand* zu einem Tupel gespeichert sind (z.B. Lesen des "unteren" Nachbarn eines getroffenen Tupels).

4.5.3 Erweiterte Systemanforderungen

Das bisher erläuterte Anforderungsprofil bezieht sich auf die für den inhaltsorientierten Zugriff notwendigen Funktionen, wobei der logischen Komplexität der zugelassenen Suchaufträge Grenzen gesetzt sind (s. 4.5.2.2).

Deshalb sollen die Systemeigenschaften um zwei Funktionen erweitert werden:

- internes Sortieren der Tupel in einer Relation
- Ausführung der Operationen der relationalen Algebra.

Obwohl zur Durchführung inhaltsorientierter Zugriffe keine Ordnung der gespeicherten Tupel notwendig ist, erweist es sich für einige Applikationen als zweckmäßig, die Tupel innerhalb einer Relation sortieren zu können. Als Beispiele seien die Ausgabe sortierter Tabellen an Benutzer und das Sortieren als Vorbereitung für den relationalen Verbund genannt. In diesem Kapitel sollen die Randbedingungen, die die zu implementierenden Sortieralgorithmen erfüllen müssen, dargestellt werden.

Die Operationen der relationalen Verknüpfung erweisen sich als notwendig, wenn Suchanfragen der 3. Kategorie (s. 4.5.2.2) bearbeitet werden sollen. Da dieser Anfragetyp in der Praxis relativ häufig vorkommt, und das System besonders die Datenstrukturen "Relationen" unterstützen soll, ist die Implementation der Mengenoperationen erforderlich.

4.5.3.1 Sortieren

Das bzw. die zu implementierenden Sortierverfahren sollen
eine bestimmte Reihenfolge der Tupel in einer Relation
erzeugen, wobei die Elemente eines beliebigen Attributes
als Ordnungsmerkmale dienen können. Dieses Attribut
braucht dabei keine identifizierende Eigenschaft zu haben,
so daß auch mehrere identische Attributwerte zugelassen
sind.

Die Sortiervorgänge müssen unter der Kontrolle der Mikro-
programmsteuerung ablaufen *ohne* Eingriff des übergeordneten Rechners. Dies hat zum einen den Vorteil kurzer Befehlsausführungszeiten, zum anderen müssen die Algorithmen unter Berücksichtigung der elementaren Struktur und
des Operationsprinzips der Steuerung aufgestellt werden.

Eine Randbedingung für das Sortieren ist die *Wirtschaft-
lichkeit* des Verfahrens bezüglich des notwendigen Spei-
cherraums. Im allgemeinen muß davon ausgegangen werden,
daß kein zusätzlicher Speicherraum zur Verfügung steht
und die Umstellung der Tupel *innerhalb* des von der Relation belegten Speicherbereichs durchzuführen ist.

Schließlich sei noch die *Effizienz* des Verfahrens (der
erforderliche Zeitaufwand) als die unter den hier genannten Randbedingungen zu optimierende Größe genannt. Ein
verläßliches Maß für die Effizienz ist durch die Anzahl C
der erforderlichen *Vergleichszyklen* (Zeitspanne für den
Vergleich eines Tupels) und die Zahl M der Austauschoperationen gegeben. Bei n zu sortierenden Elementen verhält
sich die Anzahl der notwendigen Vergleiche bei schnellen
Sortieralgorithmen proportional zu n*ln(n), bei langsamen
Verfahren proportional zu n^2.

Bei der Wahl geeigneter Algorithmen ergibt sich folgendes
Problem: Da ihre Effizienz erheblich von der Struktur und
Operationsweise des Systems abhängt, müßten dessen Eigenschaften bekannt sein, um eine optimale Auswahl treffen
zu können.

Andererseits sollten schon beim Systementwurf besondere
Eigenschaften der Algorithmen berücksichtigt werden, um
durch eine entsprechende Auslegung der Hardware die Zeit-
effizienz der Sortiervorgänge zu gewährleisten. Dabei
wird aber wiederum die Kenntnis der Algorithmen zum Ent-
wurfszeitpunkt vorausgesetzt.

Um in dieser Situation der gegenseitigen Abhängigkeit
zweier Entwurfskriterien eine zufriedenstellende Lösung
finden zu können, soll so vorgegangen werden, daß die
Systemauslegung zunächst auf der Basis des in 4.5.2 dargestellten Anforderungsprofils durchgeführt wird. Hierbei
sind schon für das Sortieren grundlegende Operationen,
wie z.B. ein speicherinterner Tupelaustausch und die Suche
nach dem kleinsten bzw. größten Element eines Attributs,
berücksichtigt. Für das entworfene System werden dann Algorithmen erstellt, die auf die Hardwareeigenschaften abgestimmt sind. Sollten sich dabei Hardwareänderungen als
notwendig erweisen, müßten sie in einer Überarbeitungs-
phase berücksichtigt werden.

4.5.3.2 Ausführung von Operationen der Relationenalgebra

Um Suchanfragen der 3. Kategorie bearbeiten zu können,
sind Operationen notwendig, die verschiedene Attribute
einer bzw. mehrerer Relationen zueinander in Beziehung
setzen können. Da Relationen Wertemengen darstellen, han-

delt es sich bei diesen Operationen um die Gruppe der
klassischen Mengenoperationen (Vereinigung, Durchschnitt,
Differenz) und zusätzlich um vier tupelorientierte Operationen (Projektion, Verbund, Restriktion und Division),
die in der *Relationenalgebra* definiert sind.

Das Speichersystem muß in der Lage sein, diese Operationen auf Mikroprogramm-Ebene ohne Intervention des übergeordneten Rechners auszuführen. Erst durch diese Maßnahme
stellt das System eine wirksame Unterstützung relationaler Datenbanken dar, da andernfalls diese Mengenoperationen durch den konventionellen, übergeordneten Rechner
ausgeführt werden müßten, der hierfür völlig ungeeignet
ist, wie sich aus 7.2 ergibt.

Um eine geschlossene Darstellung zu erhalten, wird die
Definition der hier aufgeführten Operationen zusammen mit
den daraus abgeleiteten Algorithmen und Speicherfunktionen in 7.2 wiedergegeben.

Die Algorithmen zur Durchführung relationaler Operationen
zeigen ebenfalls eine Abhängigkeit von der Struktur und
dem Operationsprinzip der Hardware wie Sortieralgorithmen,
da sie größtenteils auf die gleichen bzw. verwandte Basis-
operationen zurückgeführt werden können. Somit ergibt sich
das in 4.5.3.1 erwähnte Entwurfsproblem auch hier. Aus
diesem Grund soll die oben formulierte Entwurfsstrategie
auch bzgl. der Ausführung relationaler Operationen verfolgt werden.

5. Systemaufbau

Das folgende Kapitel umfaßt eine systematische Darstellung
der Struktur und der Funktionsweise des Speichersystems.
Zunächst wird in 5.1 auf die Architektur der Such- und
Speichermoduln eingegangen; die weiteren Abschnitte dieses Kapitels beinhalten eine detaillierte Beschreibung der
technischen Realisierung der einzelnen Systemkomponenten.

5.1 Architektur der Speicher- und Suchmoduln

Um den Aufbau und das Operationsprinzip der Speicher- und
Suchmoduln vollständig zu beschreiben, muß die *Speicherungsstruktur* für die Relationen, d.h. die Orientierung
der Tupel in Zeilen- oder Spalten-Richtung, festgelegt
werden. Durch die Entscheidung für eine der beiden Varianten werden zwangsläufig die Struktur und eine Reihe
interner Funktionsabläufe festgelegt. Als Beispiel für
eine spaltenorientierte Speicherungsstruktur sei das REM-
System (s. 4.2.2) erwähnt.

5.1.1 Speicherungsstrukturen

Die <u>Bilder 5.1 und 5.2</u> zeigen die unterschiedlichen Orien-
tierungen der Tupel, wobei A_1-A_n, B_1-B_n, C_1-C_n und D_1-D_n
die zu den Relationen A, B, C und D gehörenden Tupel symbolisieren. Angenommen sei eine Speichermatrix mit $N \gg L$.

Zunächst seien zwei wesentliche Merkmale erwähnt: Die
Zeilen-Orientierung bietet den Vorteil einer 1:1 Abbildung der *logischen* Struktur einer Relation in die

physikalische Speicherungsstruktur, so daß die externe Sicht des Benutzers identisch ist mit der speicherinternen Orientierung. Demgegenüber steht der Nachteil der Bindung der maximalen Tupellänge an die Länge der Speicherzeilen. Diese ist durch Parallelschaltung beliebig vieler Speichermodule (s. Bild 4.4) theoretisch unbegrenzt erweiterbar, in praktischen Realisierungen aber durch den damit verbundenen linear ansteigenden Hardwareaufwand begrenzt. Somit muß bei dieser Strukturierung der Fall $l>L$ (l entspricht der Bytes-Anzahl eines Tupels) besonders berücksichtigt werden.

Diese Problematik fällt bei der Spalten-Orientierung wegen $N>>l$ kaum ins Gewicht. Allerdings entfällt bei dieser Organisationsform die direkte Zuordnung zwischen logischer und physischer Strukturierung der Relationen.

Berücksichtigt man das Anforderungsprofil aus Kapitel 4, so fällt die Entscheidung eindeutig zugunsten einer Zeilenorientierung. Die Argumente für diese Wahl lassen sich folgendermaßen zusammenfassen:

1. Die Lage einer Relation im Speicher ist durch jeweils *einen* Wert der Parameter ZI, ZO, SI und SO bestimmt; dies trägt wesentlich zur Vereinfachung der Lade- und Lesevorgänge bei. Bei der Spalten-Orientierung sind in der Regel wegen $N>>L$ die Tupel einer Relation in mehreren "Blöcken" übereinander abgelegt, so daß mehrere, die Blöcke identifizierende Werte von ZI und SI berücksichtigt werden müssen.

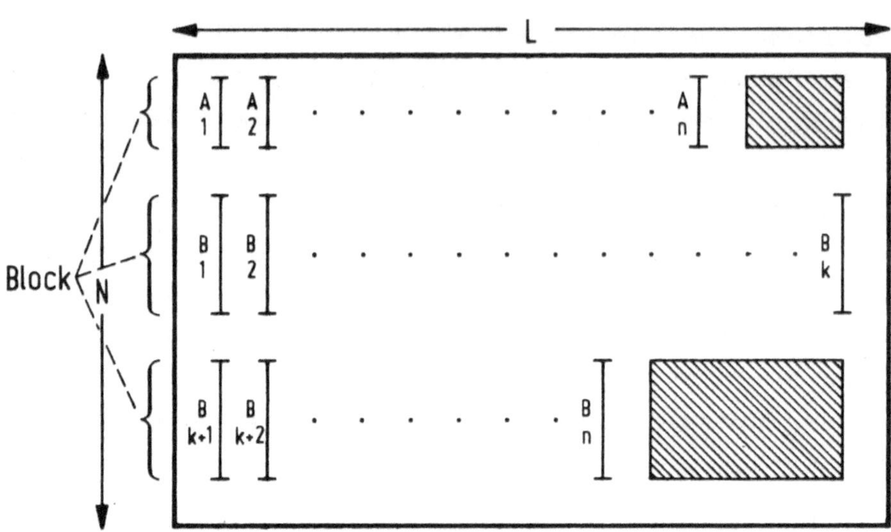

Bild 5.1   Spalten-Orientierung

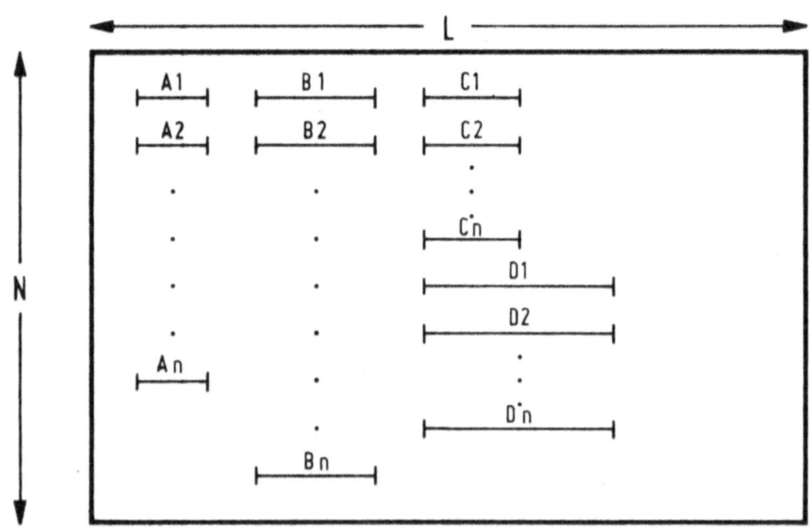

Bild 5.2   Zeilen-Orientierung

2. Die Elemente zu einem Attribut befinden sich in jeder Zeile an derselben Stelle (SI und SO sind für alle Elemente konstant). Dadurch vereinfacht sich der Austausch von Elementen unterschiedlicher Attribute, so wie er für die Durchführung relationaler Verknüpfungen notwendig ist (s. 7.2). Bei der Spalten-Orientierung muß vor jedem Transfer SI neu vorgegeben und bei einem Block-Übergang ZI neu berechnet werden.

3. Der Parallelismus bei allen Suchvorgängen erstreckt sich in jedem Zyklus über eine logische Einheit, nämlich die Gesamtheit aller Attribute eines Tupels. Somit liegt nach *jedem* Vergleichszyklus *ein Ergebnis* vor, unabhängig von l, der Anzahl der Bytes pro Tupel. Dies ist besonders für die Bearbeitung von Anfragen wichtig, in denen nur nach dem *ersten* qualifizierten Tupel gesucht wird und die sich durch eine komplexe Kombination mehrerer Suchkriterien auszeichnen. Bei der Spalten-Orientierung ist die Bearbeitungszeit eines Suchvorgangs nicht nur von n, der Anzahl der Tupel, sondern ebenfalls von l abhängig. Bei komplexen Anfragen liegt demnach frühestens nach l Zyklen ein Ergebnis vor.

4. Die Abhängigkeit von l macht sich vor allem beim Austauschen, Einfügen und Sortieren von Tupeln bemerkbar: Nur bei der Zeilen-Orientierung sind diese Operationen von l unabhängig.

5. Für jede Spalte wird jeweils *ein* Suchargument, *eine* Maske und *ein* Steuerwort zur Festlegung des Vergleichsmodus *vor* Beginn eines Vergleichsvorgangs der Suchlogik übergeben. Diese Parameter bleiben während des gesamten Suchvorganges unverändert.

Bei der Spalten-Orientierung muß für jeden *Vergleichszyklus* je ein neuer - und in jeder Spalte derselbe - Wert der Suchparameter nachgeführt werden. Werden, wie im REM-System, diese Parameter *zentral* den Spalten übergeben, so müßten, um die Zykluszeit durch diesen Datentransfer nicht unnötig zu verlängern, die Parameter über parallele Busleitungen gleichzeitig und jeweils für den *folgenden Vergleichszyklus* übergeben werden. Hier erweist sich demnach ein *Pipeline-Verfahren*, so wie es in den meisten Prozessoren zur Beschleunigung der Befehlsabarbeitung implementiert ist, als *unbedingt notwendig*.

Soll das Nachführen der Suchparameter *während* des Suchvorgangs vermieden werden, so sind diese in jeder Spalte in Speicherelementen abzulegen, die insgesamt $3*l_{max}$ Worte fassen (l_{max}: Bytes-Anzahl der längsten Tupel). Da es sich hierbei um Elemente mit sehr kurzen Zugriffszeiten handeln müßte, ist diese Lösung aus Kostengründen nicht attraktiv. Bei der Zeilen-Orientierung werden zur Speicherung der Parameter pro Spalte lediglich 3 *Register* benötigt. Verzichtet man bei der Spalten-Orientierung auf die Speicherung der Parameter, so erweist sie sich auch dann als besonders ungünstig, wenn *mehrere* Relationen mit *unterschiedlichen* Tupellängen *gleichzeitig* im Speicher abgelegt werden sollen. Der dabei zwangsweise entstehende, *nicht nutzbare* Speicherraum ("Verschnitt", siehe Bild 5.1) ist hier besonders groß, da der Rest eines teilbesetzten Blockes nicht genutzt werden kann.

Den hier angeführten Vorteilen einer Zeilen-Tupelzuordnung
steht als einziger Nachteil der oben erwähnte Zusammenhang
zwischen der maximalen Tupellänge und der implementierten
Zeilen-Länge des Speichers entgegen. In Kapitel 7 wird ein
Verfahren vorgestellt, das diesen Nachteil wesentlich min-
dert.

5.1.2 Das Suchverfahren

Neben der Speicherungsstruktur hat das zu implementierende
Vergleichsverfahren einen ebenso entscheidenden Einfluß
auf die Architektur des Systems.

Das Anforderungsprofil schreibt vor, daß die in 4.2.2
aufgeführten Suchfunktionen auf die Elemente jedes Attributs angewendet werden können. Da ein Attributwert aus nur
einem Datum entsprechend einem der in 4.5.1 aufgeführten
Formate bestehen kann, zu denen auch der Typ "Byte" gehört, müssen die Suchfunktionen im Minimalfall in *jeder
Spalte* des Speichersystems ablaufen können. Demnach ist
für jede Spalte der Suchlogik ein individueller Satz an
Parametern (Suchargument, Maske und ein Operationscode
zur Festlegung des Suchmodus) bereitzustellen und zu übergeben.

Der Vergleichsvorgang läuft zeilensequentiell und innerhalb einer Zeile bit-parallel ab.

Die qualifizierten Tupel werden ermittelt, indem gemäß
<u>Bild 5.3</u> die Vergleichsergebnisse in den Spalten physika-
lisch zu Ergebnissen auf einer Datentyp-Ebene kaskadiert
werden. Hier erweist sich als vorteilhaft, daß alle zugelassenen Datentypen aus einer variablen, aber ganzen Anzahl an Bytes bestehen (für die Feststellung der getroffe-

nen Tupel ist das Attribut als Zwischengröße nicht relevant). Entsprechend der Forderung, daß innerhalb eines
Suchvorgangs nur die Min-Terme einer Suchanfrage zu bearbeiten sind, müssen lediglich die Ergebnisse der Datentyp-Ebene logisch UND-verknüpft werden, um das Vergleichsergebnis in der Tupel-Ebene zu erhalten. Bei mehreren,
gleichzeitig zu durchsuchenden Relationen muß dieser Vorgang *getrennt für jede Relation* durchgeführt werden.

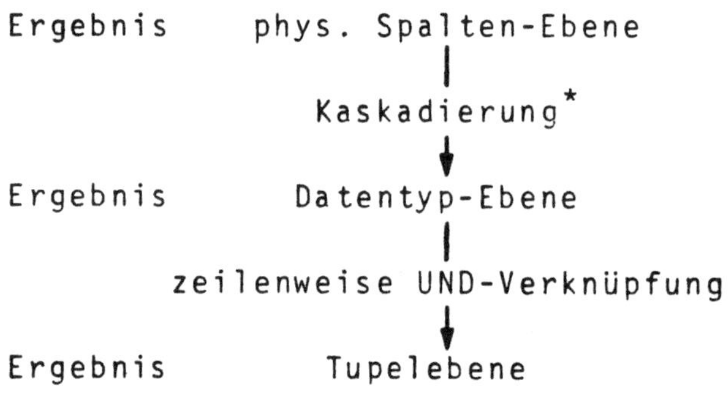

* nur beim Datentyp "Byte" keine Kaskadierung notwendig

Bild 5.3   Gewinnung der qualifizierten Tupel

Um die qualifizierten Tupel nach dieser Methode feststel-
len zu können, wird von der Suchlogik die Fähigkeit vorausgesetzt, die gespeicherten Bytes in jeder Spalte entsprechend einem beliebigen der 18 Suchmodi zu identifizieren. Bild 5.4 zeigt ein Verfahren zur Synthese der
Suchmodi durch wiederholte Anwendung der Vergleichsoperationen '>','=' und '<'.

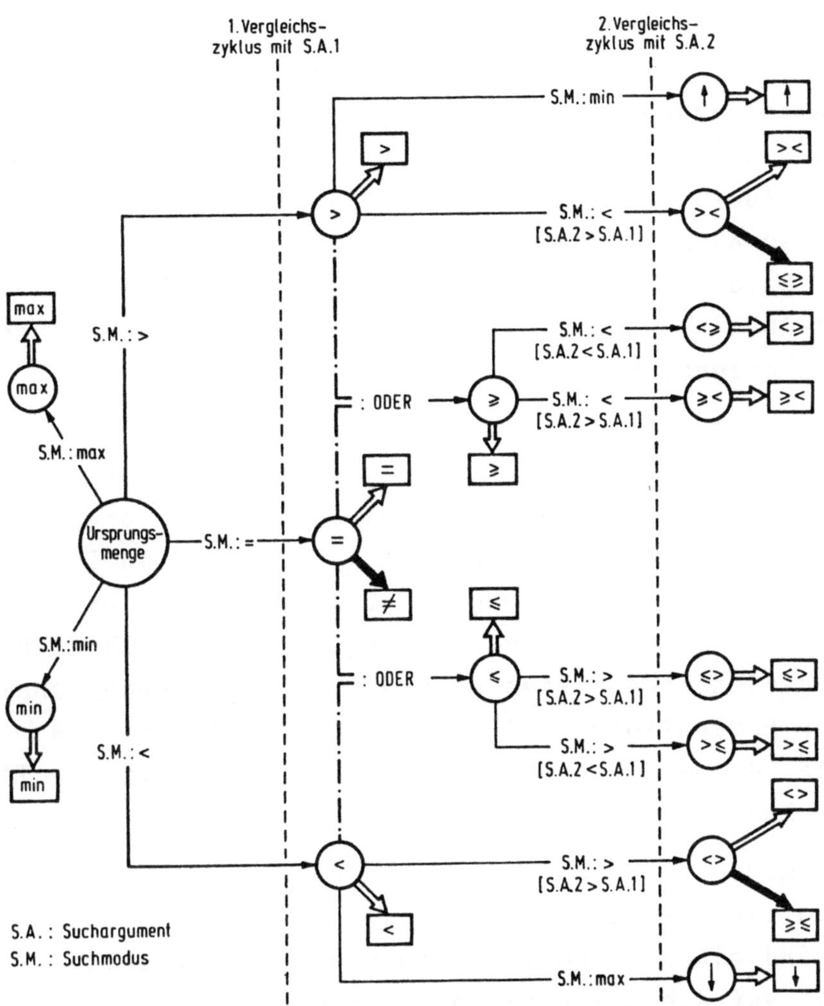

Bild 5.4   Das Prinzip der Treffersynthese

Es existieren auch Algorithmen [FAL 62], die mit dem Operator '=' auskommen, aber in Abhängigkeit des Ergebnisses für den folgenden Vergleichsvorgang eine Bitmaske generieren. Da Komparatorschaltkreise mit je einem Ausgang für die Operatoren '=' und '>' zum Stand der Technik gehören, sind diese Algorithmen hier nicht relevant. Für das Verfahren aus Bild 5.4 werden Vergleicher benutzt, bei denen der '<'-Ausgang durch logische Verknüpfung der '>' und '='-Ausgänge erzeugt wird.

In einem ersten Vergleichsvorgang erfolgt eine Unterteilung der Menge aller in einer Spalte gespeicherten Bytes in die drei Mengen entsprechend der drei Basis-Operatoren (die Suchmodi 'maximum' und 'minimum' können, wie in 5.3.5 gezeigt wird, durch Anwendung der Operatoren '>' und '<' und wiederholten Austausch des Sucharguments in Abhängigkeit des Vergleichsergebnisses erzeugt werden). Durch Vereinigung der Ergebnismengen '>' und '=' erhält man alle Elemente, die der Bedingung '≥' genügen. Ähnliches gilt für den Modus '≤'.

Die Suchmodi mit einem zweifachen Operator ergeben sich in einem zweiten Vergleichsvorgang mit einem neuen Suchargument und einer nochmaligen Anwendung des Operators '>' bzw. '<' auf die Lösungsmengen des ersten Suchlaufes. Hierbei ist zu beachten, daß das Suchargument des zweiten Vorgangs in Abhängigkeit des gewählten Suchmodus sowohl größer als auch kleiner als dasjenige im ersten Durchlauf sein kann. Die beiden Modi 'nächst größeres Element' (↑) und 'nächst kleineres Element' (↓) ergeben sich durch die Anwendung der Operatoren 'min.' und 'max.' auf die Lösungsmengen '>' und '<'.

Offensichtlich ist dieses Verfahren *redundant*, da der gesamte untere Zweig in Bild 5.4 durch logische Verknüpfung der Lösungsmengen im mittleren und oberen Zweig abgeleitet werden kann. Diese Redundanz ist sinnvoll, wenn man die *technische Realisierung* des Verfahrens betrachtet:

Jeder Spalte wird, wie in <u>Bild 5.5</u> gezeigt, ein Speicher zur Aufnahme der Vergleichsergebnisse (fortan auch *Ergebnisspeicher* genannt) mit N Worten zu je drei Bit zugeordnet, so daß für jedes Byte des Datenspeichers ein Wort dieses Hilfsspeichers reserviert ist. Die Ausgänge des Vergleiches sind sowohl mit den Eingängen des Ergebnisspeichers, als auch mit denen einer Logik, die hier mit *"Treffersynthese"* bezeichnet ist, verbunden. Suchanfragen mit nur einem Vergleichsvorgang können mit und ohne Zuhilfenahme des Ergebnisspeichers verarbeitet werden: entweder werden die Ergebnisse direkt in die Treffersynthese übernommen und dort entsprechend dem Suchmodus selektiert bzw. für '$\geqslant$' und '$\leqslant$' überlagert, oder aber zunächst im Ergebnisspeicher abgelegt und in einer anschließenden Lesephase in der Treffersynthese aufbereitet.

Ist zur Beantwortung der Anfrage ein zweiter Suchlauf notwendig, gilt folgendes: die Ergebnisse des ersten Vergleichsvorgangs müssen im Ergebnisspeicher abgelegt werden; sorgt man während des *gesamten* zweiten Durchgangs dafür, daß die Eintragungen in der dem Operator des ersten Suchlaufes entsprechenden Spalte des Ergebnisspeichers *nicht* geändert werden, alle anderen Spalten allerdings mit den Resultaten des zweiten Suchlaufes überschrieben werden, so ergibt sich die gesuchte Lösungsmenge durch eine anschließende Überlagerung der "eingefrorenen" Ergebnisse des ersten mit den Ergebnissen des zweiten Durchgangs. Diese Überlagerung findet während eines Lesevorgangs des Ergebnisspeichers in der Treffersynthese statt. Durch eine entsprechende Steuerung muß demnach ein Schreibvorgang in der '>' bzw. '<'-Spalte des Ergebnisspeichers unterbunden werden können.

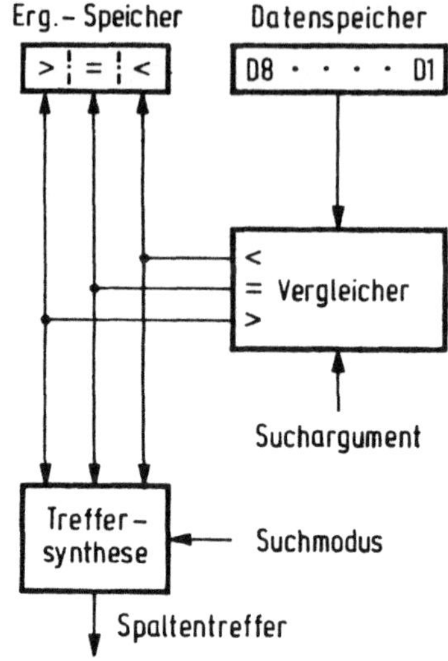

Bild 5.5   Die Anschlüsse der Vergleicherausgänge

Die Notwendigkeit der Ergebnisspeicherung ergibt sich somit
aus diesem Überlagerungsprinzip. Wie in Kapitel 7 gezeigt
wird, ist auch ein Verfahren mit einem nur zweispaltigen
Ergebnisspeicher möglich, allerdings ist dann ein Multiplexer zwischen Vergleicher und Ergebnisspeicher zu schalten. Da diese Stelle jedoch zum zeitkritischen Datenpfad
gehört, wurde das hier vorgestellte Verfahren vorgezogen

und auf die Einsparung einer Spalte des Ergebnisspeichers verzichtet.

Mit diesem Schaltungsprinzip können die *Spaltentreffer* entsprechend einem Suchmodus der 1. Anfragekategorie generiert werden; die Suche nach Extremwerten (2. Kategorie) erfordert weitere Schaltungsmaßnahmen, die weiter unten vorgestellt werden.

Das Lesen der Ergebnisspeicher ist in Bild 5.4 symbolisch durch einen Pfeil und das entsprechende, in einem Rechteck eingerahmte Symbol des Suchmodus gekennzeichnet. Ein ausgefüllter Pfeil steht hier für eine invertierte Überlagerung der gelesenen Vergleichsergebnisse.

Die Ergebnisse auf der Datentyp-Ebene werden gemäß Bild 5.3 durch die Kaskadierung der Vergleicher mehrerer Spalten erreicht, wobei nur der Ergebnisspeicher der niederwertigsten Spalte benutzt wird; alle anderen Spalten müssen maskiert werden, indem die Ausgänge der Treffersynthese *permanent* einen Treffer melden. Während des Lesevorgangs der Ergebnisspeicher identifizieren demnach nur die Treffer der niederwertigsten Spalte die qualifizierten Daten.

An die Auslegung der Kaskadierlogik werden besondere Ansprüche gestellt, insbesondere in Bezug auf kurze Schaltzeiten, um die Vergleichszykluszeit auch für eine hohe Anzahl kaskadierter Vergleicher möglichst gering zu halten (siehe 5.3.6).

5.1.3 Struktur der Suchlogik

Auf der Basis der o.a. Definition der Speicherungsstrukturen und des Vergleichsverfahrens ergibt sich für die Suchlogik die in Bild 5.6 gezeigte Struktur. Die Suchlogik ist

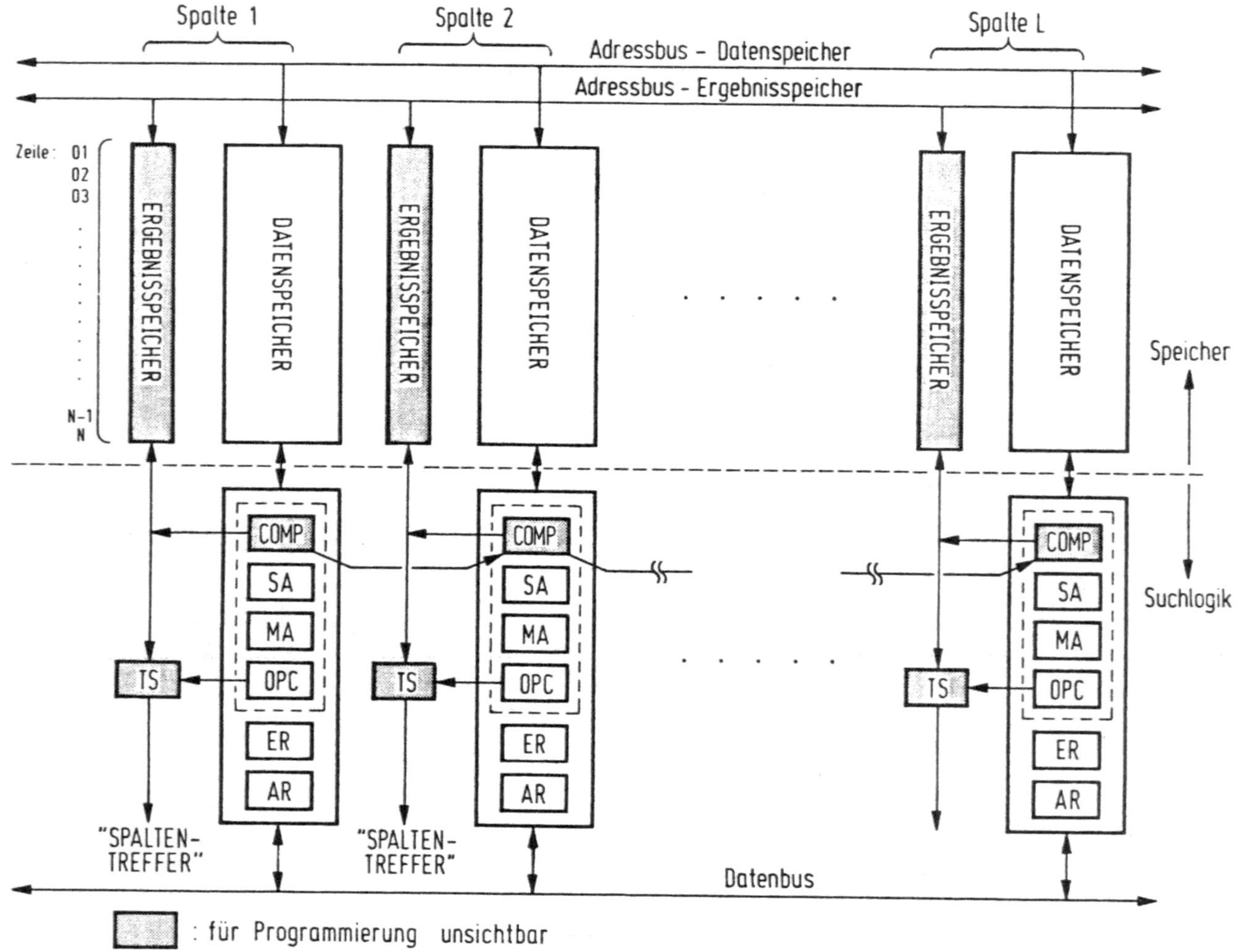
Bild 5.6: Struktur der Suchlogik
Spalte 1
Spalte 2
Spalte L
Adressbus - Datenspeicher
Adressbus - Ergebnisspeicher
Zeile: 01 02 03 N-1 N
ERGEBNISSPEICHER
DATENSPEICHER
ERGEBNISSPEICHER
DATENSPEICHER
ERGEBNISSPEICHER
DATENSPEICHER
Speicher
Suchlogik
COMP
SA
MA
OPC
ER
AR
TS
COMP
SA
MA
OPC
ER
AR
TS
COMP
SA
MA
OPC
ER
AR
TS
"SPALTEN-
TREFFER"
"SPALTEN-
TREFFER"
Datenbus
: für Programmierung unsichtbar

wie der Datenspeicher in Spalten unterteilt, die jeweils die folgenden sieben Funktionsblöcke enthalten.

1. ein Eingaberegister (*ER*)
2. ein Ausgaberegister (*AR*)
3. ein Register bzw. Speicher für die Suchargumente (*SA*)
4. ein Register bzw. Speicher für die Bitmasken (*MA*)
5. ein Register bzw. Speicher für die Operationscodes (*OPC*)
6. ein Komparator (*COMP*)
7. eine Logik zur Treffersynthese (*TS*)

Die Komponenten 3 bis 7 sind für den Vergleichsvorgang notwendig, das Ein- und Ausgaberegister lediglich zum Laden bzw. Lesen des Datenspeichers.

Der *Ladevorgang* des Datenspeichers erfolgt entsprechend der in Bild 4.6 erläuterten Systematik spalten- und zeilensequentiell, indem zunächst die Eingaberegister der einzelnen Spalten nacheinander mit jeweils einem Byte eines abzuspeichernden Tupels geladen werden. In einer anschließenden Phase wird der Inhalt aller Register *parallel* in die vorher adressierte Zeile des Datenspeicher übergeben. Ein Lesevorgang läuft analog in umgekehrter Richtung ab.

Zur Anwahl der jeweiligen Zeile sind die Datenspeicher aller Spalten über einen gemeinsamen Adreßbus parallelgeschaltet; die jeweilige Adresse wird über einen Zähler auf der Steuerkarte vorgegeben. Für die Ergebnisspeicher der einzelnen Spalten muß nur deswegen ein getrennter Adreßbus eingerichtet werden, da während der Vergleichsvorgänge, bedingt durch die Anwendung eines *Pipeline-Verfahrens* (s. 5.3.2), die Adressen auf den beiden Bussen um den Wert 2 differieren müssen. Die Register bzw. Speicher zur Aufnahme der Suchargumente, Masken und Operationscodes werden nach dem gleichen Verfahren wie die Eingaberegister *vor* dem jeweiligen Suchvorgang geladen. Durch den Einsatz von Speichern an Stelle von Registern können gleichzeitig die Suchparameter für mehrere Suchvorgänge in der Suchlogik bereitgehalten werden. Die Operationscodes steuern sowohl die Treffersynthese als auch (nicht eingezeichnet) die Kaskadierung der Komparatoren.

Obwohl die Daten-Schnittstelle zum übergeordneten Rechner 16 bit breit sein soll, ist der Speicher-Datenbus auf eine Breite von 8 bit beschränkt, um den Datentransfer zwischen zwei Spalten bei der Durchführung relationaler Verknüpfungen zu vereinfachen (die geforderte Transfergeschwindigkeit von 4 - 5 Mbyte/s während der Lade- bzw. Lesevorgänge wird, wie in 5.4.3 gezeigt, durch diese Beschränkung nicht verletzt).

Die Trefferausgänge der von einer Relation belegten Spalten werden konjunktiv verknüpft; da sowohl die Vergleiche als auch der Lesevorgang der Ergebnisspeicher in allen Spalten parallel ablaufen, ist sichergestellt, daß zu jedem Zeitpunkt nur die für ein Tupel relevanten Spaltentreffer verarbeitet werden.

Auf den ersten Blick erscheint die Anzahl der implementierten Ergebnisspeicher recht hoch, da immerhin auf 8 Bit des Datenspeichers 3 des Ergebnisspeichers entfallen. Dieser relativ hohe Hardwareaufwand läßt sich jedoch, wie in Kapitel 7 gezeigt wird, nicht vermeiden, wenn gleichzeitig die Abwicklung der in Bild 5.4 aufgeführten Vergleichsarten gefordert wird.

5.2 Die Speichermoduln

Eine wesentliche Eigenschaft eines *Quasi*-Assoziativspeichers ist, wie bereits in 4.2 erwähnt, ein ortsadressierbares Speichermedium; für die Realisierung der Speichermoduln des hier behandelten Systems gelten damit die gleichen Auslegungs-Kriterien wie für konventionelle Schreib-/Lesespeicher.

Allerdings erhält die Entscheidung, ob dynamische oder statische Halbleiterspeicher zu verwenden sind, im Zusammenhang mit der geforderten Echtzeitfähigkeit des Systems besondere Bedeutung, da die Bearbeitungszeit aufeinanderfolgender Zugriffe, unabhängig von ihrer Anzahl nur geringfügig durch *Refresh*-Zyklen dynamischer Speicherkomponenten verlängert werden darf; als Richtwert gelte eine obere Grenze von 5%.

Eine Untersuchung [KUB 81] zeigt, daß für dieses Speichersystem der Einsatz von dynamischen 64K-Speicherelementen (64K Worte zu je 1 bit) mit einem als *"page-mode"* bezeichneten Adressierungsverfahren bei Anwendung einer modifizierten Version der *cycle stealing* Refresh-Technik optimal ist: Neben einer geringen Leistungsaufnahme und einer hohen Packungsdichte ist bei einigen 64K Elementen (z.B. MK4164 der Firma MOSTEK) eine Verkürzung der Zugriffszeit um ca. 50% möglich, wenn auf jeweils aufeinanderfolgende Adressen innerhalb einer "page" zugegriffen wird (das Speicherelement ist intern in 256 Seiten zu je 256 Adressen eingeteilt). Unter Anwendung dieser Technik ergeben sich Zugriffszeiten von ca. 140 ns; nur bei einem Seitenwechsel muß ein langsamerer Zugriff mit ca. 270 ns eingefügt werden, da hierbei zunächst die neue Seite und danach die Zelle innerhalb dieser Seite selektiert wird. Da bei sämtlichen Suchvorgängen die Adressen sowohl des Datenspeichers als auch der Ergebnisspeicher *linear* fortgeschaltet werden, kann somit eine

wirkungsvolle Beschleunigung der Vergleichsverfahren erreicht werden.

Das Refresh-Verfahren ist so zu wählen, daß sowohl einfache und wahlfreie, als auch mehrfache und in beliebiger
Anzahl aufeinanderfolgende Zugriffe um nicht mehr als 5%
verzögert werden. Die oben erwähnte Untersuchung stellt
folgendes Verfahren als besonders geeignet heraus: Die
Zeitspanne zwischen den äquidistanten Zyklen des cycle-
stealing-Verfahrens wird geringfügig verkürzt, z.B. von
typisch 15,625 µs (dieser Wert ergibt sich aus den für
die Komponente vorgeschriebenen 128 Zyklen in 2 ms)
auf 15,0 µs. Erfolgt kein Speicherzugriff, so wird in diesen Zeitabständen jeweils ein Refresh-Zyklus ausgeführt.
Finden jedoch gleichzeitig Speicherzugriffe statt, so kann
ein Zyklus innerhalb der durch die Intervallkürzung einer
Refresh-Periode gewonnenen Zeitspanne (in diesem Beispiel
128*0,625 µs = 80 µs) verzögert ausgeführt werden. Durch
diese Maßnahme können die Refresh-Zyklen den Speicherzu-
griffen in einem gewissen Maß zeitlich "ausweichen". Bezogen auf das angeführte Beispiel sind bis zu ca. 500 Zugriffe im page-mode *ohne* einen zwischenzeitlichen Refresh
möglich. Im ungünstigsten Fall tritt eine maximale Verzögerungszeit der Speicherzugriffe von lediglich 1,7% auf.
Die zur Steuerung der Auffrisch-Vorgänge erforderliche Logik muß hierbei in der Lage sein, in einer *look-ahead*-
Strategie anstehende Refresh-Zyklen zeitoptimal abzuwickeln.

Da die ausgewählten 64K-Elemente verspätet und für den Aufbau eines Prototypen dieses Speichersystems nicht rechtzei-
tig auf den Markt kamen und andere dynamische Speicherelemente nicht über einen page-mode verfügen, mußte auf statische Schreib-/Leseelemente zurückgegriffen werden. Die
aktuelle Version des Systems enthält 16 K CMOS-Elemente in
einer Organisationsform von 2Kx8 und einer Zugriffszeit von

150 ns. Auf einer Doppel-Europakarte sind dabei vier Spalten mit je 8 dieser Bausteine enthalten, so daß sich auf einem Speichermodul eine Kapazität von 16K x 32 bit = 512Kbit für den Datenspeicher ergibt.

Die in jeder Spalte erforderlichen Ergebnisspeicher sind auf der Basis von jeweils drei statischen 16K x 1 bit Elementen ebenfalls auf dem Speichermodul realisiert. Da bei doppelten Suchvorgängen für den zweiten Durchlauf die Spalten eines Ergebnisspeichers individuell selektierbar sein müssen (s. 5.1.2), sind Elemente mit einer Wortlänge von 1 bit erforderlich.

5.3   Die Suchmoduln

Entsprechend Bild 5.6 ist jeder Speicherspalte eine Spalte der Suchlogik zugeordnet, so daß ein *Suchmodul* die Komponenten für 4 Spalten umfaßt. <u>Bild 5.7</u> zeigt innerhalb des eingezeichneten Rahmens die für *eine* Spalte notwendigen Funktionsblöcke mit den erforderlichen Verbindungswegen. Steuerleitungen wurden zugunsten einer besseren Übersicht nicht mit in das Bild aufgenommen.

Die Einzelfunktionen der Suchlogik werden in den folgenden Abschnitten anhand von Teilbildern erläutert, die aus Bild 5.7 abgeleitet sind und jeweils nur die relevanten Komponenten mit den für diese Funktion spezifischen Verbindungspfaden zeigen.

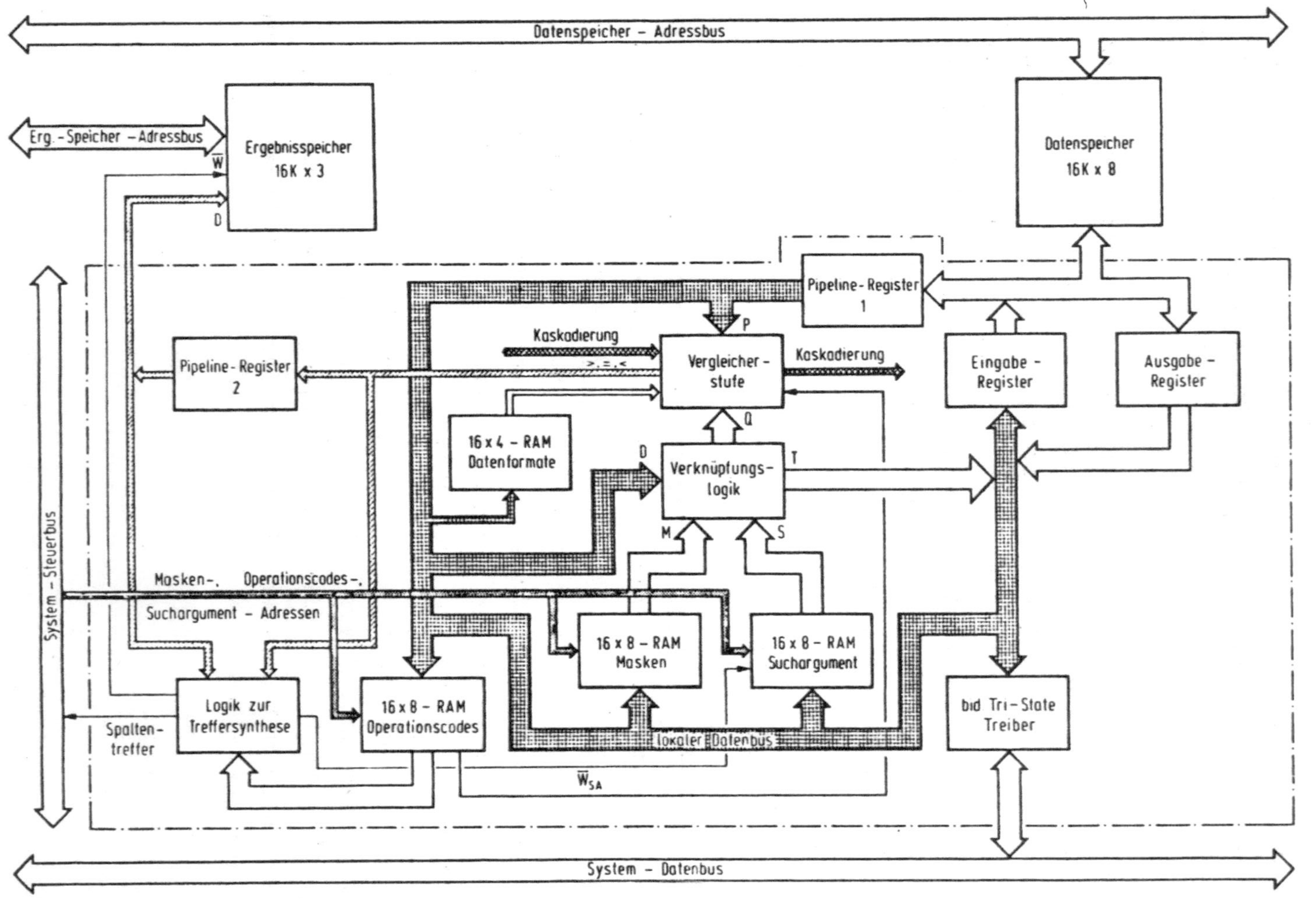

Bild 5.7   Eine Spalte der Suchlogik

5.3.1 Ein-/Ausgabeelemente

Um die Speicherwortlänge (Zeilenlänge) an die sehr viel
geringere Wortlänge der Systemschnittstelle anzupassen,
sind in jeder Spalte ein Eingabe- und Ausgaberegister
enthalten (s. <u>Bild 5.8</u>). Der Transfer zwischen diesen Registern und dem System-Datenbus erfolgt spaltensequentiell
über einen bidirektionalen "Tri-state"-Treiber, der lediglich zur Entkopplung dient. Die Adressierung der jeweiligen
Spalte wird in einem Demultiplex-Verfahren von zwei Binär-
zählern entsprechend den Parametern SI und SO auf dem
Steuermodul vorgenommen (s. 5.4.2).

Die Datenübergabe zwischen den Registern und dem Speicher
wird *in allen Spalten parallel* abgewickelt, wobei die jeweilige Zeile vorher über den Adreßbus des Datenspeichers
selektiert worden ist. Während des Ladevorgangs erfolgt
diese parallele Übernahme erst, nachdem die Eingaberegister *aller* zu beschreibenden Spalten geladen wurden. Für
den Lesevorgang gilt die umgekehrte Reihenfolge.

Diese Register sind zwischen Speicher und Datenbus eingefügt worden, um den Lese- und Ladevorgang zu beschleunigen.
Berücksichtigt man die - technologisch bedingt - unterschiedliche Ladezeit des Speichers und der Register (typ.
150 ns zu 50 ns in diesem System, wobei die für den De-
multiplex-Vorgang notwendige Zeit schon berücksichtigt ist),
so ist die Plausibilität des Verfahrens offensichtlich, wie
anhand eines Ladevorgangs gezeigt werden kann:

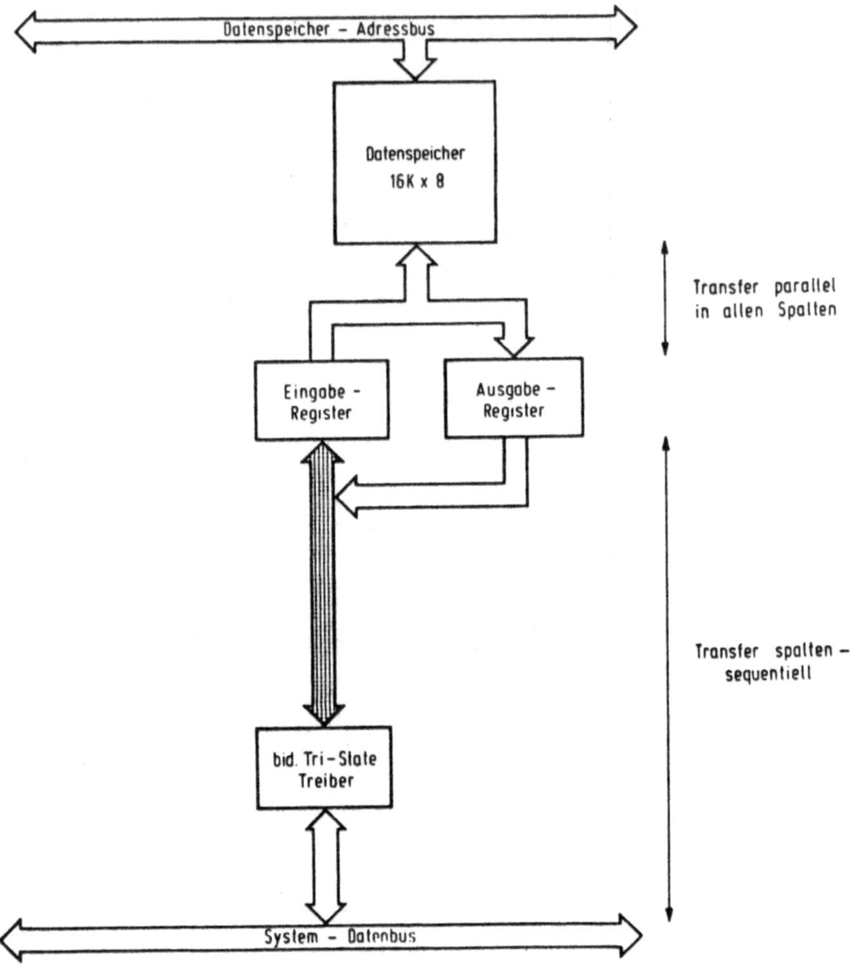

Bild 5.8   Ein-/Ausgabeelemente

Für einen Ladevorgang ohne Register (direkte, spalten-
sequentielle Speicherung im Datenspeicher) ergibt sich
der Zeitbedarf

$$n * l * t_{LDS},$$

n : Anzahl der zu ladenden Tupel
l : Tupellänge in Bytes
t_{LDS}: Ladezeit des Datenspeichers (Zugriffszeit)

Für einen Ladevorgang mit Zwischenspeicherung gilt:

$$n(l * t_{LER} + t_{LDS}),$$

t_{LER}: Ladezeit des Eingaberegisters.

Hieraus ergibt sich der durch Implementation der Register erzielbare *Geschwindigkeitsgewinn G* zu:

$$G(l) = \frac{1}{\dfrac{t_{LER}}{t_{LDS}} + \dfrac{1}{l}} \qquad mit \quad l \geq 1$$

Setzt man für t_{LER} ca. 50 ns und t_{LDS} ca. 150 ns an, erhält man den in **Bild 5.9** dargestellten und für dieses
System charakteristischen Gewinn.

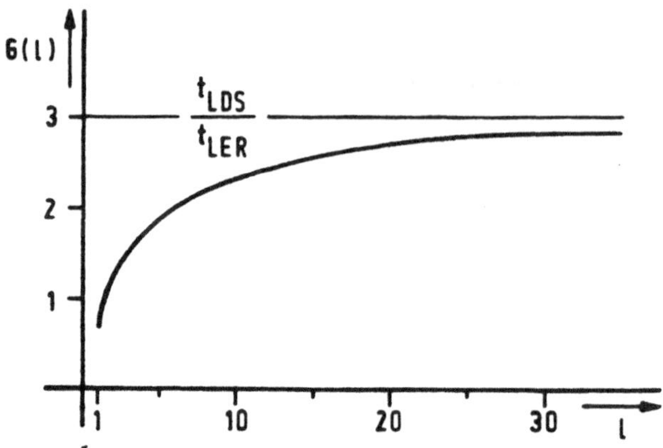

Bild 5.9   Geschwindigkeitsgewinn G(1)

In 4.5.2.1 wird gefordert, daß mehrere Relationen im
Speicher abgelegt werden können und daß zu jeder Zeit neue
Information geladen werden kann, *ohne bereits vorhandene
zu zerstören.*

Das bisher vorgestellte Verfahren erfüllt diese Forderungen noch nicht, da die Übernahme des Inhaltes der Eingaberegister in den Datenspeicher in allen Spalten parallel
erfolgt und die in den nicht betroffenen Spalten gespeicherte Information durch den zufälligen Inhalt der Eingabe-
Register überschrieben wird. Erweitert man den Ladevorgang
um folgende Operationen, ist eine zerstörungsfreie Speicherung möglich: Zunächst wird das entsprechende Speicherwort vollständig über das Ausgabe- in das Eingaberegister
aller Spalten übernommen. Danach läuft der Ladevorgang wie
oben beschrieben ab, so daß der Inhalt eines Teils der Eingaberegister überschrieben wird. Bei der anschließenden
parallelen Übernahme in den Datenspeicher wird die alte

Information in den nicht betroffenen Spalten zurückgeschrieben.

Außerdem erlaubt die Anordnung der beiden Register den Austausch zweier Tupel durch Ausführung der in <u>Bild 5.10</u> dargestellten Befehlssequenz. Die am Austauschvorgang beteiligten Speicherzeilen sind hier mit "x" und "y" bezeichnet; die Transferrichtung entspricht der jeweiligen Pfeilrichtung. Die Adressenwechsel können gleichzeitig mit den jeweiligen Datentransfers durchgeführt werden.

Auf die Methode der Bit-Modifikation wird im folgenden Kapitel eingegangen.

5.3.2 Die Vergleichslogik-Beschleunigung durch Pipelining

Nachdem bereits in 5.1.2 ein Überblick über das Suchverfahren gegeben wurde, soll hier eine Methode zur *Beschleunigung* des Vergleichsverfahrens vorgestellt werden.

Ein Vergleichszyklus kann entsprechend <u>Bild 5.11</u> in drei Phasen eingeteilt werden, die in allen Spalten gleichzeitig ablaufen:

1. Lesen einer Zeile aus dem Datenspeicher
2. Vergleichen
3. Abspeichern der Ergebnisse, oder alternativ bei einfachen Suchvorgängen: Ausgabe der Ergebnisse an die Logik zur Treffersynthese.

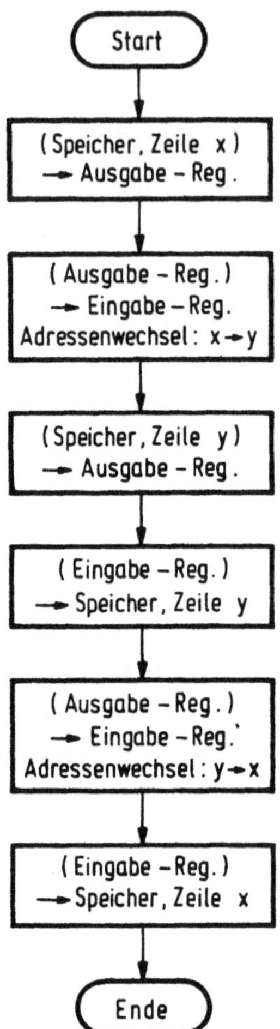

5.10   Austausch zweier Tupel

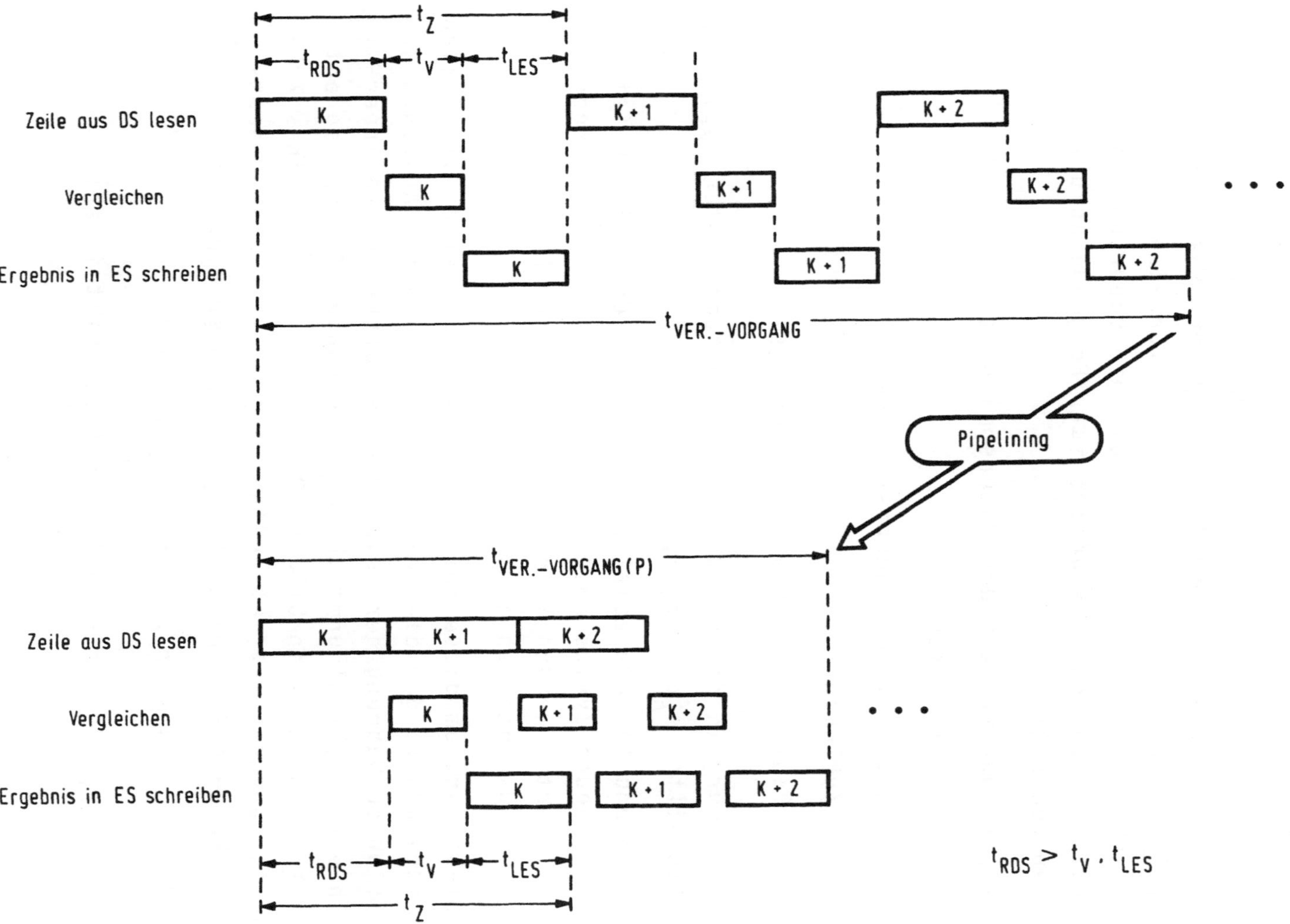

Bild 5.11   Komponenten für Vergleich im Pipeline-Verfahren

Diese Sequenz wird unverändert bei jedem Vergleichszyklus ausgeführt, sie wird nicht unterbrochen und ein Vergleichsvorgang endet stets nach Ausführung der dritten Phase. Bild 5.12 gibt den zeitlichen Rahmen für eine Folge von drei Zyklen wieder, wobei die absolute Dauer der einzelnen Operationen zunächst belanglos ist. Folgende Abkürzungen wurden gewählt:

t_{RDS}: Zugriffszeit des Datenspeichers

t_V : Vergleichszeit

t_{LES}: Ladezeit im Ergebnisspeicher

t_Z : Zykluszeit

t_{VV} : Dauer eines Vergleichsvorgangs

In Anlehnung an die für die einzelnen Komponenten typischen Zeiten gilt: $t_{RDS} > t_V, t_{LES}$.

Bezeichnend für die zeitliche Folge der Operationen ist, daß ein neuer Zyklus *erst nach Beendigung* des vorhergehenden gestartet werden kann, so daß in jeder Ebene *nicht nutzbare* Wartezeiten entstehen.

Schiebt man, um diese Zeitspannen zu reduzieren, die Zyklen so ineinander, daß die Phasen mit der längsten Ausführungszeit unter Wahrung der relativen Zeitverhältnisse innerhalb eines Zyklus' unmittelbar aufeinander folgen, so entsteht die Sequenz in Bild 5.12 unten. Die Dauer eines Zyklus ist unverändert, allerdings ergibt sich eine wesentlich kürzere Zeitspanne für den gesamten Vorgang:

mit $t_{VV} = n * (t_{RDS} + t_V + t_{LES})$ und

$t_{VV(p)} = n * t_{RDS} + t_V + t_{LES}$ gilt immer:

$t_{VV(p)} < t_{VV}$

$t_{VV(p)}$: Dauer eines Vergleichsvorgangs (pipeline)

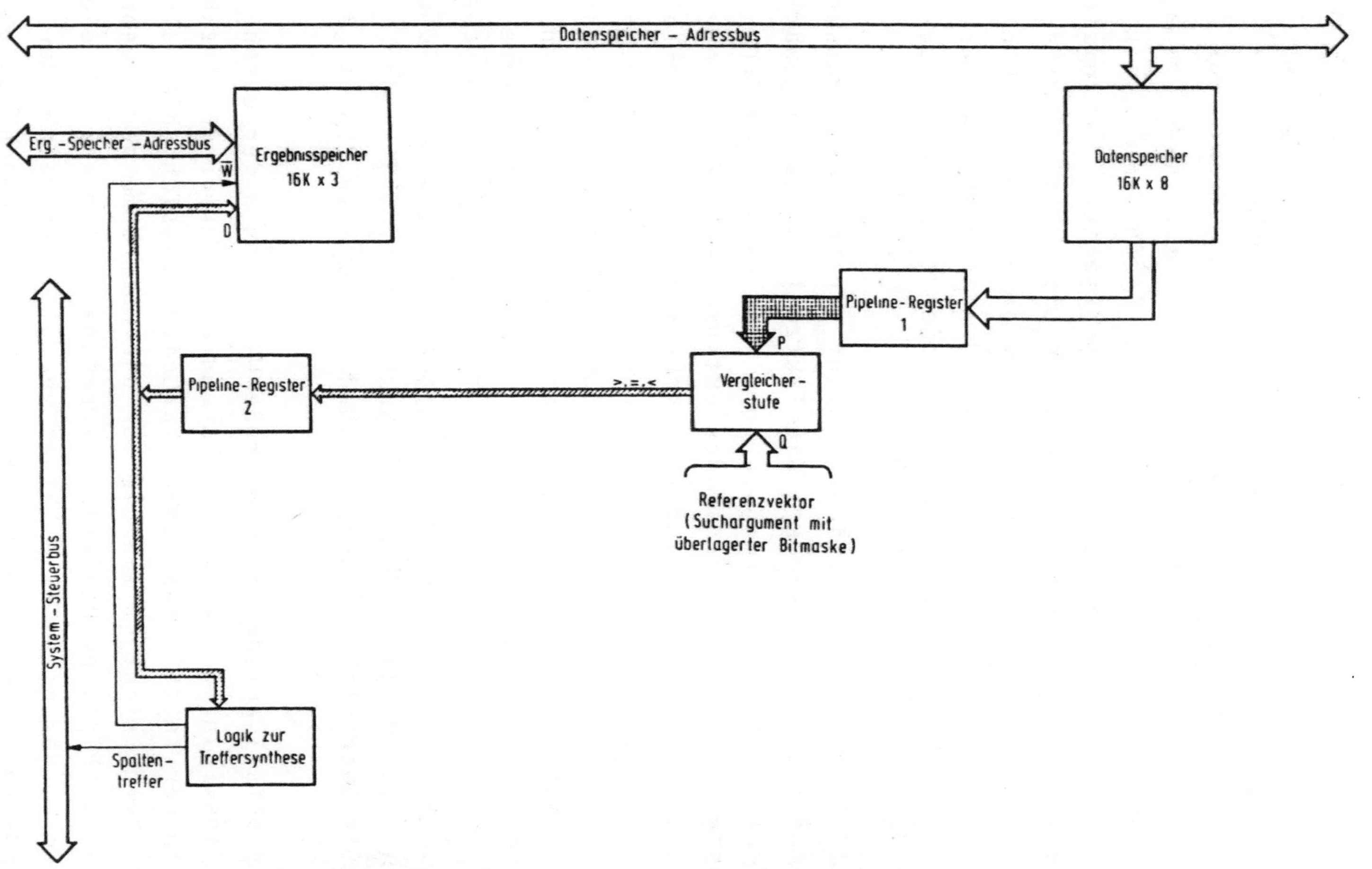

Bild 5.12   Prinzip des Pipeline-Verfahrens

Dieses Verfahren ist allerdings nur möglich, wenn die Ergebnisse der einzelnen Phasen zwischen den jeder Phase zugeordneten Bearbeitungselementen (Datenspeicher, Vergleicher und Ergebnisspeicher) gespeichert werden. Vor dem Ende des jeweiligen Zyklus ist dann der Start einer neuen Phase möglich. Ähnlich wie bei einem Fließband wird ein neuer Wert bearbeitet, bevor der vorhergehende die letzte Stufe durchlaufen hat; definiert man die längste Barbeitungszeit (hier: t_{RDS}) als *Taktzeit*, so verläßt in jeder Taktzeit ein Wert dieses "Fließband", das Verfahren wird demnach auch Fließbandverarbeitung oder *Pipelineverarbeitung* genannt.

<u>Bild 5.13</u> gibt den zeitlichen Ablauf der Vergleichsphasen im Pipeline-Betrieb wieder. Die Taktzeit t_T muß so gewählt werden, daß eine sichere Übernahme des Ergebnisses der längsten Vergleichsphase in das entsprechende *Pipeline-Register* gewährleistet ist (die schraffierten Flächen sollen noch nicht eingeschwungene Ausgangszustände symbolisieren). Das im Register 2 gespeicherte Vergleichsergebnis wird entweder über einen negativen Schreibimpuls in den Ergebnisspeicher übernommen oder steht alternativ während der Dauer einer Taktzeit für die Treffersynthese zur Verfügung. In dem realisierten Prototypen ist der Datenspeicher-Zugriff mit maximal 150 ns (s. auch 5.2 und 5.3.6) die längste Bearbeitungsphase, t_T wurde demnach zu 200 ns gewählt.

Im Idealfall entspricht für große Werte von n der durch das Pipelining erzielbare *Beschleunigungsfaktor* der Anzahl der in der Kette enthaltenen Bearbeitungsstufen; hier also drei. Berücksichtigt man die für die Übernahme der Ergebnisse in die Pipeline-Register notwendige Zeitspanne und die Tatsache, daß nicht alle Phasen von gleicher zeitlicher Dauer sind (s. Bild 5.12), ist der effektive Beschleunigungs-

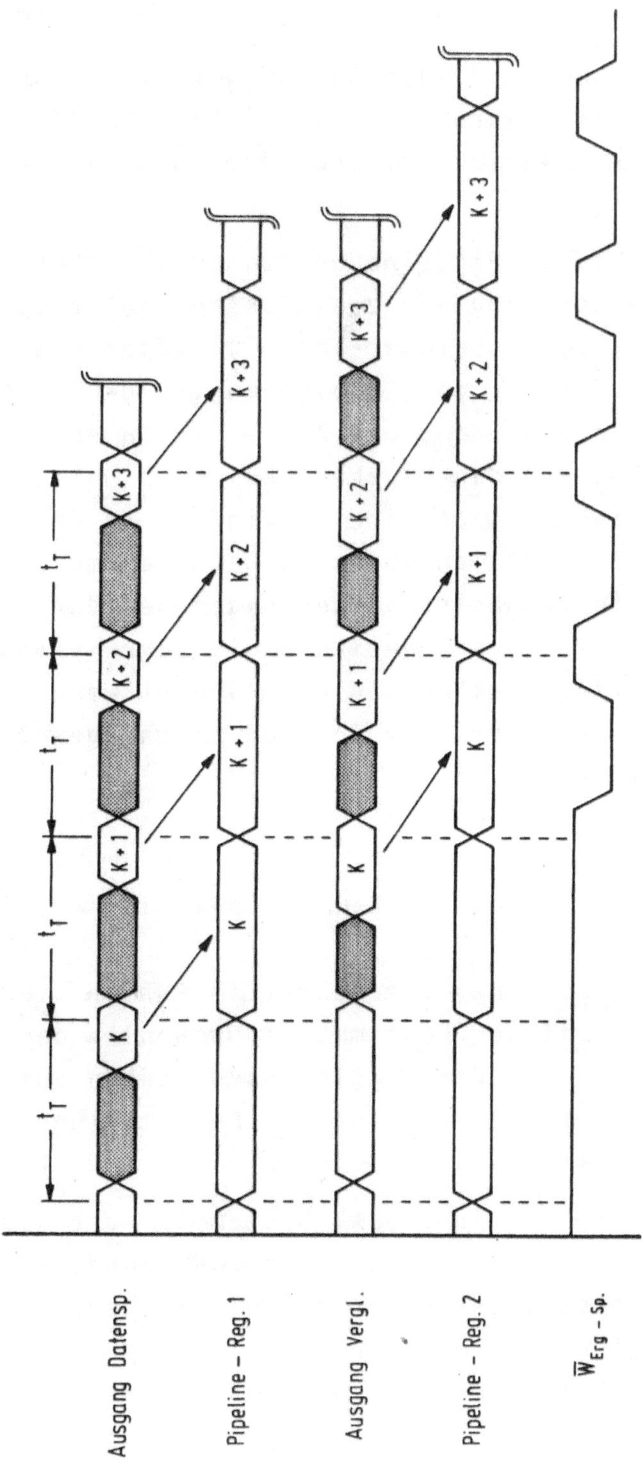

Bild 5.13 Ablauf des Vergleichsvorgangs

faktor (in diesem System ca. 2,25) stets geringer.

Aus dem Diagramm in Bild 5.13 und dem Funktionsbild 5.11 wird ersichtlich, warum für die Ergebnisspeicher und den Datenspeicher unterschiedliche Adreßbusse vorgesehen werden müssen:

Bei der 3-stufigen Pipeline werden die Ergebnisse jeweils mit einer Verzögerung von zwei Taktzeiten bezogen auf die erste Phase ("Lesen Datenspeicher") aufgeführt. Für alle Operationen, die auf den Suchvorgang folgen, ist die unmittelbare Zuordnung einer Zeile des Datenspeichers zu der entsprechenden des Ergebnisspeichers *unter derselben Adresse* im Hinblick auf eine Vereinfachung der Steuerungsabläufe (s. 5.4.5.4) angebracht. Deswegen müssen die Adressen für die Ergebnisspeicher gegenüber denen des Datenspeichers zweifach verzögert und die Schreibimpulse während der ersten beiden Taktphasen unterdrückt werden. Diese Funktionen werden für alle Spalten im übergeordneten Steuermodul ausgeführt.

5.3.3 Bit-Maskierung und Bit-Modifikation

Der Begriff *Maskierung* bezeichnet im Rahmen dieser Arbeit eine Methode, mit der bestimmte Komponenten der gespeicherten Information von den Vergleichsvorgängen ausgeschlossen werden können, so daß sie für die Feststellung der qualifizierten Tupel *irrelevant* sind.

Eine Maskierung ist in diesem System auf drei Ebenen möglich: der Bit-Ebene, der Datentyp-Ebene und, falls mehrere Relationen gespeichert und parallel durchsucht werden sollen, auch auf der Relationen-Ebene. Die Maskierung auf der Daten- und Relationen-Ebene wird an anderer Stelle (s. 5.3.4

und 5.4.4) erläutert, da ihre technische Realisierung grundsätzlich von der für die Bit-Maskierung verwendeten abweicht.

Mit Hilfe der Bit-Maskierung soll die Möglichkeit geschaffen werden, in jedem der in 4.5.1 vorgestellten Datenformate beliebige Bit-Positionen für den Vergleich als don't cares zu behandeln, so daß deren Wert nicht die Gewinnung des Vergleichsergebnisses beeinflußt. Da das kürzeste Datenformat einem Byte entspricht, muß in *jeder* Spalte eine Bit-Maskierung vorgenommen werden können. Die dabei zugrunde gelegte Strategie basiert auf der Funktionsweise digitaler Vergleicherschaltkreise:

Innerhalb dieser Bausteine erfolgt der Vergleich bitseriell, beginnend mit der höchstwertigsten Bit-Position. Die erste Stelle, in der eine Differenz auftritt, steuert entsprechend dem Größenverhältnis dieser beiden Bits entweder den '<' bzw. den '>'-Ausgang des Vergleichers. Alle Bit-Positionen, in denen eine Übereinstimmung der beiden Werte vorliegt, werden von diesem Steuervorgang nicht berücksichtigt.

Dieses Prinzip wird für die Maskierung ausgenutzt, indem in jedem Vergleichszyklus an den maskierten Bit-Positionen den einander zugeordneten Komparator-Eingängen *derselbe* logische Wert zugeführt und somit eine Gleichheit an den maskierten Bit-Stellen *erzwungen* wird. Für die Feststellung des Vergleichsergebnisses bleiben somit nur noch die unmaskierten Stellen übrig, da nur hier eine eventuelle Differenz der beiden zu vergleichenden Werte vorliegen kann.

Wie leicht zu ersehen ist, dürfen nicht alle Bits in einem Datenformat maskiert werden, da das Verfahren dann nur noch für den Suchmodus '=' wirksam ist. Für den Fall der Maskierung auf der Daten-Ebene muß demnach ein anderes

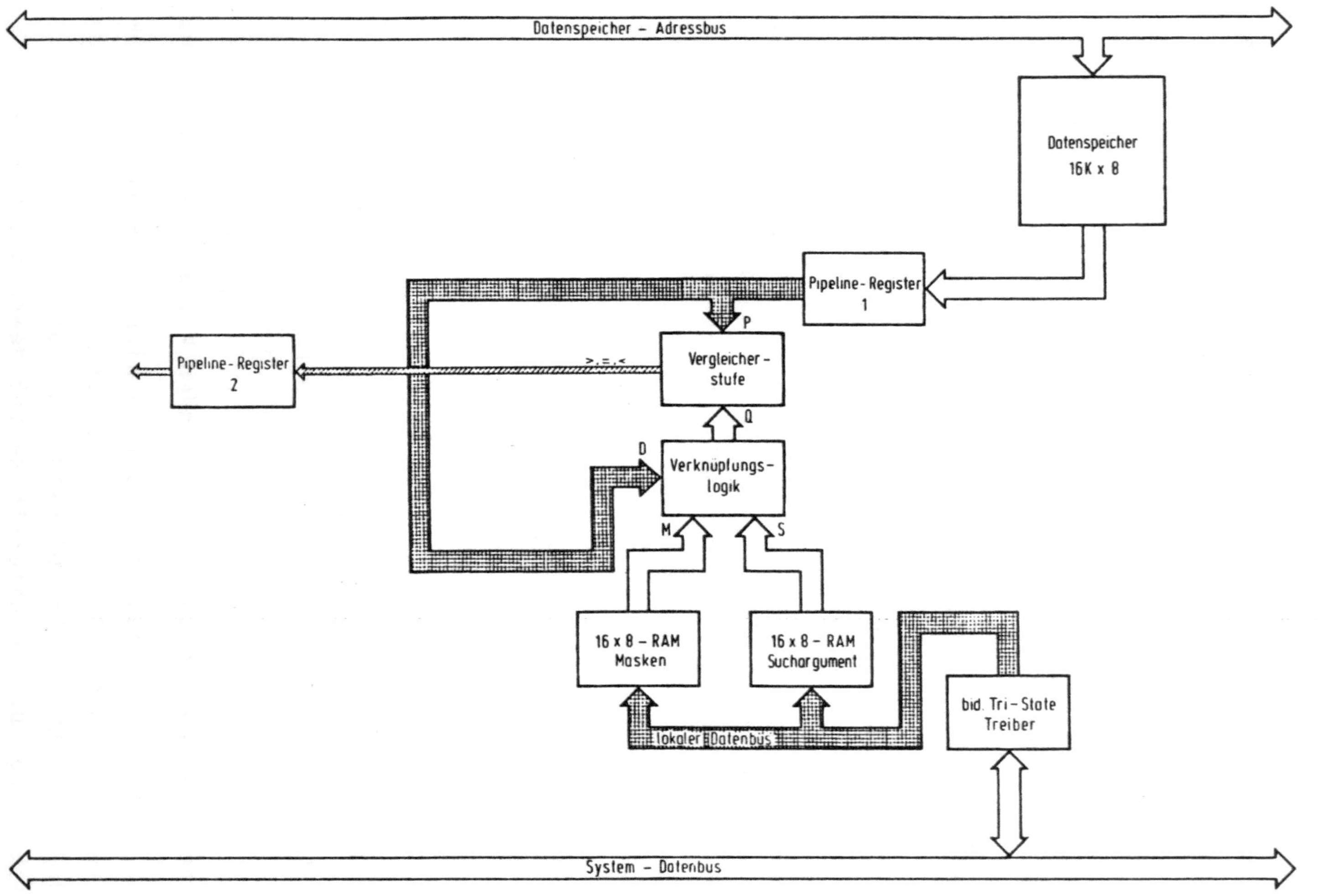

Bild 5.14   Bit-Maskierung

Prinzip (s. 5.3.4) gewählt werden.

Alle notwendigen Schaltungsmaßnahmen können aus Bild 5.14 entnommen werden. Die Suchargumente und Masken werden spalten-sequentiell in die hierfür vorgesehene Schreib/Lese-Speicher übertragen. Wie bereits erwähnt, sind Speicher an dieser Stelle einfachen Registern vorzuziehen, um bereits *vor* dem *ersten* Vergleichsvorgang alle für die Bearbeitung der Anfrage notwendigen Masken und Suchargumente in den jeweiligen Spalten ablegen zu können. Dieser Vorteil wird dann besonders offensichtlich, wenn mehrere in der Speichermatrix "untereinander" gespeicherte Relationen *ohne zwischenzeitlichen Parametertransfer* durchsucht werden sollen. Die Anzahl der so vergleichbaren Tabellen ergibt sich dabei zwangsläufig aus der Menge der in diesen Zwischenspeichern zur Verfügung stehenden Speicher-Worten und der Zahl der für die einzelnen Anfragen notwendigen Suchläufe.

Eine Maske enthält an den zu maskierenden Positionen eine log. "1", an allen anderen Stellen eine log. "0". In der nachgeschalteten Logik werden die Maske, das Suchargument und das zu vergleichende und im Pipeline-Register 1 abgelegte Byte bit-weise entsprechend Bild 5.15 miteinander verknüpft (*i* bezeichnet ein beliebiges der 8 Bits). Durch diese einfache Schaltungsmaßnahme wird erreicht, daß entsprechend dem oben erläuterten Konzept an allen unmaskierten Stellen der jeweilige Wert des Sucharguments, an allen anderen Stellen der des zu vergleichenden Bytes selbst dem Komparator an den mit Q bezeichneten Eingängen zugeführt wird.

Zur Bit-Modifikation:

Die hier beschriebene Schaltungskonfiguration wird außerdem für die Modifikation bestimmter Bits der im Datenspeicher

abgelegten Informationen benutzt. <u>Bild 5.16</u> zeigt die notwendigen Elemente mit den für diese Operation relevanten
Transferwegen. Da die Modifikation einzelner Bits direkt
in der Speichermatrix nicht möglich ist, muß sie außerhalb,
d.h. in den Suchmoduln durchgeführt werden. In <u>Bild 5.17</u>
ist der Ablauf der einzelnen Phasen dargestellt, wobei angenommen wird, daß nur Bit-Werte in *einer* Spalte auszu-
tauschen sind.

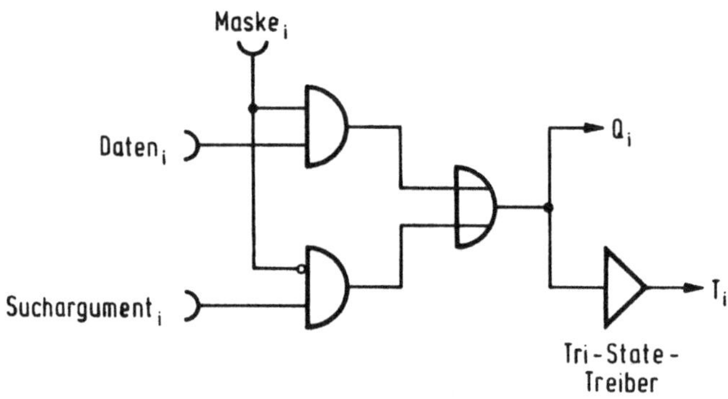

Bild 5.15   Die log. Verknüpfung der Maske

In der Vorbereitungsphase (s. auch Bild 5.17) wird ein
Byte, das die neuen Bit-Werte stellenrichtig enthält, in
den Suchargument-Speicher geladen. Die Werte in den nicht
zu modifizierenden Positionen sind für die Operation irrelevant. Außerdem muß eine Maske, die an den betroffenen
Positionen eine log. "0" enthält, im Masken-Speicher abgelegt sein. In der nachgeschalteten Verknüpfungslogik findet dieselbe Überlagerung wie bei der Bit-Maskierung statt
(s. Bild 5.15), jedoch wird der über einen "Tri-state"-
Treiber gepufferte Ausgang verwendet, der mit dem lokalen

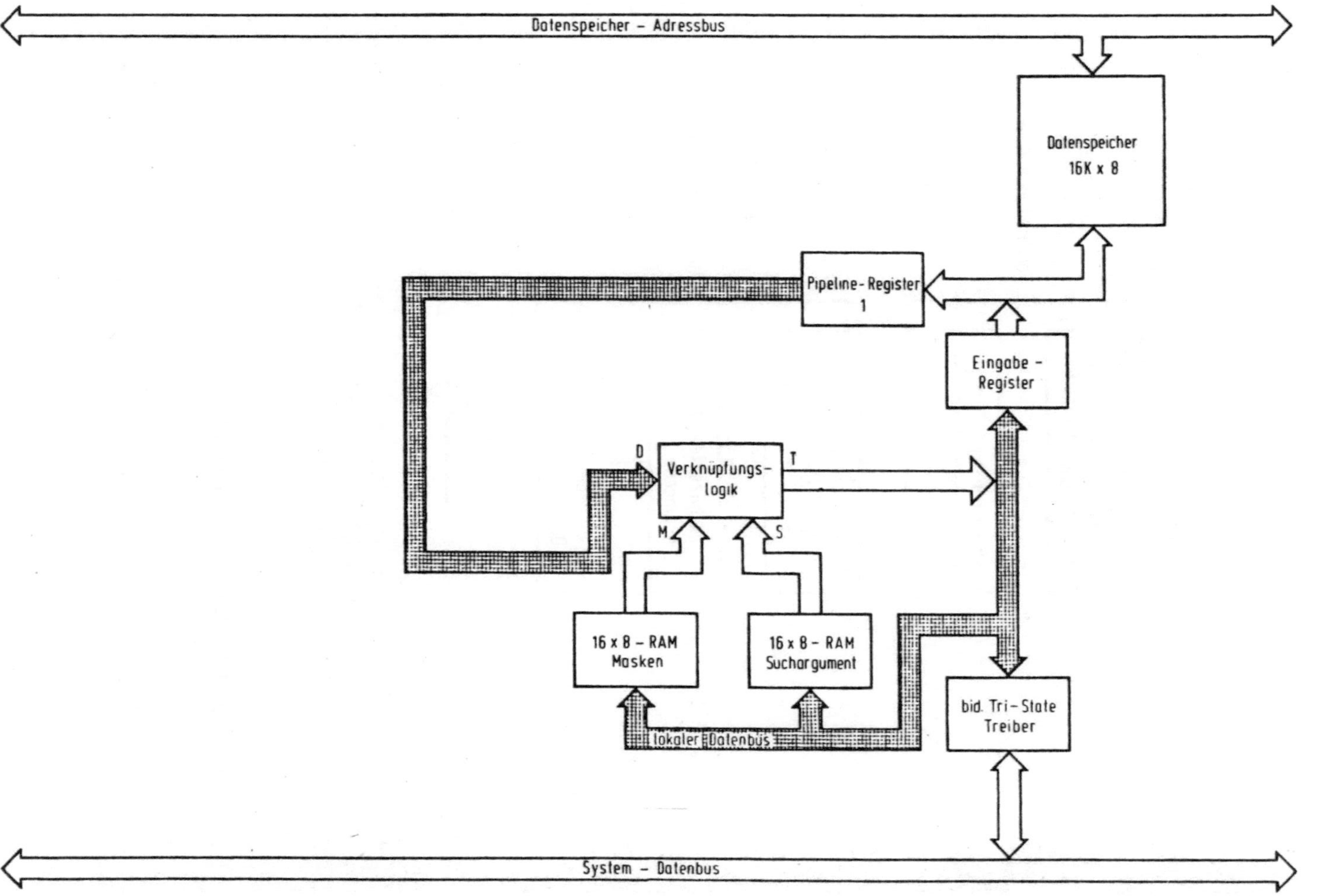

Bild 5.16   Logik für Bit-Modifikation

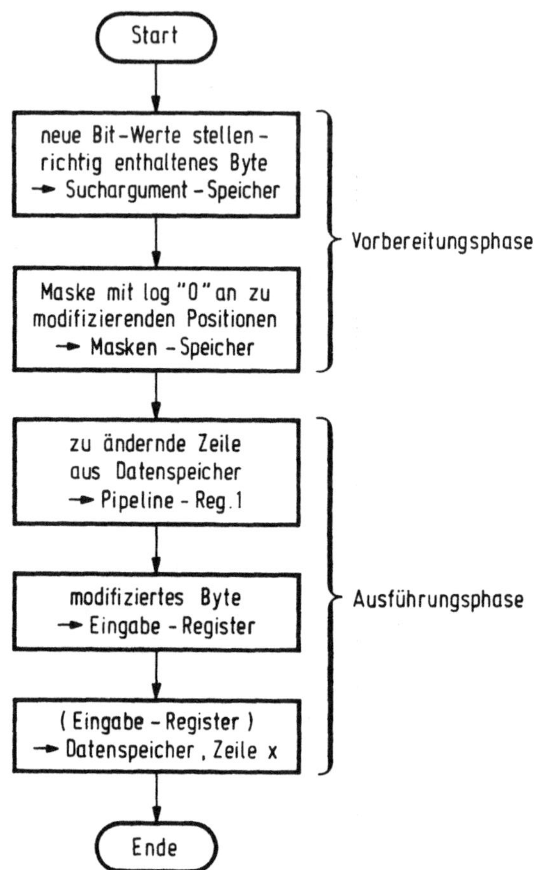

Bild 5.17   Bit-Modifikation

Datenbus und damit auch mit den Eingängen des Eingabe-Registers in Bild 5.16 verbunden ist.

In der Ausführungsphase dieser Operation wird gemäß Bild 5.17 die Speicherzeile, in der eine Bit-Modifikation stattfinden soll, in das Pipeline-Register 1 geladen. Das Ergebnis der anschließenden Bit-Überlagerung kann über das Eingaberegister wieder an die Ursprungsstelle im Datenspeicher zurückgeschrieben werden. Für diesen letzten Transfer zwischen dem Eingaberegister und Datenspeicher sind die für ein zerstörungsfreies Schreiben wichtigen Randbedingungen aus 5.3.1 zu berücksichtigen.

5.3.4 Die Treffersynthese

In diesem Kapitel wird die *technische Realisierung* der für die Gewinnung der Spaltentreffer notwendigen Überlagerung der Vergleichsergebnisse beschrieben; das zugrunde liegende Prinzip kann aus 5.1.2 entnommen werden.

<u>Bild 5.18</u> zeigt die Logik mit ihren für die Synthese relevanten Verbindungspfaden:

- die Dateneingänge, an die die Ausgänge des Ergebnispeichers und des Pipeline-Registers 2 angeschlossen sind,
- Steuereingänge, die mit einem Speicher zur Aufnahme der Operationscodes verbunden sind, und
- der mit "Spaltentreffer" bezeichnete Ausgang, der eventuelle Treffer über den Steuerbus zur Weiterverarbeitung an das übergeordnete Steuermodul meldet.

<u>Bild 5.19</u> zeigt den internen Aufbau der Logik, die nur aus einer Reihe kombinatorischer Schaltkreise besteht.

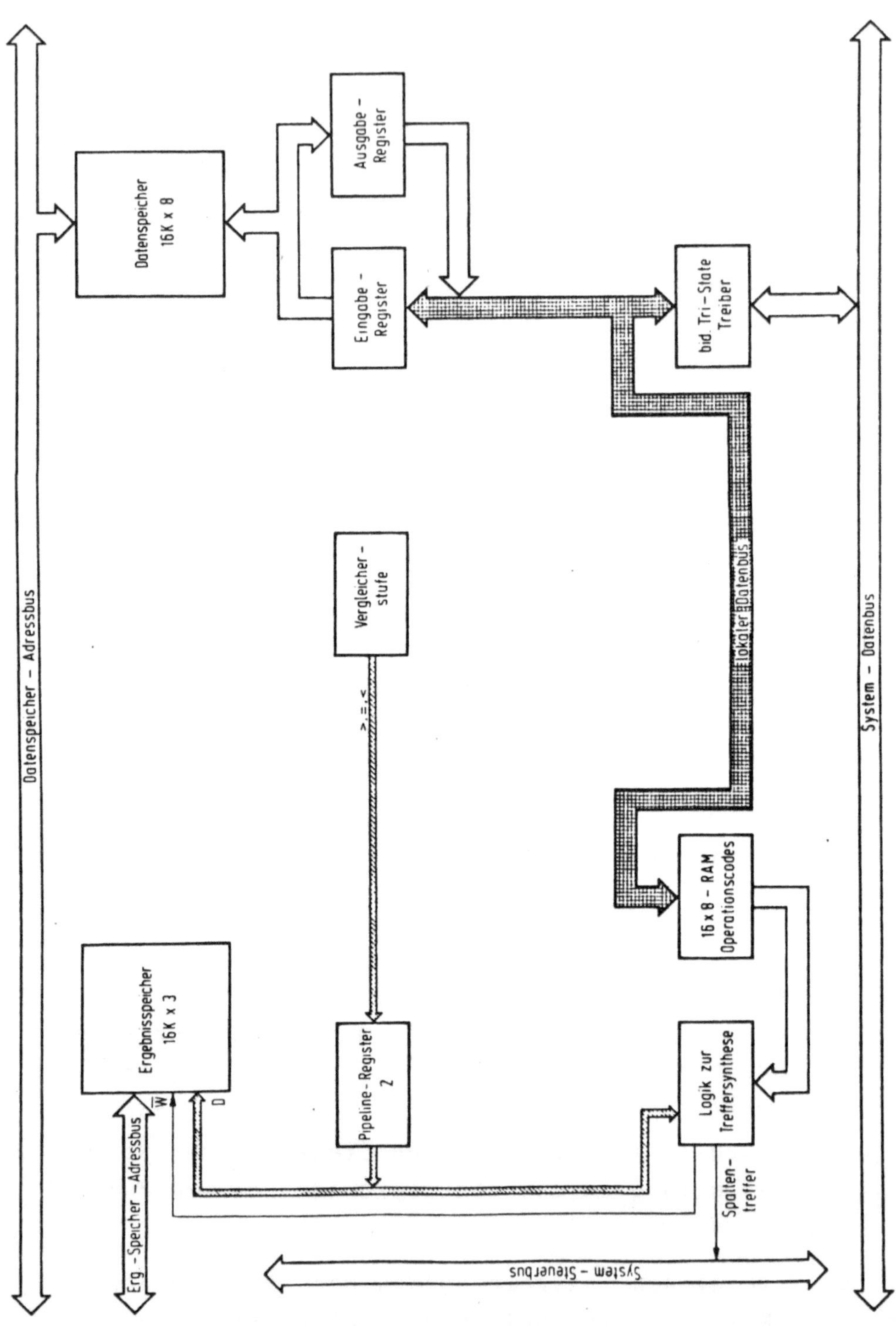

Bild 5.18 Logik zur Erkennung und Manipulation qualifizierter Tupel

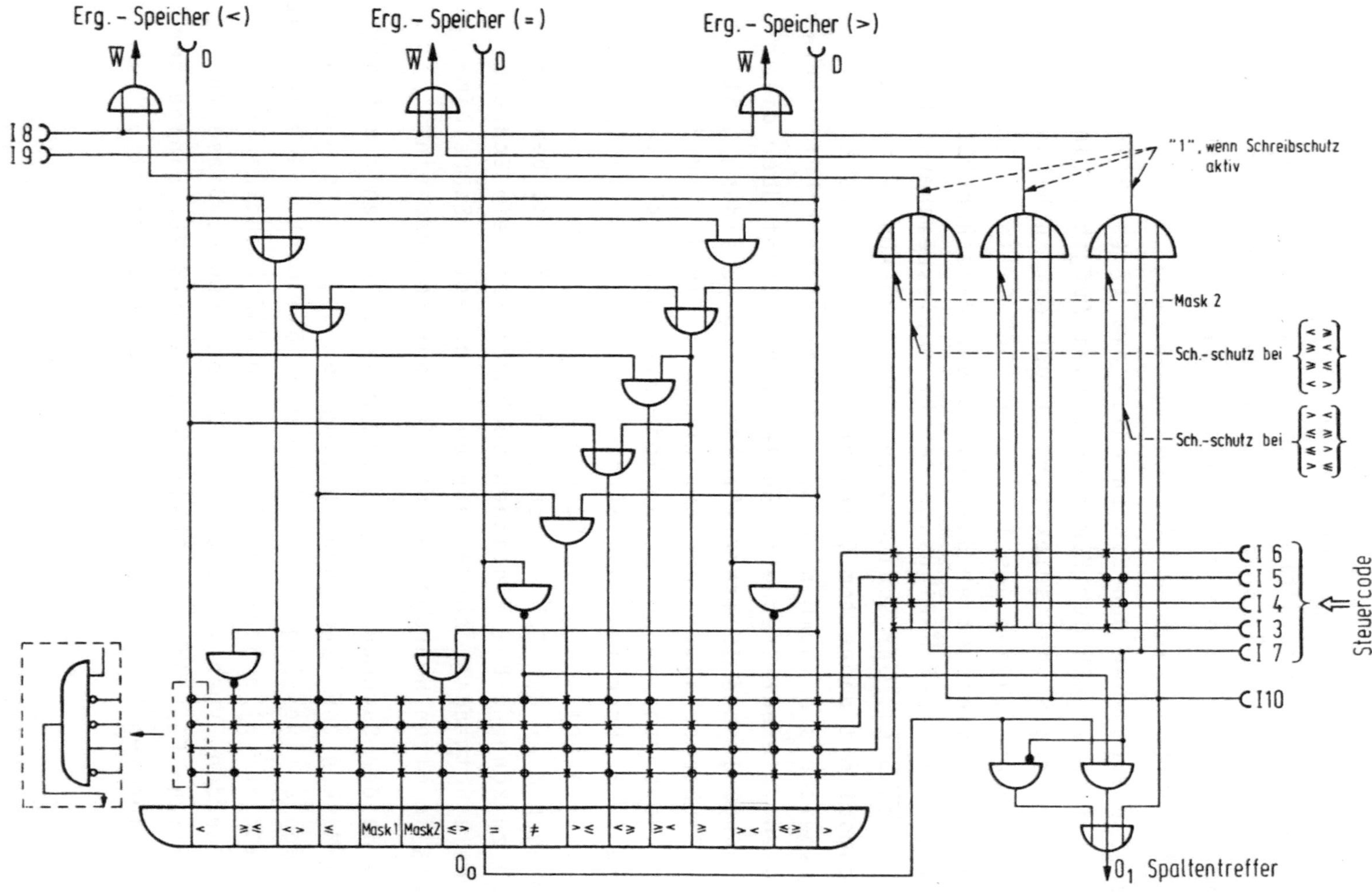

Bild 5.19 Logik zur Treffersynthese: Interner Aufbau

Die Tabelle in <u>Bild 5.20</u> enthält eine Auflistung der Suchmodi mit den zugeordneten Steuercodes, den logischen Verknüpfungen der Dateneingänge für die Synthese und den Spalten des Ergebnisspeichers, die bei zweifachen Suchvorgängen während des zweiten Durchlaufs schreibgeschützt sein müssen.

Der Steuercode an den Eingängen I3 bis I7 (s. Bild 5.19) erfüllt innerhalb der Komponente zwei Aufgaben: im linken Teil des Bildes selektiert er den dem Suchmodus entsprechenden Eingang des 16-fachen ODER-Gatters, im rechten Teil beeinflußt er über eines der 4-fachen ODER-Gatter die drei $\overline{W}$-Eingänge des Ergebnisspeichers ($\overline{W}$: write-enable). Der Spalte 4 in Bild 5.20 können bei den Suchmodi mit doppeltem Operator die Spalten des Ergebnisspeichers entnommen werden, die schreibgeschützt sein müssen; die entsprechende Ansteuerung findet über die Eingänge I4 und I5 statt. Spalte 3 der Abbildung gibt das Größenverhältnis der Suchargumente im 1. und 2. Vergleichsvorgang an:bei allen Modi bis auf '$\geq$ <' und '$\leq$ >' wird im 1. Durchlauf das Suchargument mit dem kleineren Wert verarbeitet. Diese beiden Ausnahmen sind notwendig, um auch hier den Schreibschutz auf *eine* Spalte beschränken zu können. Bei einfachen Suchmodi ist kein Schreibschutz notwendig, so daß ein an I8 gelegter Schreibimpuls an allen $\overline{W}$-Ausgängen der Komponente erscheint.

Die beiden Suchmodi "mask.1 und mask.2" dienen als Spalten-Masken und legen den Ausgang der Logik konstant auf seinen aktiven Pegel. Außerdem wird bei mask.2 der Schreibschutz für alle Spalten wirksam, so daß keine Eintragungen in den Ergebnisspeicher erfolgen können. Diese zusätzliche Funktion der Spalten-Maske wird für einige der relationalen Verknüpfungen in Kapitel 6 benötigt.

Suchmodus	Steuercode I_7 I_6 I_5 I_4 I_3					Suchargument 1. V.V. bei 2 V.V.	Schreibgeschützt bei 2. V.V.	Synthese durch log. Verknüpf. von:
1. =	0	0	1	0	1	–	–	$D_{(=)}$
2. ≠	0	0	1	0	0	–	–	$\overline{D_{(=)}}$
3. >	0	1	1	0	1	–	–	$D_{(>)}$
4. <	0	0	0	1	0	–	–	$D_{(<)}$
5. ≥	0	1	1	0	0	–	–	$D_{(>)} \cdot D_{(=)}$
6. ≤	0	0	0	1	1	–	–	$D_{(<)} \cdot D_{(=)}$
7. > <	0	0	0	0	0	k	>	$D_{1(>)} \cdot D_{2(<)}$
8. ≤ ≥	0	0	0	0	1	k	>	$\overline{D_{1(>)} \cdot D_{2(<)}}$
9. < >	0	1	1	1	1	k	<	$D_{1(<)} + D_{2(>)}$
10. ≥ ≤	0	1	1	1	0	k	<	$\overline{D_{1(<)} + D_{2(>)}}$
11. ≥ <	0	0	1	1	1	g	<	$D_{1(<)} \cdot (D_{2(>)} + D_{2(=)})$
12. > ≤	0	1	0	0	1	k	>	$D_{1(>)} \cdot D_{2(<)} + D_{2(=)}$
13. < ≥	0	0	1	1	0	k	<	$D_{1(<)} + D_{2(>)} + D_{2(=)}$
14. ≤ >	1	1	0	0	0	g	>	$D_{1(>)} + D_{2(<)} + D_{2(\doteq)}$
15. mask 1	0	1	0	1	0	–	–	Ausgang konstant aktiv
16. mask 2	0	1	0	1	1	–	>, <, =	Ausgang konstant aktiv

g: größerer Wert
k: kleinerer Wert

$D_{-/1/2(x)}$: Datenausgang der Spalte x des Erg.- Speichers bei Lesevorgang nach dem/ nach dem 1./ nach dem 2. Suchlauf

Bild 5.20   Implementation der Suchmodi

Es sei noch einmal darauf hingewiesen, daß der Steuercode bei ein-fachen Suchläufen erst während des Lesevorgangs der Ergebnisspeicher, bei zwei-fachen wegen der
Steuerung des Schreibschutzes bereits während des 2. Vorgangs an den Eingängen der Logik anliegen muß.

Da der Lesevorgang der Ergebnisspeicher und damit die
Gewinnung der Spaltentreffer sowie alle Suchvorgänge
zeilen-sequentiell ablaufen und ein Vergleichsergebnis
immer unter der Adresse im Ergebnisspeicher abgelegt wird,
die auch die Position des zugeordneten Bytes im Datenspeicher identifiziert, sind die notwendigen Steuerungs-
maßnahmen für das Lesen der qualifizierten Tupel denkbar
einfach:

Da die Datenpfade, an die beide Speicher gekoppelt sind,
nur über das Pipeline-Register 2 verbunden sind, das jedoch für die Bearbeitung der getroffenen Tupel nicht aktiv ist, können beide Speicher stets *parallel* adressiert
und gelesen werden; somit erscheint *jedes* Tupel an den
Ausgängen des Datenspeichers. Es wird jedoch nur dann
in die Ausgabe-Register übernommen, wenn unter *derselben*
Adresse alle relevanten Spalten einen Treffer melden. In
diesem Fall müssen der Lesevorgang der Ergebnisspeicher
unterbrochen und die Ausgabe-Register spalten-sequentiell
über die Schnittstelle gelesen werden.

Soll dagegen eine *Modifikation* qualifizierter Tupel erfolgen, so wird lediglich statt des Lesevorgangs die zuvor in die Eingabe-Register geladene neue Information in
den Datenspeicher übernommen. Selbstverständlich ist
hierbei auch eine Bit-Modifikation nach der bereits vorgestellten Systematik möglich.

Nach diesen Operationen wird der Lesevorgang der Ergebnisspeicher fortgesetzt (s. Ablauf des zugehörigen Mikroprogramms in 5.4.5.4).

5.3.5 Extremwert-Suche

Die Extremwert-Suche umfaßt die Ermittlung des

- kleinsten Wertes (*minimum*)
- größten Wertes (*maximum*)
- nächst kleineren Wertes ($\downarrow$)
- nächst größeren Wertes ($\uparrow$)

Die Wahl eines geeigneten Verfahrens für die Erkennung
dieser Extremwerte muß auf einer größtmöglichen Nutzung
der bereits implementierten Komponenten und deren Funk-
tionsweisen beruhen, um den Hardwareaufwand nicht noch
weiter zu erhöhen.

Das einfachste Verfahren basiert auf mehreren Suchvorgängen, wobei für jeden Suchlauf das Argument neu vorgegeben werden muß, indem es in Abhängigkeit der im vorhergehenden Vorgang erzielten Trefferanzahl dem Extremum
iterativ angeglichen wird. Diese Methode ist wegen der
langen Ausführungszeit, die von der zufälligen Wahl der
jeweiligen Suchargumente abhängt, jedoch nicht attraktiv.
Ein erheblich effektiveres Verfahren, das nur einen Suchlauf benötigt und exakt auf der Funktionsweise der bisher
vorgestellten Komponenten aufbaut, läßt sich mit einem
nur geringfügig höheren Steuerungsaufwand realisieren.
Als Beispiel sei hier die Suche nach dem Maximalwert erläutert (s. auch <u>Bild 5.21</u>):

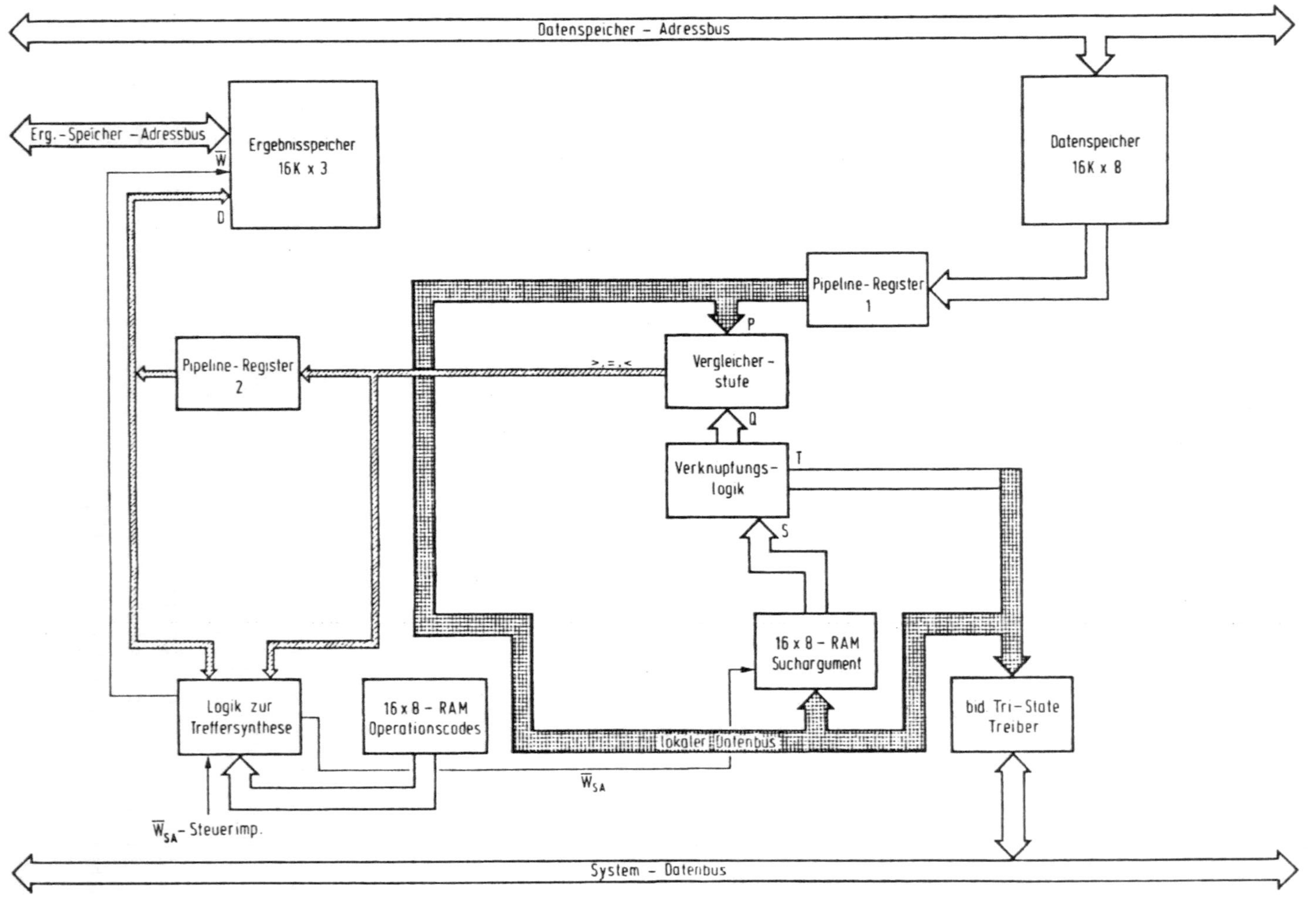

Bild 5.21   Logik zur Extremwert-Suche

Der Suchlauf wird mit "00", dem kleinst möglichen Wert
des Sucharguments gestartet; am Ende jedes Vergleichszyklus' wird es mit dem zu diesem Zeitpunkt verglichenen
Byte dann *überschrieben*, wenn dessen Wert größer ist,
der '>'-Ausgang des Vergleichers also aktiv ist. Der
folgende Zyklus basiert dann auf diesem neuen Inhalt des
Suchargumente-Speichers. Am Ende eines Suchvorgangs ist
durch dieses Verfahren automatisch der Extremwert im
Suchargument-Speicher enthalten und kann über den Ausgang
T der Verknüpfungslogik gelesen werden, oder er dient in
einem anschließenden Vergleichsvorgang zur Markierung
der Bytes, deren Wert dem Extremum entspricht. Sollen
nach der Erkennung eines Extremwertes das bzw. die zugehörigen Tupel auch gelesen bzw. verändert werden, so muß
demnach ein weiterer Suchvorgang mit dem Extremwert als
Argument angeschlossen werden.

Ein Minimum wird analog ermittelt, jedoch startet die
Operation mit dem maximal möglichen Wert des Sucharguments, FF_{16} (16: hexadezimal)

Die Suche des nächst größeren bzw. nächst kleineren Elementes erfolgt nach einem ähnlichen Prinzip: zu einem
bestimmten Wert wird das nächst größere Element dadurch
gefunden, daß zunächst alle größeren Elemente festgestellt werden und in dieser Lösungsmenge das Minimum gesucht wird. Entsprechendes gilt für die Ermittlung des
nächst kleineren Elementes.

Der Steuerimpuls zum Überschreiben des Sucharguments wird
entsprechend der in Bild 5.22 aufgeführten Bedingung in
der Logik zur Treffersynthese generiert. Dabei muß der
dem in der Abbildung aufgeführten Operator des jeweiligen
Suchlaufs ('mask', '>','<') entsprechende Steuercode ver-

Suchmodus	Operator 1. V.V.	Konst. Such- argument 1. V.V.	Operator 2. V.V.	Konst. Such- argument 2. V.V	Bedingung für SA.-Austausch
max	mask	00	-	-	$\overline{P > Q}$ = "0"
min	mask	FF_{16}	-	-	$\overline{P < Q}$ = "0"
n. gr. El.	>	-	>	FF_{16}	$\overline{P < Q}$ = "0" und $D_{(>)}$ = "1"
n. kl. El.	<	-	<	00	$\overline{P > Q}$ = "0" und $D_{(<)}$ = "1"

$\left| \overline{P > Q} : \text{'>'} - \text{Ausgang des Vergl.} \right| \overline{P = Q} : \text{'='} - \text{Ausgang des Vergl.} \left| D_{(x)} : \text{Datenausgang der 'x'-Spalte des Erg.-Sp.} \right|$

wendet werden.

Das Zeitdiagramm in <u>Bild 5.23</u> gibt die einzelnen Phasen der Suche nach dem nächst größeren Element an einem Beispiel wieder. Dabei wird angenommen, daß die Werte 5, 50, 65, 42, 44 und 3 im Datenspeicher abgelegt sind und hier von links nach rechts durchlaufen werden. Gesucht sei das nächst größere Element als 42; zunächst wird ein Suchlauf mit dem Argument 42 und einer Eintragung der Resultate in den Ergebnisspeicher durchgeführt, dann folgt die im Zeitdiagramm dargestellte Ermittlung des Minimums aller größeren Werte: der Anfangszustand zeigt die Lesephase des Wertes 65, wobei der Wert 50 vorher bereits in den Suchargument-Speicher geladen wurde.

5.3.6 Kaskadierung der Vergleicherstufen

Die bisher beschriebenen Speicherfunktionen bezogen sich ausschließlich auf das Datenformat "byte-integer". Um die in 4.5.1 aufgelisteten Datentypen zur Darstellung der gespeicherten Information zuzulassen, sind folgende zwei Maßnahmen notwendig:

- Die Kaskadierung mehrerer Spalten entsprechend der Byte-Anzahl der Datenformate
- Vorzeichenabhängige Steuerung der Vergleichsergebnisse.

Negative Integer-Größen werden im 2er-Komplement dargestellt, negative Real-Größen hingegen als vorzeichenbehafteter Betrag. Das höchstwertigste Bit ist in beiden Fällen für das Vorzeichen reserviert, wobei eine log. "1" negative Werte anzeigt. In den beiden Real-Formaten, die dem

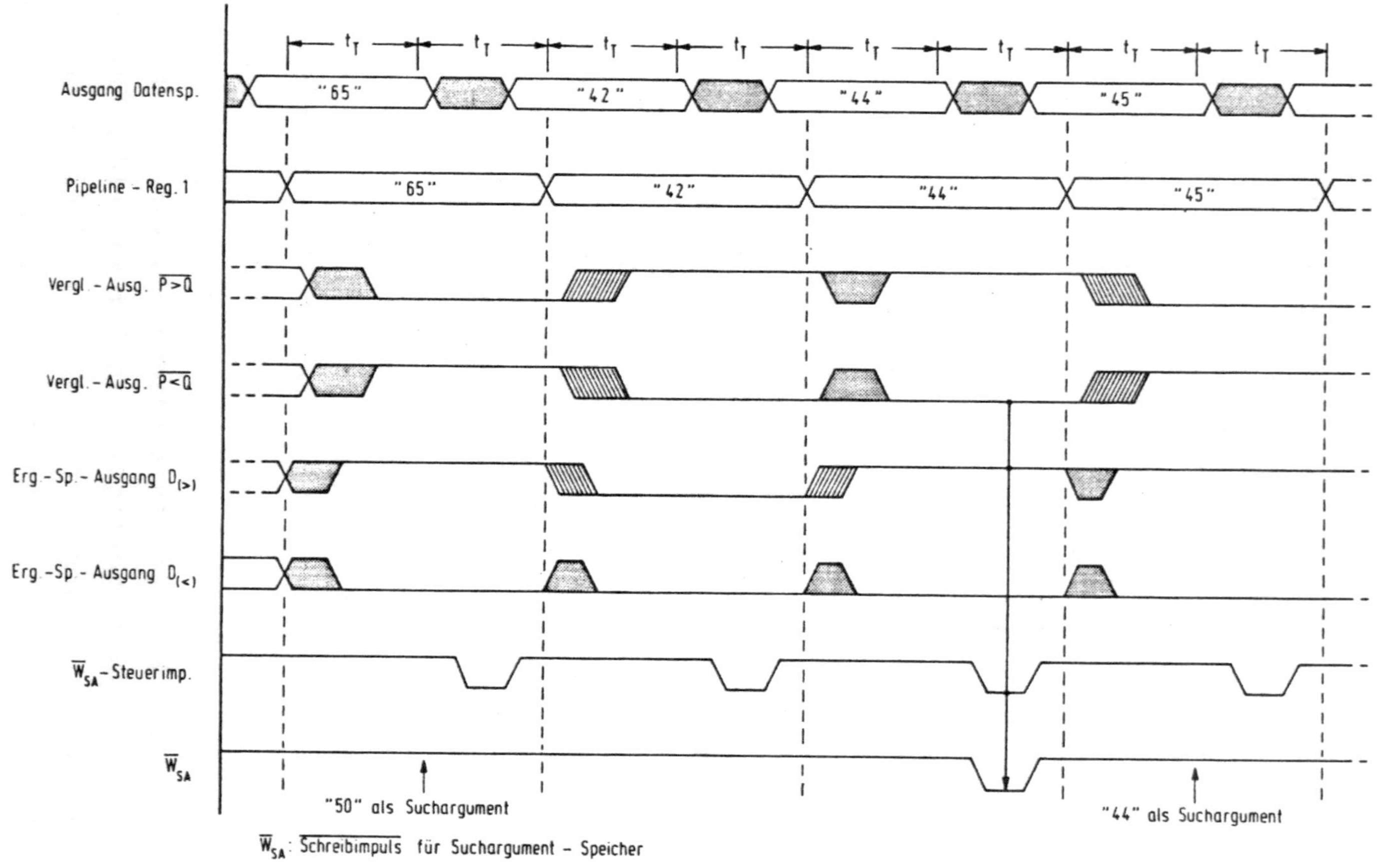

Bild 5.23 Zeitablauf der Extremwert-Suche (Beispiel)

vorgeschlagenen IEEE-Standard [STE 81] entsprechen, sind die Mantisse und der mit einem Offset versehene Exponent so "nebeneinander" angeordnet, daß sie bei einem logischen Vergleich wie ein einziger Binärwert verarbeitet werden können.

Bild 5.24 zeigt die Wertebereiche eines *n-stelligen Dualcodes* entsprechend den drei für die ausgewählten Datentypen relevanten Darstellungen *"vorzeichenlos"*, *2er-Komplement"* und *"±Betrag"*. Der innere Kreis stellt die Codeworte entsprechend der Pfeilrichtung in aufsteigender Reihenfolge dar. Dieselbe Richtung liegt auch bei den vorzeichenlosen Zahlen vor; das gleiche gilt für das 2er-Komplement, allerdings muß hier ein Sprung des Wertebereichs beim Übergang der Codeworte von $2^{n-1}-1$ nach 2^{n-1} berücksichtigt werden. Die Darstellung eines vorzeichenbehafteten Betrags weist an derselben Stelle einen Sprung auf; außerdem entsprechen im negativen Bereich höherwertige Codeworte nicht größeren, sondern kleineren Zahlen. Dieses Verhalten wird durch die gegenläufige Pfeilrichtung angedeutet.

Da digitale Komparatoren die zu vergleichenden Datenwerte grundsätzlich als vorzeichenlose Binärwerte behandeln, müssen besondere Vorkehrungen getroffen werden, um negative Zahlenwerte vorzeichenrichtig verarbeiten zu können.

Hierfür bietet sich folgendes Verfahren an:

In Abhängigkeit des Vorzeichens werden die Vergleichsergebnisse manipuliert, indem die Signale am '>'- und '<'-Ausgang des Vergleichers invertiert werden:

Liegt eine 2er-Komplement-Darstellung vor, wird immer dann invertiert, wenn die zu vergleichenden Werte unterschiedliche Vorzeichen, d.h. in der

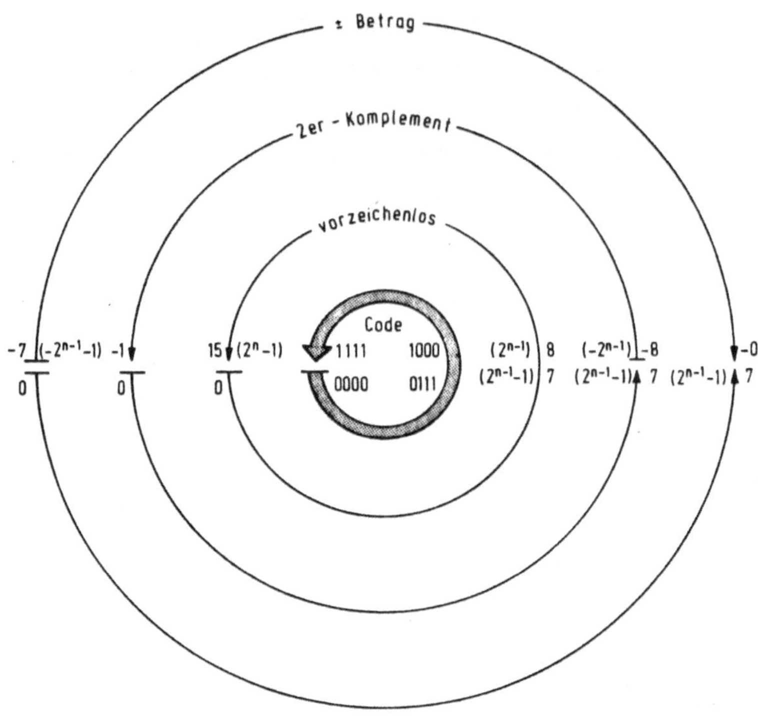

Bild 5.24   3 Wertebereiche für dualcodierte Zahlen

höchsten Bit-Position einen unterschiedlichen Wert aufweisen. Bei gleichen Vorzeichen ist das Vergleichsergebnis richtig, da größere Zahlenwerte auch durch höherwertigere Codeworte symbolisiert werden.

Dies gilt nicht für die zweite Darstellungsform negativer Zahlen: hier muß zusätzlich dann invertiert werden, wenn beide Vorzeichen negativ sind.

Bei diesem Verfahren braucht demnach keine Umcodierung der zu speichernden Information durchgeführt werden, dafür ist eine Logik notwendig, die in jedem Vergleichszyklus die logischen Werte der für das Vorzeichen reservierten Bit-Positionen auswertet und entsprechend die Vergleicherausgänge beeinflußt.

Ebenfalls durch eine zusätzliche Schaltungsmaßnahme müssen die Komparatoren mehrerer Spalten so kaskadiert werden können, daß auch 16-, 32- und 64bit Binärwerte verglichen werden können.

Bild 5.25 zeigt einen beliebigen, acht aufeinander folgende Spalten umfassenden Ausschnitt der Suchlogik. Die Vergleicherausgänge werden nach einer der folgenden Konfigurationen verschaltet:

1. Sie sind über eine Logik zur Invertierung der Ergebnisse (durch ein Rechteck mit dem Zeichen ± symbolisiert) direkt mit den Eingängen des jeweiligen Ergebnisspeichers verbunden. P_7 und Q_7 bezeichnen die höchstwertigsten Bit-Positionen des Komparators dieser Spalte. Diese Konfiguration wird für den Typ "byte-integer" benötigt.

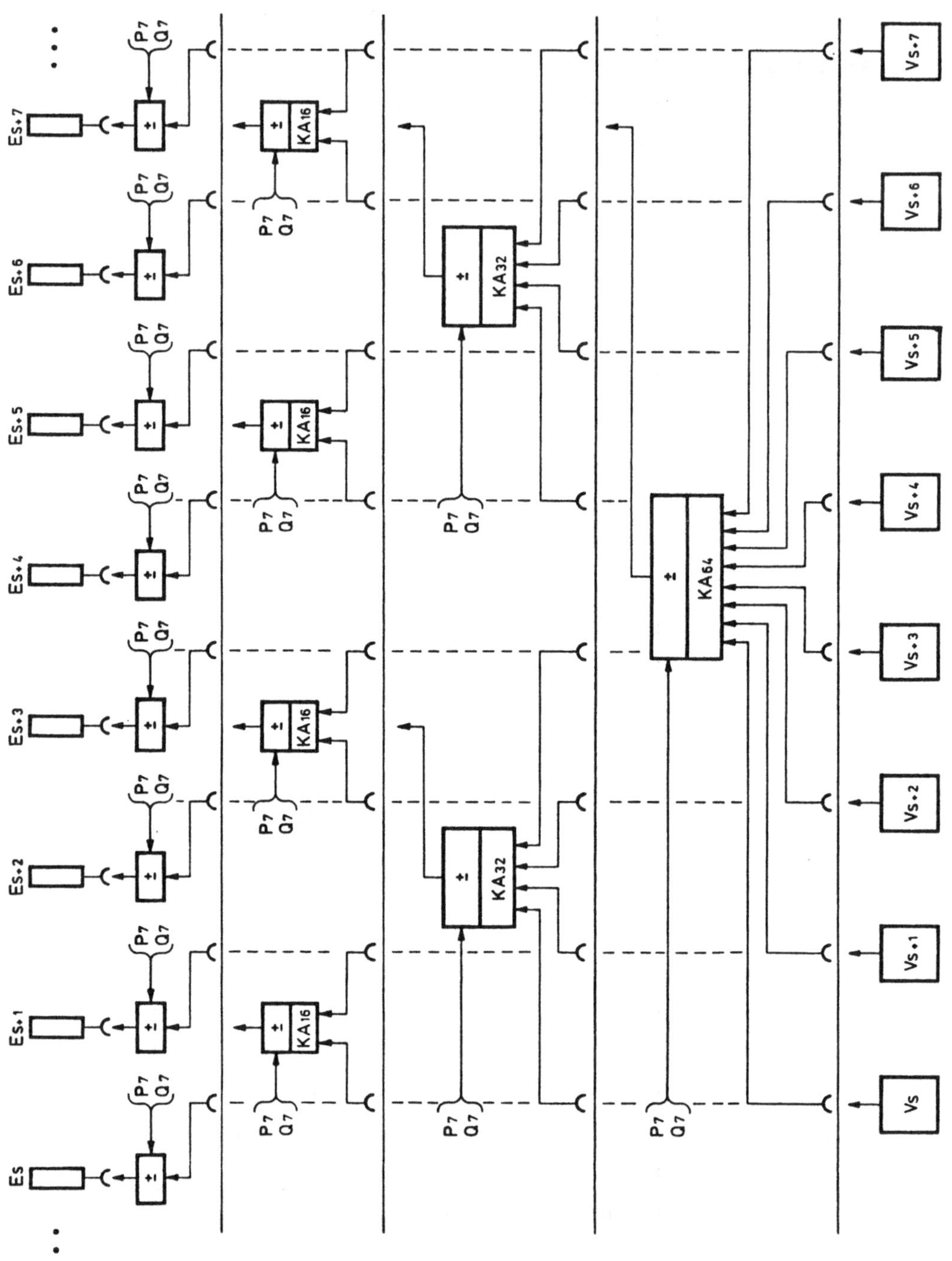

Bild 5.25   Prinzip der Kaskadierung mehrerer Komparatoren

2. Die Ausgänge zweier benachbarter Vergleicher werden in einer nachgeschalteten Kaskadierlogik zusammengefaßt, das Ergebnis entsprechend den Vorzeichen an der höchsten Bit-Position des linken, also höherwertigeren Vergleichers invertiert und im Ergebnisspeicher der rechten, also niederwertigeren Spalte abgelegt.

3. Die Ausgänge von vier benachbarten Vergleichern sind in der gleichen Weise zusammengefaßt, wobei das Resultat wieder im Ergebnisspeicher der niederwertigsten Spalte eingetragen wird.

4. Die Vergleicherausgänge acht benachbarter Spalten werden wie abgebildet kaskadiert.

Aus dieser Darstellung wird bereits der große schaltungstechnische Aufwand ersichtlich, der noch erheblich steigt, wenn man berücksichtigt, daß diese Kaskadiermaßnahmen für einen *beliebigen* Ausschnitt der Suchlogik gültig sein müssen. Somit ergibt sich z.B.,daß jede Spalte mit ihrem rechten bzw. linken Nachbarn zusammengefaßt werden kann, um den Vergleich von 16 bit-Werten zu ermöglichen. Ebenso muß der Vergleicher jeder Spalte mit seinen 3 bzw. 7 linken oder rechten Nachbarn zu einem 32- bzw. 64bit langen Komparator kaskadiert werden können. Das bedeutet, daß jeder Ergebnisspeicher nicht nur an den Komparator in derselben Spalte, sondern auch an die Ausgänge von drei Kaskadierelementen zu schalten ist. Diese müssen zugunsten kurzer Verzögerungszeiten ihre Eingangsignale *parallel* zu einem evtl. noch zu invertierenden Ausgangssignal verarbeiten.

Da auf dem Markt keine Kaskadierbausteine mit diesen Eigenschaften zur Verfügung stehen, müßten sie mit herkömmlichen kombinatorischen Schaltkreisen nachgebildet werden. Eine Abschätzung hat ergeben, daß hierfür der Aufwand etwa um den Faktor 4 größer ist als der für die Realisierung der Logik zur Treffersynthese einer Spalte (s. Bild 5.19). Dabei ist bereits berücksichtigt, daß unter Verwendung von *Frei Programmierbaren Logik - Elementen* (FPLE) die Anzahl der notwendigen Bauelemente um den Faktor 2 bis 5 reduziert werden kann. Bausteine, auf die in 8. näher eingegangen wird, können als Elemente betrachtet werden, deren Ausgangssignale aus einer programmierbaren nahezu beliebig komplexen logischen Verknüpfung der Eingangssignale gewonnen werden. Mit einem FPLE können somit komplexe, auf die jeweilige Anwendung zugeschnittene logische Verknüpfungen relativ vieler Signale (je nach Typ bis zu 20) ausgeführt werden.

Für die Realisierung eines Prototypen dieses Speichersystems ist dieses Konzept wegen des erheblichen Aufwandes nicht weiter verfolgt worden. In 8. wird die Integration einer Spalte der Suchlogik in eine Komponente auf der Basis dieses Prinzips zur Kaskadierung diskutiert. Es kann gezeigt werden, daß in diesem Fall das Konzept realisiert werden kann, da die große Zahl der notwendigen Verbindungspfade und die komplexen logischen Verknüpfungen hier kein Hindernis darstellen.

Im folgenden soll eine alternative Lösung vorgestellt werden, die einen Kompromiß zwischen dem Schaltungsaufwand einerseits und der erzielbaren Flexibilität andererseits darstellt: Die Flexibilität wird dadurch eingeschränkt, daß nicht mehr *beliebige* vier benachbarte Vergleicher zu einem 32 bit-Komparator zusammengeschaltet werden können,

sondern nur noch die auf einem Suchmodul implementierten.
Da ein Modul vier Spalten umfaßt, bedeutet dies, daß in
Bild 5.25 die Spalten s bis s+3 zu einem Modul gehören
müssen. Der Übergang zwischen zwei Moduln begrenzt somit
die Kaskadierung auf der 32 bit-Ebene. Ein 64 bit-Komparator wird dann durch die Reihenschaltung zweier 32 bit-
Vergleicher realisiert. Diese Beschränkungen gelten nicht
für die 16 bit-Ebene, so daß dort beliebige benachbarte
Komparatoren kaskadiert werden können.

Dieses Prinzip schränkt die Flexibilität des Systems in-
sofern ein, als daß 32 und 64 bit-Formate nur unter Berücksichtigung der Modulgrenzen gespeichert werden können.
Die Konsequenz ist, daß in Abhängigkeit der Kombination
unterschiedlicher Formate bei der Speicherung der Tupel
einige Spalten nicht genutzt werden können.

Durch eine einfache Methode kann dieser Verschnitt, wie
in Kapitel 7 gezeigt wird, minimiert werden, so daß in
der Praxis dieser Nachteil kaum ins Gewicht fällt.

Der Schaltungsaufbau ist in Bild 5.26 dargestellt. Die
Kaskadierung auf der 16 bit-Ebene ist gegenüber der in
Bild 5.25 gezeigten Lösung noch einmal durch die Reihenschaltung der Komparatoren vereinfacht worden. Diese Vereinfachung ist aufgrund folgender Überlegung zulässig:

1. Wie bereits erwähnt, erfolgen alle Vergleichsvorgänge nach den in 5.3.1 beschriebenen Pipeline-Verfahren.

2. Die hierfür charakteristische Taktzeit muß größer
   sein als die Dauer der längsten Bearbeitungsphase
   (s. Bild 5.12).

3. Die Zugriffszeit der für dieses System vorzugsweise
   einzusetzenden Speicherelemente (hier wird ein gu-
   ter Kompromiß zwischen großer Speicherkapazität und

geringen Zugriffszeiten gefordert) liegt derzeit
nicht unter 150 ns und wird laut Prognosen [MTE 82]
innerhalb der nächsten drei bis vier Jahre nicht
unter 100 ns fallen.

Demzufolge bietet eine Vergleichszeit *unter* 100 ns keine
Vorteile. Die Komparatoren können somit hintereinander
geschaltet werden, solange die Summe aller maximalen Verzögerungszeiten geringer als 100 ns ist.

Die Ausgänge der verwendeten Komparatoren sind nach max.
30 ns stabil, jede Kaskadierlogik, die mit FPLE-Elementen
aufgebaut ist, weise eine maximale Verzögerungszeit von
25 ns auf, so daß auf der 16 bit-Ebene eine Serienschal-
tung zulässig und auf der 32 bit-Ebene eine Parallelschaltung notwendig ist. Um einen 64 bit langen Komparator
zu erhalten, dürfen zwei 32 bit-Kaskadierstufen in Serie
geschaltet werden.

Somit ergibt sich die in Bild 5.26 gezeigte externe Verschaltung der Vergleicher- und Kaskadiereinheiten:

In jeder Spalte sind die Vergleicherausgänge.(*ERG*, "Er-
gebnis") $\overline{P > Q}$ und $\overline{P = Q}$ die beiden zugeordneten, höchstwertigsten Komparatoreingänge P_7 und Q_7 mit einer Kaskadierlogik verbunden. Weiterhin wird dieser Logik über zwei
Eingänge (*CAS*, "Caskadierung", und *INV*, "Invertierung")
mitgeteilt, ob diese Spalte mit dem linken, also höherwertigeren Nachbarn über die Anschlüsse *ERG* und VZ_{16} in
Serie zu schalten ist und ob eine Invertierung des Aus-
gangssignals durchzuführen ist, da die zu vergleichenden
Werte in einer 2er-Komplement-Darstellung vorliegen
(s. Bild 5.27, das den internen Aufbau der Kaskadierlogik in der Spalte A wiedergibt). Der Ausgang VZ_{16} ist
immer dann aktiv, wenn das Ausgangssignal der rechten
Nachbarstufe invertiert werden muß.

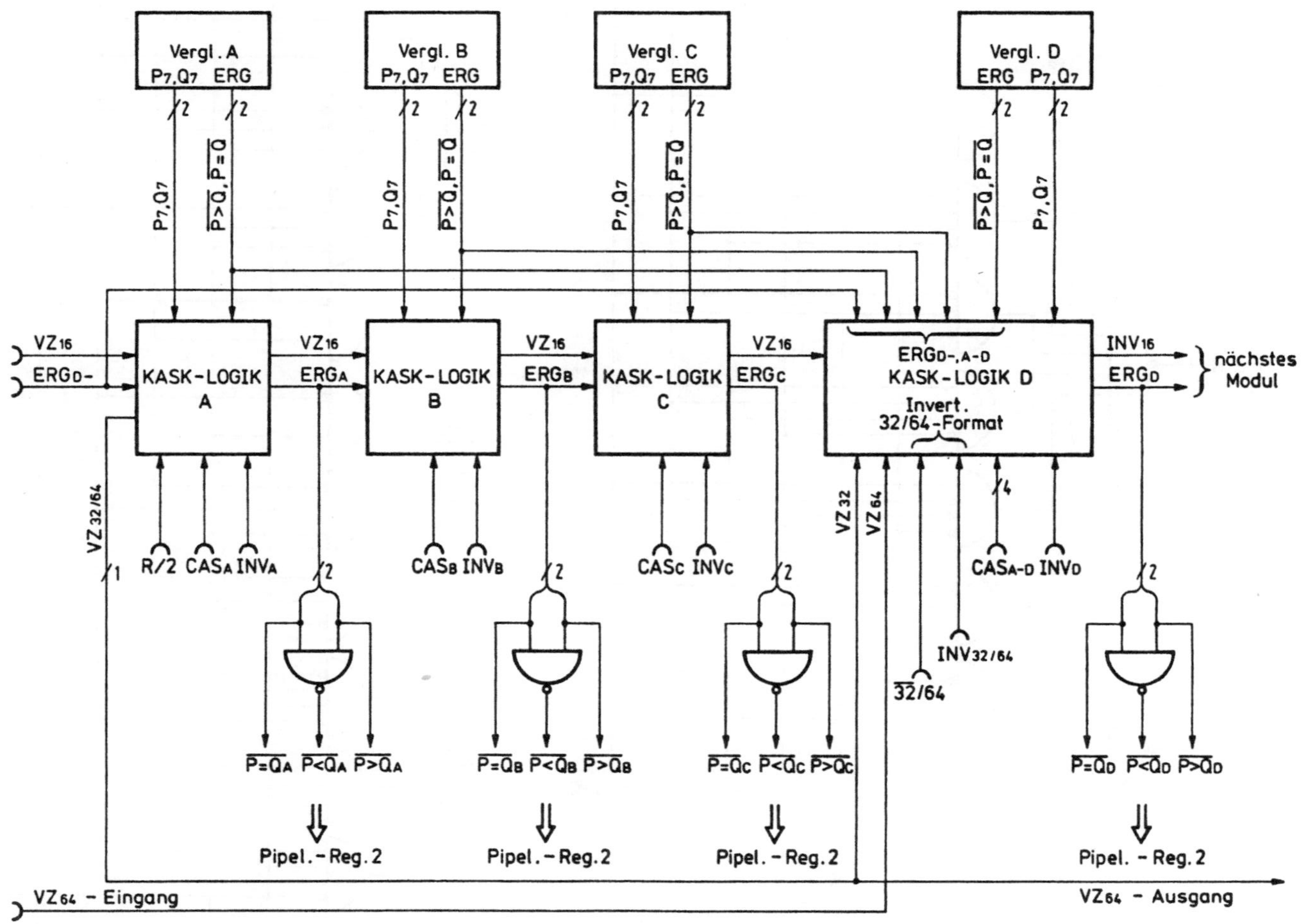

Bild 5.26 Die Kaskadierlogik für ein Modul
Vergl. A
P₇,Q₇ ERG
Vergl. B
P₇,Q₇ ERG
Vergl. C
P₇,Q₇ ERG
Vergl. D
ERG P₇,Q₇
P₇,Q₇
P>Q, P=Q
P₇,Q₇
P>Q, P=Q
P₇,Q₇
P>Q, P=Q
P>Q, P=Q
P₇,Q₇
VZ₁₆
ERGᴅ-
KASK-LOGIK A
VZ₁₆ ERGₐ
KASK-LOGIK B
VZ₁₆ ERGᴃ
KASK-LOGIK C
VZ₁₆ ERGᴄ
ERGᴅ-,ᴀ-ᴅ
KASK-LOGIK D
Invert.
32/64-Format
INV₁₆
ERGᴅ
nächstes Modul
VZ₃₂/₆₄
R/2 CASₐ INVₐ
CASᴃ INVᴃ
CASᴄ INVᴄ
VZ₃₂
VZ₆₄
INV₃₂/₆₄
32/64
CASₐ-ᴅ INVᴅ
P=Qₐ P<Qₐ P>Qₐ
P=Qᴃ P<Qᴃ P>Qᴃ
P=Qᴄ P<Qᴄ P>Qᴄ
P=Qᴅ P<Qᴅ P>Qᴅ
Pipel. – Reg. 2
Pipel. – Reg. 2
Pipel. – Reg. 2
Pipel. – Reg. 2
VZ₆₄ – Eingang
VZ₆₄ – Ausgang

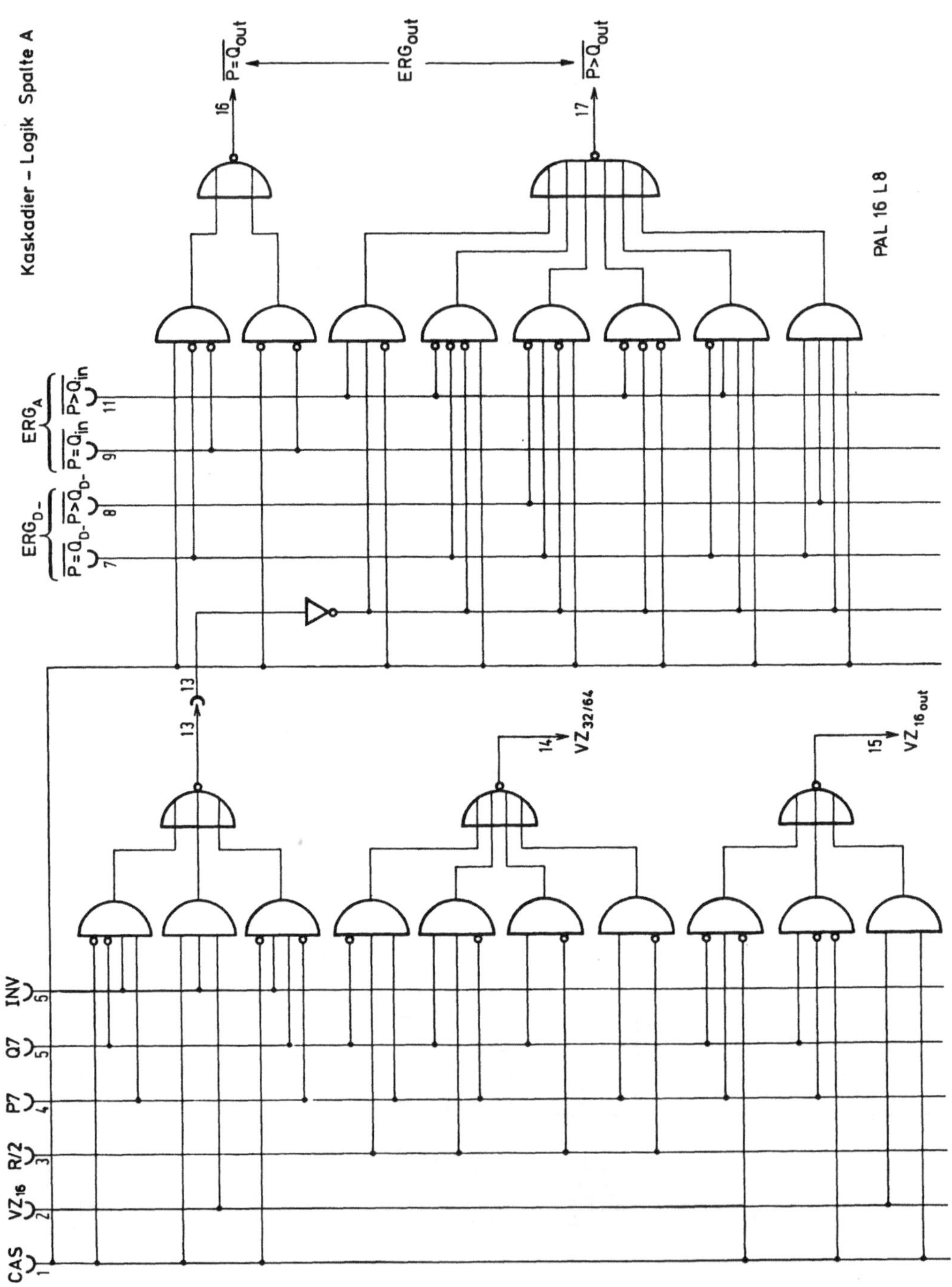

Bild 5.27   Kaskadierlogik für Spalte A, interner Aufbau

Die Logik in der Spalte D muß zusätzlich die für eine Kaskadierung auf der 32 bzw. 64 bit-Ebene notwendigen Verknüpfungen durchführen. Dazu werden alle Ausgänge der Vergleicher A bis D und für eine 64 bit-Kaskadierung der Ausgang der Stufe D des linken Nachbarmoduls (ERG_{D-}) *parallel* entsprechend den Pegeln an den Steuereingängen CAS_{A-D} verknüpft. Die Eingänge $\overline{32/64}$ und $INV_{32/64}$ steuern die Invertierung bei einer 32 bzw. 64 bit-Kaskadierung, wobei im ersten Fall das Signal VZ_{32} und im zweiten VZ_{64} dann aktiv sind, wenn es sich um eine 2er-Komplement- bzw. Real-Darstellung in dem entsprechenden Format handelt. Diese beiden Signale werden über den Steuereingang $R/2$ ($R/2$, "real/2er-komplement") in der Kaskadierlogik der Spalte A erzeugt. Liegt eine Real-Zahl vor, so müssen die Eingänge P_7 und Q_7 in einer ODER-, bei einer 2er-Komplementzahl dagegen in einer EXCLUSIVE-ODER-Verknüpfung geschaltet werden.

Die Eingänge CAS und INV werden in jeder Spalte über 2 Bits des Operationscodes angesteuert (s. Bild 5.7). Die Pegel an den verbleibenden Steuereingängen $R/2$, $\overline{32/64}$ und $INV_{32/64}$ sind über Format-Steuerworte, die vor einem Vergleichsvorgang in den hierfür vorgesehenen Speicher ("Formatsteuerung", s. Bild 5.7) geladen werden, vorgegeben.

Bild 5.28 enthält eine Tabelle mit den zur Einstellung der einzelnen Formate notwendigen Steuerpegeln. In dieser Aufstellung ist noch nicht berücksichtigt, daß auch die Komparatoren der Spalten B mit C desselben und B eines mit A des folgenden Moduls kaskadiert werden können, um Daten im Format "word integer" vergleichen zu können. Selbstverständlich ist jede nicht überlappende Kombination der hier aufgeführten Einstellungen möglich, z.B. innerhalb eines Moduls die Folge "byte-integer, "word-integer" und "byte-integer".

	A		B		C		D		32/64-For.			A		B		C		D		32/64-For.	
	CAS	INV	CAS	INV	CAS	INV	CAS	INV	$\overline{R}/2$	INV	$\overline{32/64}$	CAS	INV	CAS	INV	CAS	INV	CAS	INV	$\overline{R}/2$	INV	$\overline{32/64}$
byte integer	0	0	0	0	0	0	0	0	x	0	x	0	0	0	0	0	0	0	0	x	0	x
byte integer, 2's compl.	0	1	0	1	0	1	0	1	x	0	x	0	1	0	1	0	1	0	1	x	0	x
word integer	0	0	1	0	0	0	1	0	x	0	x	0	0	1	0	0	0	1	0	x	0	x
word integer, 2's compl.	0	0	1	1	0	0	1	1	x	0	x	0	0	1	0	0	0	1	0	x	0	x
short integer	0	0	1	0	1	0	1	0	x	0	x	0	0	1	0	1	0	1	0	x	0	x
short integer, 2's compl.	0	0	1	0	1	0	1	0	1	1	0	0	0	1	0	1	0	1	0	1	1	0
long integer	0	0	1	0	1	0	1	0	x	x	x	1	0	1	0	1	0	1	0	x	0	x
long integer, 2's compl.	0	0	1	0	1	0	1	0	1	x	x	1	0	1	0	1	0	1	0	x	1	1
short real	0	0	1	0	1	0	1	0	0	1	0	0	0	1	0	1	0	1	0	0	1	0
long real	0	0	1	0	1	0	1	0	0	x	x	1	0	1	0	1	0	1	0	x	1	1

x : don't care

Bild 5.28 Format-Steuerung

5.4 Das Steuermodul

In diesem Kapitel werden der Aufbau und das Operationsprinzip des Steuermoduls, dessen Aufgaben bereits in 4.3
erwähnt wurden, näher erläutert.

5.4.1 Überblick

Die vom Steuermodul auszuführenden Funktionen können in
vier Bereiche eingeteilt werden:

1. Zeilen- und Spaltenadressierung der Speichermatrix
2. Durchführung der Datentransfers zwischen der Systemschnittstelle und den Such- bzw. Speichermoduln
3. Verknüpfung der Spaltentreffer zu Tabellentreffern
   (Treffer auf Relationen-Ebene)
4. Steuerung der Funktionsabläufe im gesamten System.

__Bild 5.29__ zeigt in einem vereinfachten Blockschaltplan
die für die Abwicklung der hier erwähnten Funktionen wichtigen Komponenten. Links ist die Schnittstelle zum übergeordneten Rechner abgebildet, die rechte Seite zeigt alle
Verbindungen zum Systembus.

Die interne Struktur der dargestellten Funktionsblöcke
wird in den folgenden Kapiteln anhand von Detail-Bildern
erläutert.

5.4.2 Zeilen- und Spaltenadressierung

Die Ortsadressierung der Speichermatrix erfolgt über die
Angabe eines Index und Offsets, jeweils getrennt für Zei-

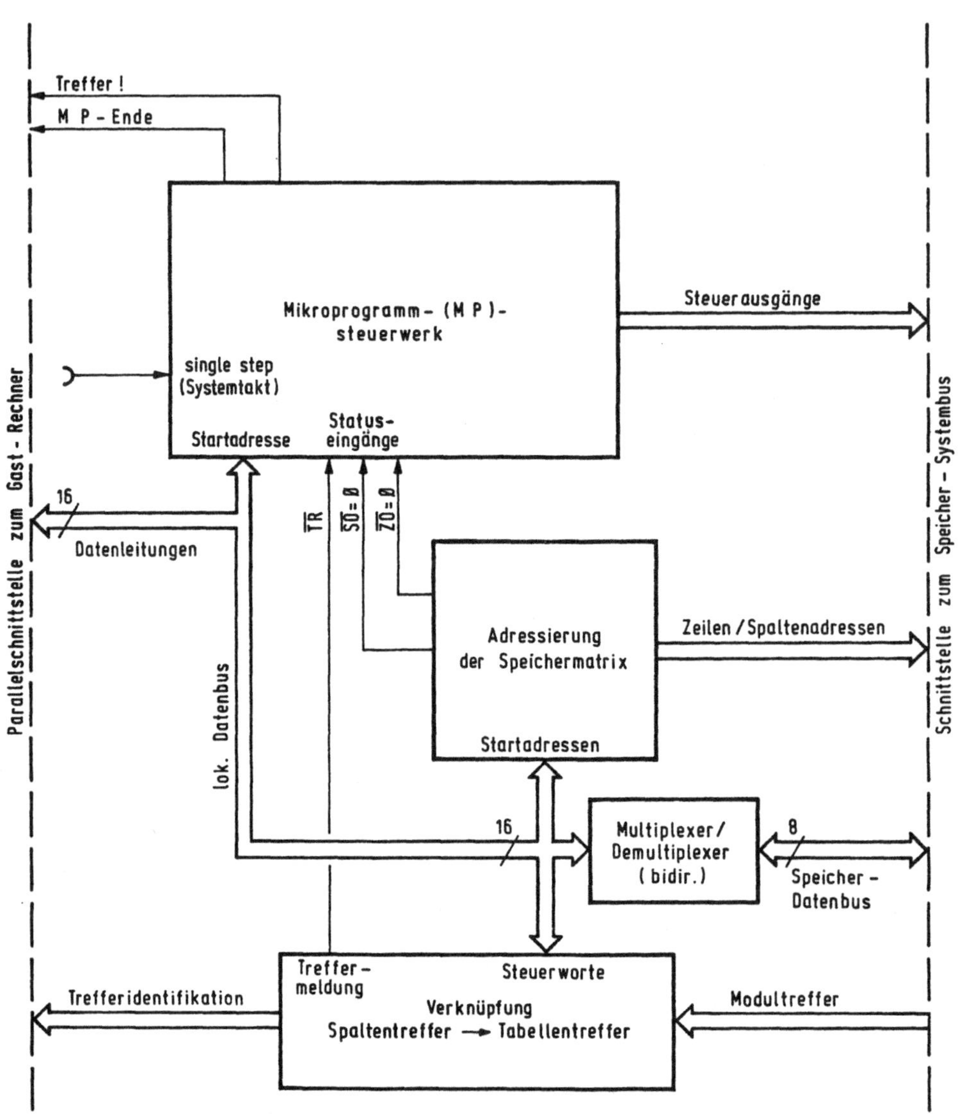

Bild 5.29   Aufbau des Steuermoduls

len und Spalten. Da bei den meisten Speicherfunktionen keine wahlfreie, sondern linear fortlaufende Adressierung der Zeilen (Suchvorgänge) bzw. Spalten (Lade- und Lesevorgänge) erfolgt, bieten sich parallel ladbare Binärzähler für die technische Realisierung der Adressierung an. In Bild 5.30 ist für jeden Parameter ein Zähler vorgesehen, dessen Eingänge direkt mit den Datenleitungen der Systemschnittstelle verbunden sind. Die jeweiligen Ausgänge sind je nach Parametertyp unterschiedlich verschaltet:

- Die Ausgänge des Zeilenindex-Zählers sind sowohl direkt mit dem Adreßbus des Datenspeichers als auch über eine doppelte Registerstufe mit dem Adreßbus der Ergebnisspeicher verbunden. Diese zweifache Registerstufe bewirkt die in 5.3.2 geforderte Verzögerung der Adressen an den Ergebnisspeichern während der Suchvorgänge nach dem Pipeline-Verfahren. Die Register werden, wie alle Zähler, über das Mikroprogramm-Steuerwerk getaktet.

- Der Zeilenoffset gibt die Anzahl der zu bearbeitenden Zeilen und damit direkt die Schleifenlänge in den entsprechenden Mikroprogrammen an. Der Zählerstand "0000" (ZO = 0) wird in einem nachgeschalteten Decoder erkannt und als Zustandssignal in ein Statusregister übernommen und beeinflußt unmittelbar die Ausführung der Mikroprogramme.

- Die Spalten der Speichermatrix werden nach folgendem Prinzip adressiert: zwei Ausgänge des Spaltenindex-Zählers selektieren eine der vier Spalten jedes Moduls; für die Modulauswahl ist der nachgeschaltete Decoder gemäß Bild 5.30 vorgesehen.

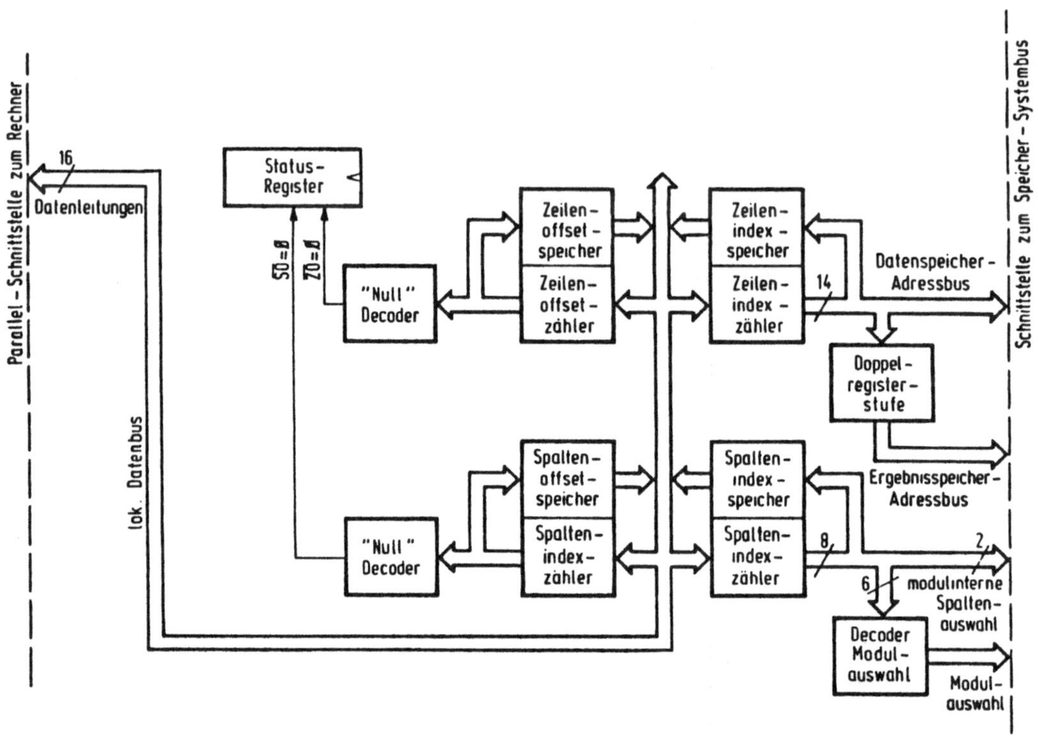

Bild 5.30   Logik zur Spalten- und Zeilenadressierung

- Die Ausgänge des Spaltenoffset-Zählers sind in
  gleicher Weise wie die des Zählers für den Zeilenoffset verschaltet.

Alle Zähler sind als Auf/Abwärtszähler ausgelegt und
werden zu Beginn einer Speicheroperation in einer Initia-
lisierungsphase des Steuermoduls mit den entsprechenden
Startwerten parallel geladen.

Zur Abwicklung einiger der in Kapitel 6 vorgestellten
Algorithmen müssen Zählerstände zwischengespeichert und
mehrere Startwerte vorgegeben werden können. Um die Ausführung dieser Algorithmen durch Datentransfers zwischen
Gastrechner (auch *Host-Rechner*) und Steuermodul nicht
unterbrechen zu müssen, ist jedem Zähler ein lokaler
Speicher zugeordnet, der bis zu 16 Zählerstände aufnehmen
kann. Seine Eingänge sind mit den Zählerausgängen verbunden, seine Tri-state-Ausgänge sind direkt mit dem lokalen
Datenbus gekoppelt. Somit ist jeder Zähler nicht nur über
die Systemschnittstelle, sondern auch über den jeweiligen
Zwischenspeicher ladbar.

5.4.3 Die Datenübertragung an der Systemschnittstelle

Die Systemschnittstelle ist unter dem Gesichtspunkt einer
guten Anpassungsfähigkeit an unterschiedliche Rechnersysteme als 16 bit Parallelschnittstelle ausgelegt. Wie bereits in 4.5.2.1 dargelegt, soll die maximale Datenrate
zwischen 4 und 5 Mbyte/s betragen. Da der speicherinterne
Datenbus einer einfacheren Spalten-Spaltenkommunikation
wegen nur eine Breite von 8 bit aufweist, ist auf dem
Steuermodul eine Anpassung der beiden Busbreiten durchzuführen. Hierfür ist ein bidirektionaler Multiplexer/

Demultiplexer mit Tri-state-Ausgängen vorgesehen, dessen
Funktionen durch das Steuerwerk kontrolliert werden.

Die maximale Datenrate hängt im wesentlichen von der Ausführungsgeschwindigkeit des Steuerwerkes ab und beträgt
im vorliegenden Prototypen in Abhängigkeit der Tupellänge 3 bis 5 Mbyte/s; sie kann jedoch, wie nocht gezeigt
wird, durch Verwendung schnellerer Mikroprogrammspeicher
auf den doppelten Wert erhöht werden (s. 7.2).

5.4.4 Die Treffer-Erzeugung auf Relationen-Ebene

Wie bereits in 5.1.2 angedeutet, sind die Spaltentreffer
zu Treffern auf der Relationen-Ebene (fortan auch *Tabellentreffer* genannt) zusammenzufassen. Da maskierte Spalten konstant Treffer melden, wird hierzu lediglich eine
UND-Verknüpfung der Trefferausgänge aller Spalten des
durch die Relation belegten Speicherbereichs benötigt.
Werden mehrere Tabellen gleichzeitig durchsucht, ist diese UND-Verknüpfung entsprechend mehrfach, getrennt für
jede Tabelle auszuführen.

Um den hierzu notwendigen Schaltungsaufwand in Grenzen zu
halten, werden zunächst die Trefferausgänge der Spalten
eines Moduls in fest verdrahteter Logik, also nicht be-
einflußbar, in einer UND-Funktion verbunden. Diese *Modul-
treffer-Ausgänge* sind über den System-Steuerbus an die mit
$\overline{MT}$ bezeichneten Eingänge der in **Bild 5.31** gezeigten Schaltung gelegt.

Die abgebildete Logik stellt einen *Kreuzschienen-Verteiler*
mit *programmierbaren Knotenpunkten* dar, der sich vereinfacht durch eine Matrix mit k Spalten als Eingänge für die

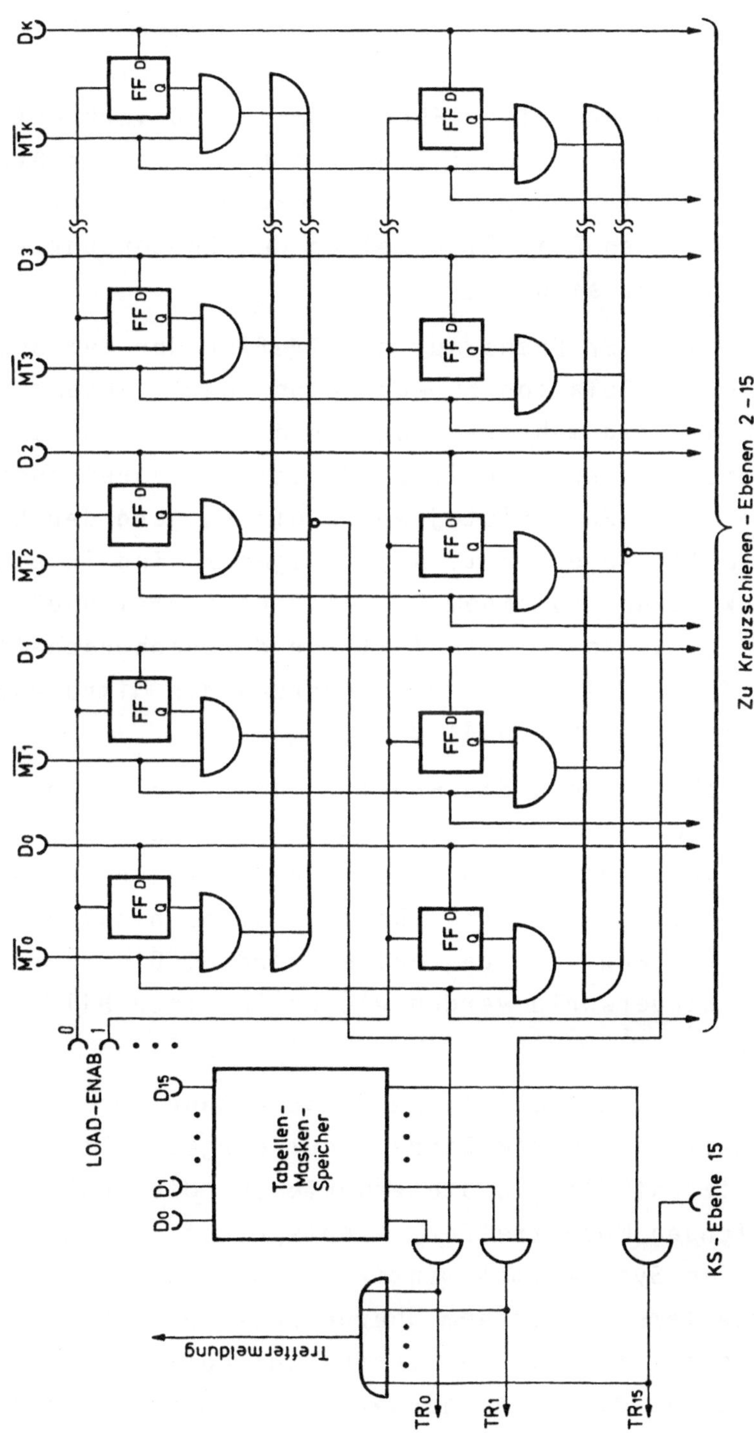

Bild 5.31 Aufbau des Kreuzschienenverteilers

Modultreffer und im Prinzip beliebig vielen - hier 15 - Zeilen (auch *Ebenen*) als Ausgänge symbolisieren läßt. Beliebige Eingänge einer Ebene können UND verknüpft werden; ihre Auswahl erfolgt über ein k bit langes Steuerwort, das in ein jeder Ebene zugeordnetes Register geladen wird, dessen Flip-Flop-Zellen den Knotenpunkten direkt zugeordnet sind.

Faßt man in jeder Ebene nur die Treffer der dem Speicherbereich einer Relation zugeordneten Moduln zusammen, können gleichzeitig mehrere Tabellen durchsucht werden, da alle Ebenen des Kreuzschienen-Verteilers voneinander unabhängig sind. Somit ist jeweils ein Ausgang der Logik einer Tabelle zugeordnet. Alle Ausgänge sind in einer ODER-Verknüpfung zu einem Signal "Treffermeldung" zusammengefaßt, das sowohl als Takt für den nachgeschalteten Trefferzähler, als auch zur Steuerung des Mikroprogramm-Schaltwerkes (s. 5.4.5.4) dient.

Schließlich sei noch die Funktion der Tabellen-Maskierung erwähnt: hiermit können alle nicht zu durchsuchenden Relationen maskiert werden, indem in den entsprechenden Ebenen zufällig erzeugte Tabellentreffer nicht an den jeweiligen Ausgang durchgeschaltet werden. Die hierfür notwendigen Steuerworte werden wieder in einen Hilfsspeicher abgelegt.

In <u>Bild 5.32</u> ist die externe Verschaltung des Kreuzschienen-Verteilers auf dem Steuermodul dargestellt. Der Registersatz enthält die Steuerworte für die Auswahl der zu verknüpfenden Modultreffer; k entspricht hierbei der Anzahl der im System implementierten Moduln. Die Ausgänge des Verteilers stehen dem übergeordneten Rechner an der Parallelschnittstelle zur Verfügung; betrachtet man die log. Werte an diesen Ausgängen als Komponenten eines

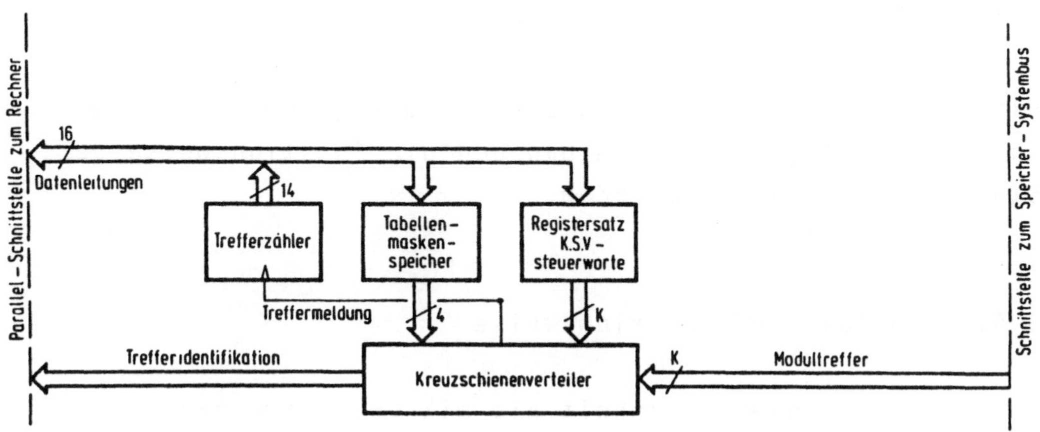

Bild 5.32   Anschluß des Kreuzschienenverteilers

Boole'schen Vektors, so identifiziert dieser zu jedem
Zeitpunkt die Tabellen mit qualifizierten Tupeln. Über
eine getrennte Steuerleitung (Treffer!, s. Bild 5.29)
wird dabei die Existenz irgendeines Treffers im Speichersystem gemeldet. Dieses Signal kann vom Gastrechner zur
Interrupt-Erzeugung verwendet werden.

5.4.5 Das Mikroprogramm-Steuerwerk

Als letzte wichtige Funktionsgruppe des gesamten Systems
sollen im folgenden der Aufbau und die Funktionsweise des
Steuerwerks erläutert werden.

5.4.5.1 Aufbau und Funktionsweise

Die Auslegung dieser Einheit als mikroprogrammierbare
Steuerung erweist sich als notwendig, wenn man die Anzahl
der zu erzeugenden Steuersignale und deren Folgefrequen-
zen berücksichtigt: insgesamt müssen für die bisher ge-
schilderte Hardware bei der hier gewählten Logik 101
Steuersignale generiert werden; die maximale Impulsfolge-
frequenz weisen die periodischen Steuersignale auf, die
den Datentransfer zwischen den Ausgaberegistern der Suchlogik und der Systemschnittstelle koordinieren. Die
Umschaltzeit zwischen zwei Spalten beträgt unter Berücksichtigung der Gatterlaufzeiten ca. 90 ns, so daß sich
eine maximale Folgefrequenz von ca. 11 MHz ergibt. Die
periodischen Steuersignale mit der niedrigsten Folgefrequenz von 2,5 MHz liegen bei der Extremwertsuche entsprechend Bild 5.23 vor: hier entspricht eine Periode zwei
Taktzeiten t_T, die, wie in 5.3.2 erwähnt, zu 200 ns be-
messen wurde.

Aus diesen Angaben folgt zwangsläufig, daß selbst modern-
ste Mikrorechner für diese Steueraufgabe nicht geeignet

sind; so benötigt z.B. der Prozessor MC 68000 von MOTOROLA
bei der z.Z. maximal zulässigen Taktfrequenz von 10 MHz
ca. 350 ns für den Schreibzyklus eines 16 bit Wortes (s.
[MOT 81]). Dieser Wert steigt noch um den Faktor 6.25,
da die Wortbreite von 101 bit nur über eine Demultiplex-
Funktion aus den 16 bit Datenworten des Prozessors gewonnen werden kann.

Als einzige Lösung bietet sich eine mikroprogrammierbare
Steuerung an, deren Funktionsgruppen in <u>Bild 5.33</u> abgebildet sind. Die Steuerworte sind in einem Festwertspeicher abgelegt, dessen Datenausgänge an einen Registersatz
(auch Pipeline-Register) geschaltet sind. Mit der aktiven
Flanke der Taktphase $\emptyset_1$ wird ein Steuerwort in das Register übernommen und erscheint mit einer kurzen Verzögerungszeit an dessen Ausgängen. Werden an den Festwertspeicher sequentiell verschiedene Adressen angelegt und
mit der gleichen Folgefrequenz die Steuerworte in das Register übernommen, so entstehen an dessen Ausgängen Impulsreihen, deren Folgefrequenz mit der von $\emptyset_1$ übereinstimmt.

Der Impulsverlauf eines Steuersignals ist durch die Reihenfolge der Adressen und die auf "0" bzw. "1" program-
mierten Bits der adressierten Steuerworte gegeben. Neben
einer rein linearen Fortschaltung der Adressen sind auch
Schleifen und Verzweigungen möglich.

Aus diesen Grundstrukturen kann ein *Mikroprogramm* gebildet werden, das eine bestimmte durch *externe Systemzustände* beeinflußbare Folge von Steuerworten (*Mikrobefehlen*)
erzeugt. Ein Steuerwerk kontrolliert die Ausführung des
Mikroprogramms (MP), indem es die MP -Adressen berechnet
und an den Festwertspeicher (auch *MP -Speicher*) ausgibt.

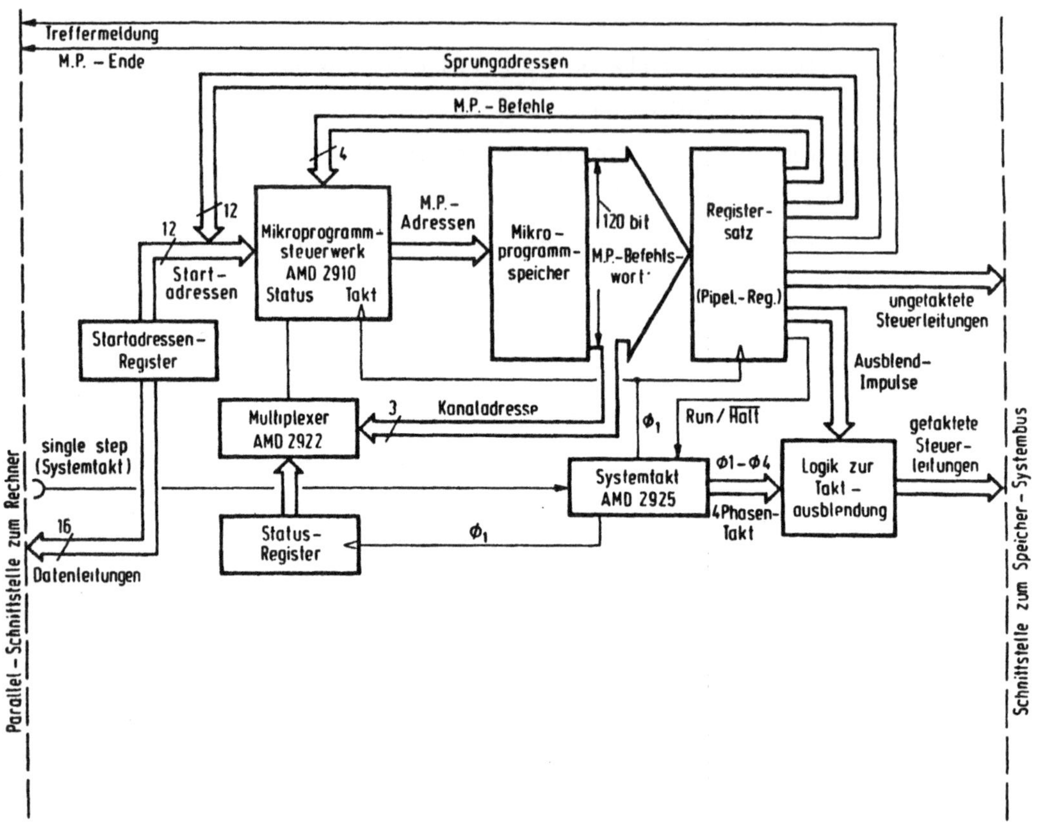

Bild 5.33   Aufbau des M P -Steuerwerks

Während eine Adresse an den Ausgängen des Steuerwerkes
wirksam ist, wird intern bereits die folgende in Abhängigkeit des anliegenden MP-Befehls, einer Sprung- und
Startadresse und eines externen Systemzustandes (*Status*)
berechnet. Die Befehle und Sprungadressen sind selbst wiederum im Mikroprogrammspeicher abgelegt. In Bild 5.34
ist die Befehlsliste für das Steuerwerk zusammengefaßt
(s. auch [AMD 78]); bei diesen 16 Befehlen handelt es
sich überwiegend um bedingte Sprungbefehle, wobei entweder ein externer Zustand oder der Nulldurchgang eines
internen Zählers die Verzweigung auslösen kann.

Die Startadresse für ein Mikroprogramm wird über die Systemschnittstelle in ein nur hierfür vorgesehenes Register geladen (s. Bild 5.33); der Befehl JMAP übernimmt
diese Adresse in das Steuerwerk und schaltet sie direkt
an dessen Ausgänge durch, so daß sie an den Adreßeingän-
gen des Programmspeichers wirksam wird.

Die Systemzustände *Zählerstand ZI=0, Zählerstand ZO=0*
und *Treffermeldung (TR)* werden mit der aktiven Flanke $\emptyset_1$
in das *Statusregister* übernommen. Ein nachgeschalteter
Multiplexer selektiert einen der Ausgänge dieses Regi-
sters und schaltet ihn an den mit "Status" bezeichneten
Eingang des Steuerwerkes durch. Die Kanaladresse für den
Multiplexer ist selbst wieder Bestandteil des MP-Befehlswortes.

Auf die interne Struktur des Steuerwerkes soll hier nicht
weiter eingegangen werden; es handelt sich um eine han-
delsübliche Komponente, deren Funktionsbeschreibung
[AMD 78] entnommen werden kann.

In Bild 5.35 ist der zeitliche Ablauf der Ausführung einer
Sequenz von 3 Befehlen gezeigt, wobei der zweite Befehl

Befehlsliste des Mikroprogramm-Steuerwerkes

$Code_{16}$	Mnemonic	Name	Beschreibung
0	JZ	JUMP ZERO	Unbedingter Sprung auf Adr. 000
1	CJS	COND. JUMP SUBR.	Bed. Sprung auf UP-Adr. in Pipel.
2	JMAP	JUMP MAP	Sprung auf Adresse im Start-adressen-Reg.
3	CJP	COND. JUMP PIPEL	Bed. Sprung auf Adr. in Pipel.
4	PUSH	PUSH / COND. LOAD COUNTER	(Befehlszähler) → Stapel und bed. Laden des internen Zählers
5	JSRP	COND. JUMP SUBR. R / PL	Bed. Sprung auf UP-Adr. im internen Register oder Pipel.
6	CJV	COND. JUMP VECTOR	Bed. Sprung auf Adr. in externem "Vektor"-Reg.
7	JRP	COND. JUMP R / PL	Bed. Sprung auf Adr. in internem Reg. oder Pipel.
8	RFCT	REPEAT LOOP, COUNTER ≠ 0	Springe auf Adr. aus Stapel, solange intern. Zähler ≠ 0, sonst springe auf (Befehlszähler) + 1
9	RPCT	REPEAT PL, COUNTER ≠ 0	wie RFCT, nur: falls = 0, springe auf Adr. aus Pipel.
A	CRTN	COND. RETURN	Bed. Rücksprung aus UP-Adr.
B	CJPP	COND. JUMP PL & POP	Bed. Sprung auf Adr. in Pipel. mit Dekrement. des Stapelzeigers
C	LDCT	LOAD COUNTER & CONTINUE	lade intern. Zähler und inkremen. Befehlszähler
D	LOOP	TEST END LOOP	Springe auf Adr. aus Stapel, solange ext. Bedingung nicht erfüllt
E	CONT.	CONTINUE	Inkrementiere Befehlszähler
F	TWB	THREE WAY BRANCH	Bed. Sprung mit 3 Zieladr. in Abhängigkeit von 3 unterschiedl. Bedingungen

( ): Inhalt von; UP: Unterprogramm

Bild 5.34 Befehlsliste des M P -Steuerwerkes
(s. auch [AMD 78])

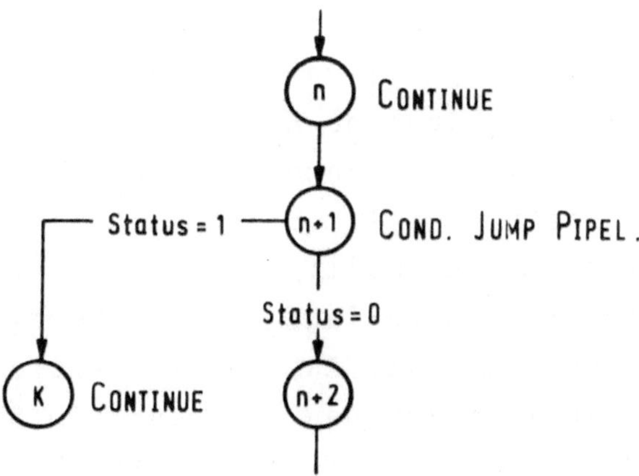

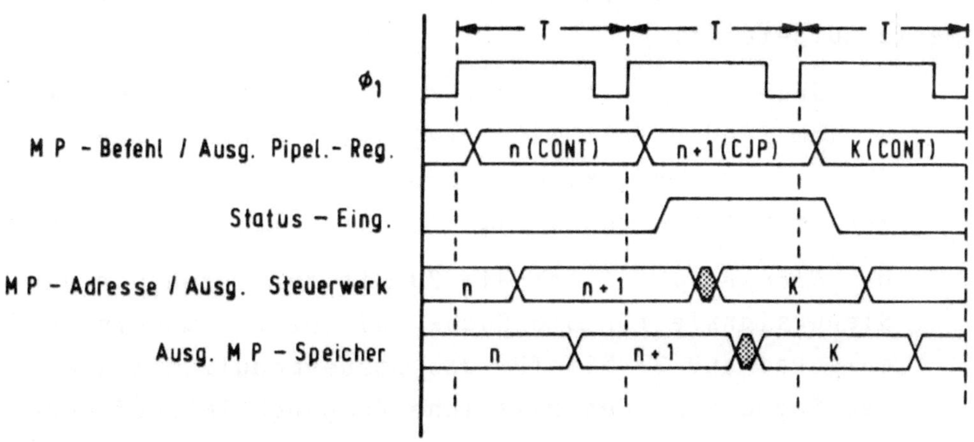

Bild 5.35   Befehlsausführung des M P -Steuerwerkes

eine bedingte Verzweigung darstellt. Hierbei sei angenommen, daß mit der positiven Flanke von $\emptyset_1$ der n-te Befehl (CONT) in das Pipeline-Register geladen wird und mit
der nächsten positiven Flanke des Taktsignals ein Zustand in das Statusregister übernommen wird, der nach
Ablauf einer durch den Multiplexer bedingten Verzögerungszeit am Statuseingang anliegt und die Verzweigung auf
den k-ten Befehl auslöst. Aus dieser Darstellung geht hervor, daß zu einem beliebigen Zeitpunkt im Steuerwerk
stets die Adresse für die *folgende* Taktphase vorbereitet
wird.

5.4.5.2 Befehlsstruktur

Das MP-Befehlswort ist entsprechend <u>Bild 5.36</u> in drei
Segmente aufgeteilt:

- im *Adressensegment* sind für alle Hilfsspeicher im
  System (jeder faßt 16 Worte) jeweils 4 bit zur
  Adressierung reserviert. Dementsprechend kann jedes
  Wort eines Speichers *individuell* selektiert werden.

- das *Steuersegment* enthält 28 bit zur Erzeugung der
  Steuersignale für die Such- und Speichermoduln und
  entsprechend 37 bit für das Steuermodul. Mit diesem Segment werden sämtliche Vorgänge im Speichersystem kontrolliert.

- das MP-Steuersegment enthält sowohl den Befehl und
  die Sprungadresse für das Steuerwerk, als auch eine
  Kanaladresse für den Multiplexer am Ausgang des
  Zustandsregisters. Die Kanaladresse wird direkt
  am Festwertspeicher-Ausgang abgegriffen, damit zum

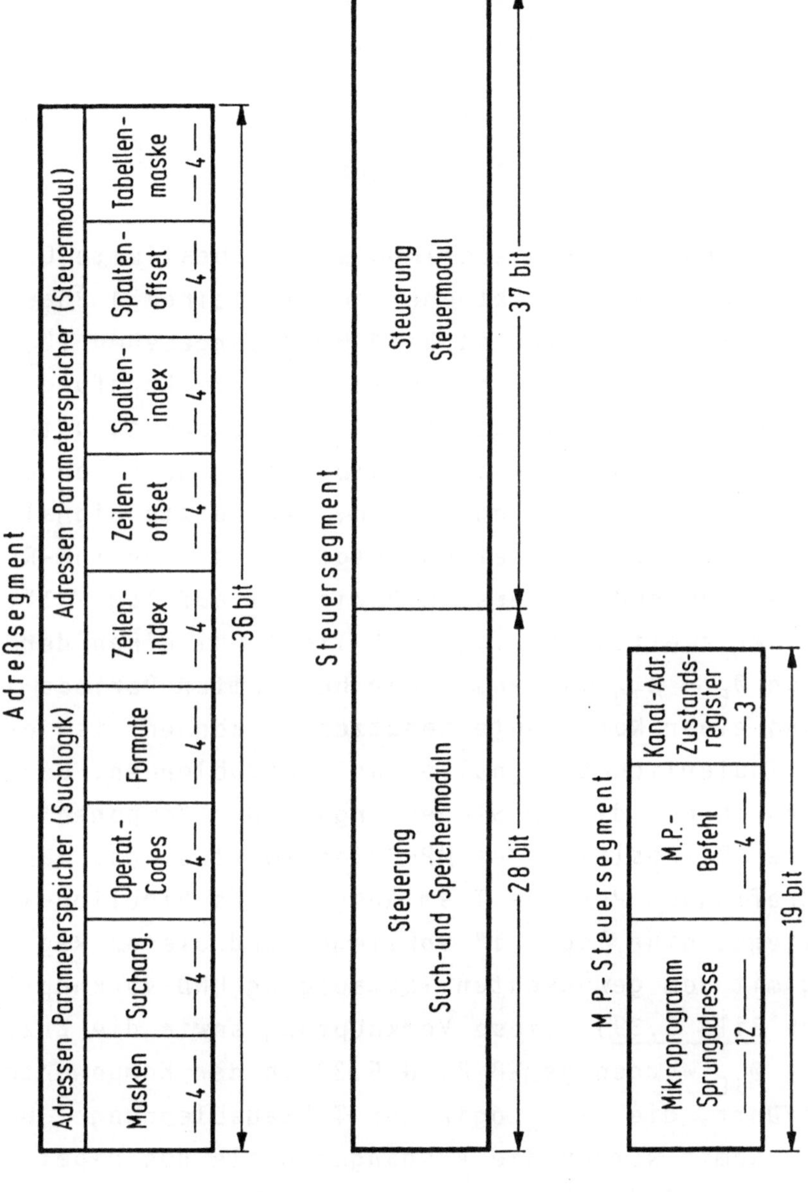

Bild 5.36 Aufteilung des M P -Befehlswortes

Zeitpunkt einer aktiven Taktflanke am Statusregister die Kanalauswahl bereits stabil ist.

5.4.4.3 Erzeugung der Steuersignale

Für die Erzeugung der Steuerimpulse für bestimmte Operationen ist ein System-Taktgenerator mit einem 4 Phasen-Ausgangssignal entsprechend <u>Bild 5.37</u> vorgesehen ($\emptyset_1$ - $\emptyset_4$). Aus diesen Signalen sind durch logische Verknüpfung weitere 6 Taktsignale abgeleitet worden, so daß zu unterschiedlichen Zeitpunkten innerhalb einer Phase von $\emptyset_1$ zusätzliche Steuerimpulse entstehen. Der letzte Signalverlauf in Bild 5.37 zeigt einen Ausgang des Pipeline-Registers, der während der ersten Periode T auf log. "1", während der zweiten auf log. "0" liegt. Um einen der Impulse von $\emptyset_5$ - $\emptyset_{10}$ während einer bestimmten Periode T zur Steuerung einer Komponente benutzen zu können, ist er aus dem kontinuierlichen Signalverlauf auszublenden. Dazu muß lediglich in der diesem Steuereingang der Komponente zugeordneten Bitposition des MP-Befehlswortes, das während der betreffenden Periode T am Ausgang des Pipeline-Registers liegt, eine log. "1" vorliegen und dieser Register-Ausgang mit dem gewünschten Taktausgang UND-verknüpft sein (s. auch <u>Bild 5.39</u>). Diese Verknüpfung sowie die Erzeugung von $\emptyset_5$ - $\emptyset_{10}$ werden gemäß Bild 5.33 in der Komponente durchgeführt, die mit "Logik zur Taktausblendung " bezeichnet ist. Somit werden die Ausgangssignale des Pipeline-Registers nur indirekt in Form von Ausblendimpulsen zur Steuerung benutzt, die eigentlichen Steuersignale entstehen am Ausgang dieser Logik. Diese Methode hat den großen Vorteil, daß innerhalb einer Periode *mehrere Mikro-*

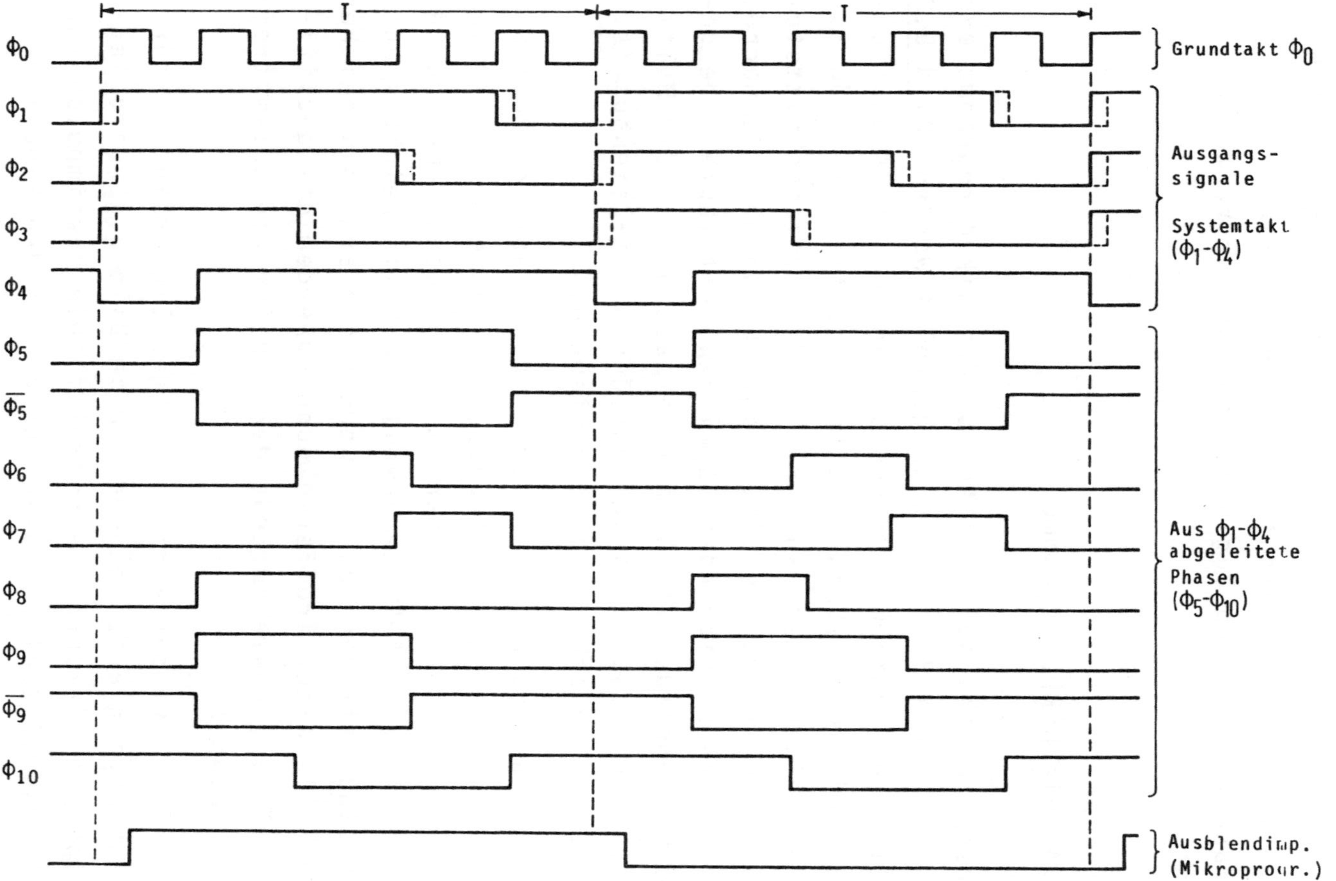

Bild 5.37 Der Systemtakt

operationen durchgeführt werden können, da z.B. mit $\emptyset_7$ und $\emptyset_8$ zwei zeitlich nicht überlappende Impulse zur Steuerung zweier unabhängiger Vorgänge zur Verfügung stehen.

5.4.5.4 Die Mikroprogramme

In diesem Kapitel soll der Ablauf des Mikroprogramms exemplarisch an zwei Beispielen dargestellt werden. Bild 5.38 enthält alle Programme zur Ausführung der Basisfunktionen; in 7.2 sind die Ausführungszeiten spezifiziert. Jede Funktion, die einen Datentransfer über die Systemschnittstelle enthält, muß in zwei Routinen abgefaßt werden: je nachdem, ob die zu transferierenden Tupel bzw. Attribute eine gerade bzw. ungerade Byte-Anzahl enthalten, ist der Multiplexer zur Anpassung des 16- auf den 8 bit-Datenbus (s. Bild 5.29) unterschiedlich anzusteuern.

Im folgenden wird auf den zeitlichen Ablauf der Routinen CONPNO und RDRESG näher eingegangen. Das erste Programm steuert den Vergleichsvorgang mit den Suchparametern, die unter der Adresse "0" des jeweiligen Hilfsspeichers enthalten sind; mit der zweiten werden die Ergebnisspeicher und im Falle einer Treffermeldung außerdem die qualifizierten Tupel, sowie am Ende der Routine die Gesamttrefferzahl gelesen.

In Bild 5.39 ist der Verlauf einiger Steuersignale für den Suchvorgang entsprechend dem in Bild 5.13 dargelegten Pipeline-Verfahren dargestellt. Die Taktimpulse für den ZI- und ZO-Zähler, sowie für die beiden Pipeline-Register entstehen gemäß dem oben erläuterten Prinzip durch eine Impulsausblendung aus $\emptyset_8$ (s. Bild 5.37).

Mikroprogramme (Basisfunktionen)

Startadresse$_{16}$	Name	Funktion
010	LDMEG	Laden einer Relation mit gerader Byteanzahl/Tupel
080	RDMEG	Lesen einer Relation mit gerader Byteanzahl/Tupel
0C0	INIT	Initialisierung der Steuerkarte (ZI, ZO, SI, SO, etc.)
040	LDMEU	Laden einer Relation mit ungerader Byteanzahl/Tupel
100	RDMEU	Lesen einer Relation mit ungerader Byteanzahl/Tupel
140	LDSM	Laden der Suchparameter (Masken, Sucharg. Operationscodes, Formatsteuerworte)
1C0	COMPNO	Vergleichsvorgang mit Adresse "0" für Suchparameterspeicher
1D0	COMPN1	Vergleichsvorgang mit Adresse "1" für Suchparameterspeicher
200	COMPM	Extremwert-Suchvorgang
220	RDRESG	Lesen Ergebnisspeicher und getroffene Zeilen (gerade Byteanzahl/Tupel) und Trefferanzahl
280	RDRESU	Lesen Ergebnisspeicher und getroffene Zeilen (ungerade Byteanzahl/Tupel) und Trefferanzahl
2C0	RDSUG	Lesen Extremwert aus Suchargument-Speicher (gerade Byteanzahl)
300	RDSUU	Lesen Extremwert aus Suchargument-Speicher (ungerade Byteanzahl)

Bild 5.38   Die Basis-Mikroprogramme (eine Auswahl)

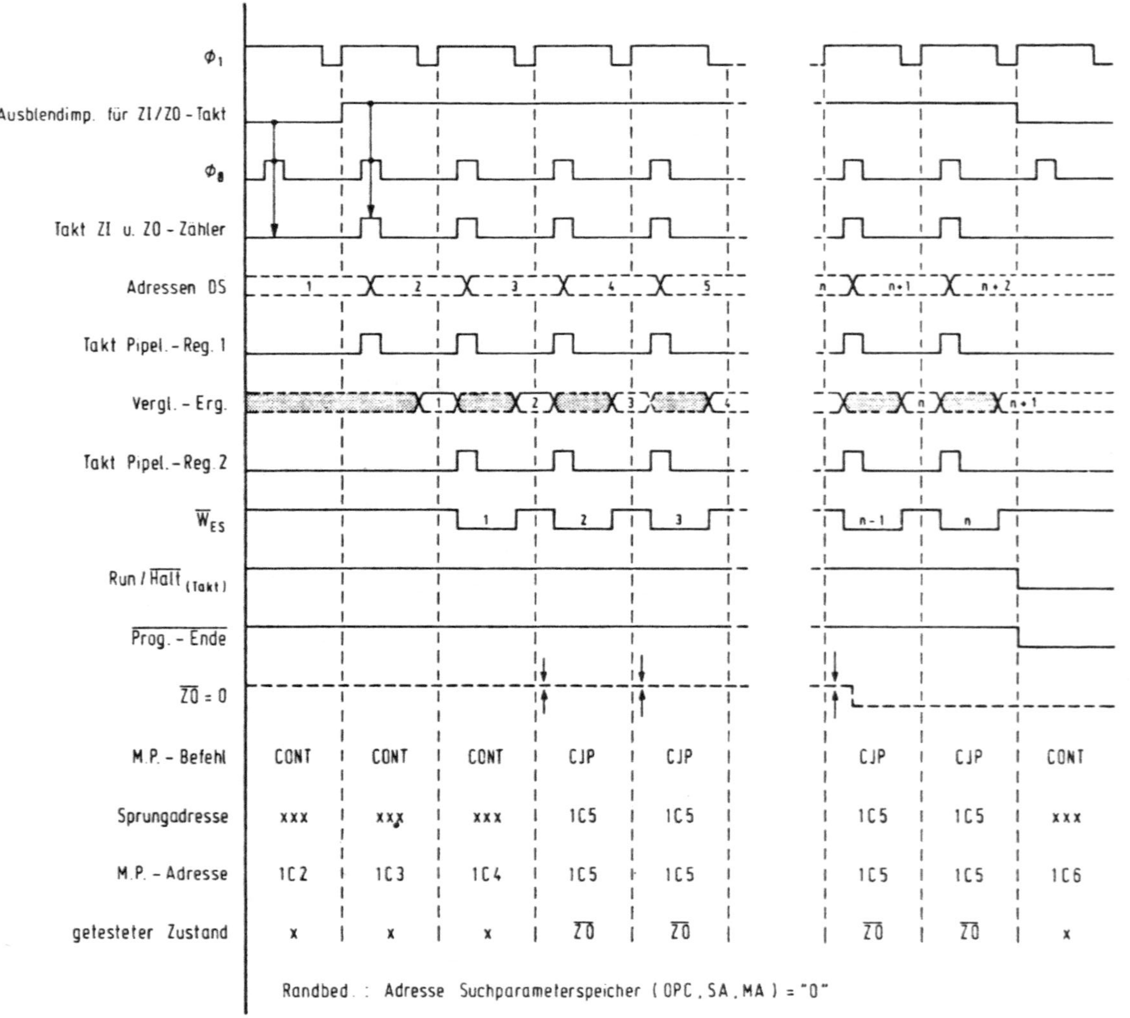

Bild 5.39 Zeitlicher Ablauf des Programms COMPNO

Das Schreibsignal $\overline{W}_{ES}$ wird analog aus $\emptyset_5$ generiert. Run/ $\overline{Halt}$ gehört zu den ungetakteten Steuersignalen (s. Bild 5.33) und kontrolliert den System-Taktgenerator: Liegt dieses Signal auf log. "1", produziert der Generator die in Bild 5.37 gezeigten Impulsreihen, eine log. "0" stoppt den Generator, sobald $\emptyset_1$ ebenfalls auf log. "0" liegt.

$\overline{Progr.-Ende}$ meldet über die Systemschnittstelle das Programmende, so daß der übergeordnete Rechner die nächste Aktion einleiten kann.

Ebenfalls abgebildet sind die MP-Befehle, die jeweilige Sprungadresse, die MP-Adresse und der bei einem bedingten Sprungbefehl getestete, externe Systemzustand.

Aus der Impulsreihe kann entnommen werden, daß nach dem Ablauf der ersten 3 Mikroprogrammschritte in allen folgenden Perioden immer die gleiche Impulskombination erzeugt werden muß, solange nicht alle Zeilen verglichen sind, also $\overline{ZO} \neq 0$ ist. Das Mikroprogramm führt demnach eine Schleife aus, solange diese Bedingung nicht erfüllt ist. Bild 5.40 zeigt die sehr einfache Struktur der Routine, die aus insgesamt 5 Programmschritten besteht. Der Aufbau des Steuerwerkes erlaubt die Ausführung bedingter Sprungbefehle, deren Adresse mit der Sprungadresse übereinstimmt, so daß das Programm "solange auf der Stelle tritt", bis der zu Beginn einer Periode T getestete Zustand $\overline{ZO} = 0$ erfüllt ist.

Die in der Routine RDRESG erzeugten Impulsreihen sind in Bild 5.41 dargestellt, die Programmstruktur in Bild 5.42. Der abgebildete Ausschnitt beginnt mit dem Steuerwort auf Adresse 222; hier wird lediglich der Trefferzähler zurückgesetzt, indem er parallel mit einer log. "0" an jedem Eingang geladen wird. Zu Beginn des dritten Programm-

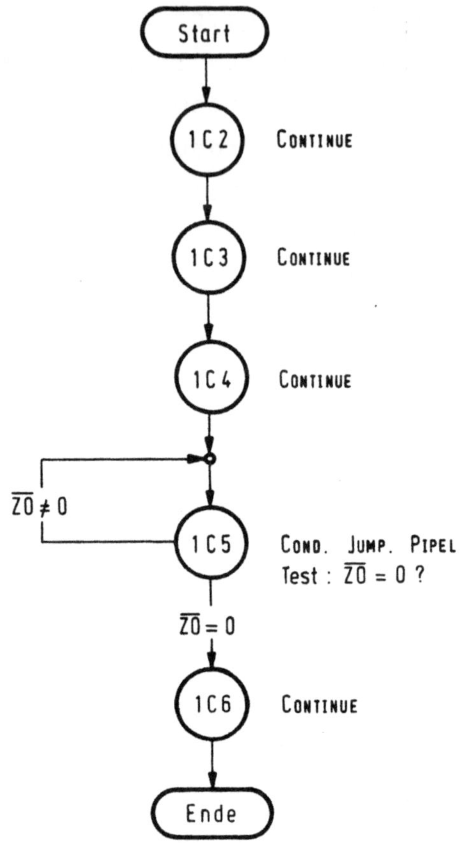

Bild 5.40   Struktur des Mikroprogramms COMPNO

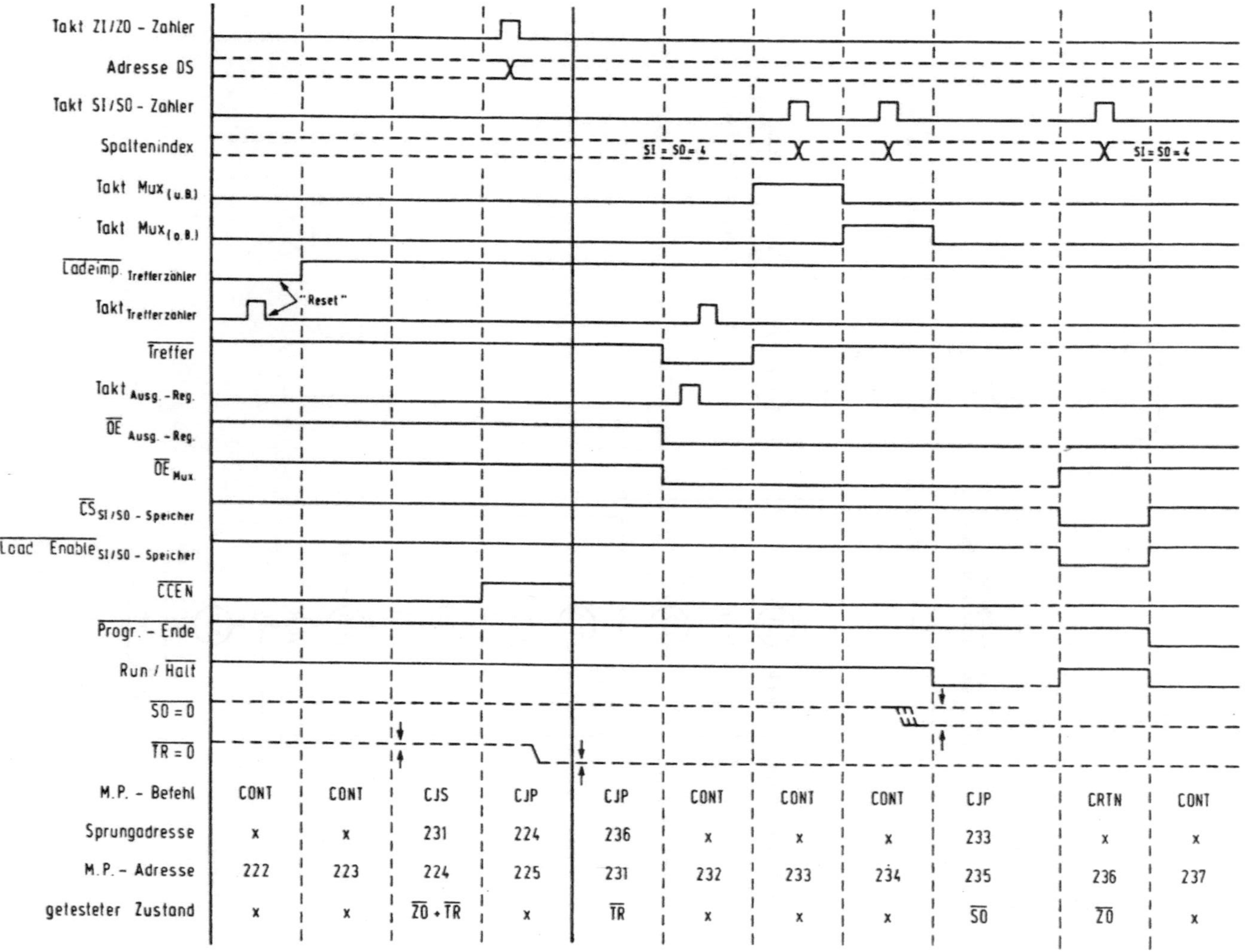

Bild 5.41 Zeitlicher Ablauf des Programms RDRESG

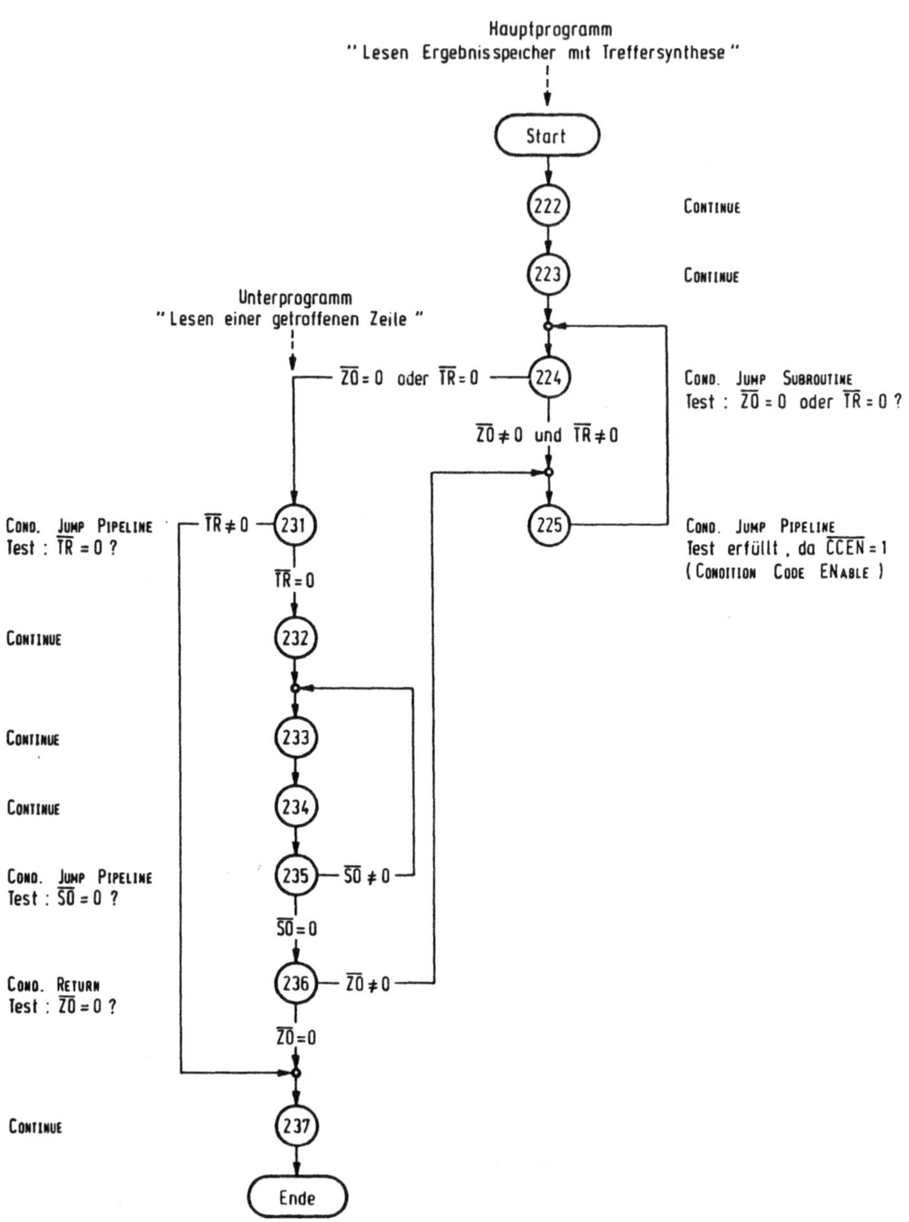

Bild 5.42   Struktur des Mikroprogramms RDRESG

Schritts wird getestet, ob die Bedingung $\overline{ZO}=0$ oder $\overline{TR}=0$ erfüllt ist. Ist dies nicht der Fall, wird die inkrementierte Adresse ausgegeben, unter der ein unbedingter Rücksprung abgespeichert ist und außerdem über einen Taktimpuls am Zeilenindex-Zähler das nächste Speicherwort in den Ergebnisspeichern adressiert.

Werden ein Treffer oder $\overline{ZO}=0$ erkannt, erfolgt ein Sprung in ein Unterprogramm, in dem eine Zeile, bestehend aus vier Bytes, über die Systemschnittstelle in den Host-Rechner transferiert wird (hier sei angenommen, daß die Relation die Spalten 1 - 4 belegt). Der erste Befehl testet lediglich den Zustand $\overline{TR}=0$; ist diese Bedingung nicht erfüllt, wird auf das Programmende (Adresse 245) verzweigt. Liegt eine Treffermeldung vor, wird im Steuerwort unter der Adresse 232 der Trefferzähler inkrementiert, das Signal $\overline{Treffer}$ an die Systemschnittstelle ausgegeben und in derselben Periode das qualifizierte Tupel in die Ausgaberegister der Suchlogik übernommen. Danach beginnt der Transfer über die Systemschnittstelle, indem zuerst die 4. Spalte adressiert, deren Ausgabe-Register gelesen und dessen Inhalt in die niederwertige Hälfte des Demultiplexers, der intern über zwei 8 bit-Register verfügt, übernommen wird. Nach diesem Transfer, aber noch innerhalb derselben Periode, werden der Spaltenindex- und Spaltenoffset-Zähler getaktet, so daß die 3. Spalte selektiert ist. Das Programm überträgt auch hier die Information in den Demultiplexer, allerdings in dessen höherwertiges Register. Anschließend übernimmt der Gastrechner die zu einem 16 bit Wort zusammengefaßten Bytes aus dem Demultiplexer parallel über die Systemschnittstelle. Für diese Operation muß das Steuerwerk mit der Rechnerschnittstelle synchronisiert werden.

Eine einfache Methode hierfür besteht darin, die Ausführung des Mikroprogramms während des Zugriffs durch den Gastrechner zu unterbrechen und erst nach Beendigung dieser Datenübergabe fortzusetzen. Dazu wird der Taktgenerator, wie bereits beschrieben, über das Signal $\overline{\text{Run}}/$ $\overline{\text{Halt}}$ angehalten (Adresse 235). Aus diesem Zustand kann er nur durch einen Impuls (*single step*, s. Bild 5.29), der von der Rechnerschnittstelle *nach* Beendigung des Transfers erzeugt werden muß, erneut gestartet werden. Demzufolge ist die Ausführungszeit für das Befehlswort unter der Adresse 235 *ausschließlich* durch die Transferzeit an der Systemschnittstelle bestimmt.

Auf ein vollständiges *handshake-Verfahren* kann verzichtet werden, solange der Gastrechner eine Zeitspanne größer als 2T zwischen Beendigung eines und dem Beginn des nächsten Transfers benötigt. In diesem Fall entstehen für den Rechner keine Wartezeiten, so daß er die Datenübergabe unter Ausnutzung seiner maximalen Transfergeschwindigkeit durchführen kann, die bei T = 200ns bis zu 5Mbyte/s betragen kann. Bei höheren Transfergeschwindigkeiten muß im Befehlswort 234 die Erzeugung eines Steuerimpulses vorgesehen werden, der der Rechnerschnittstelle die Bereitschaft zum Datenaustausch während der folgenden Periode meldet.

Durch diesen dann vollständigen *Quittierungs-* bzw. *Handshake-Betrieb* ist sichergestellt, daß kein Informationsverlust eintreten kann und auch keine Datenworte doppelt transferiert werden.

Wie sich aus dem Programmablauf aus Bild 5.41 ergibt, wird zwischen den Adressen 235 und 233 eine Schleife durchlaufen, bis eine Zeile also vollständig übertragen worden ist. Dann läuft das Programm auf die folgende Adresse, in der der Zeilenoffset überprüft wird. Falls $\overline{ZO}\neq0$ ist, erfolgt ein Rücksprung in das Hauptprogramm auf die Adresse 225.

Gleichzeitig werden mit der Ausführung des Rücksprungs unter Adresse 225 Spaltenindex- und Spaltenoffset-Zähler mit den Startwerten für einen folgenden Transfer aus den jeweils zugeordneten Hilfsspeichern geladen. Das Befehlswort 237 stellt das Ende des Programms dar; der Taktgenerator wird wieder angehalten und über das Signal Progr.-$\overline{\text{Ende}}$ dem Rechner die Beendigung der Programmausführung mitgeteilt, so daß dieser die zu diesem Zeitpunkt an der Systemschnittstelle verfügbare Trefferanzahl übernehmen kann.

Eine Voraussetzung für die Ausführung der Mikroprogramme ist eine vorhergehende Initialisierung des Steuermoduls durch die Vorbesetzung sämtlicher Zähler, die Übernahme dieser Startwerte in die zugeordneten Hilfsspeicher, die Abspeicherung der Tabellenmasken und der Steuerworte für den Kreuzschienenverteiler. Für diese Operation ist entsprechend der Tabelle in Bild 5.38 die Routine INIT vorgesehen, die jeweils zu Beginn einer Speicherfunktion aufzurufen ist.

Betrachtet man die Startadressen der Mikroprogramme als "Makrobefehle", so kann die Steuerung auch als ein dem Host-Rechner untergeordneter Prozessor angesehen werden, der ihm über die Schnittstelle übergebene Befehle in Form von Mikroprogrammen ausführt. Dabei sind seine Funktionen auf die Steuerung eines ihm wiederum untergeordneten Speichersystems und die Koordination der Kommunikation begrenzt.

5.5 Klassifikation der Systemstruktur

Die Hardwarestruktur des Speichersystems soll in Anlehnung an die von M.J. FLYMM [FLY 72] vorgeschlagene Systematik klassifiziert werden, die auf der Gültigkeit folgender Aussagen basiert:

- das System bearbeitet zu einem Zeitpunkt mehr als einen Befehl

- das System bearbeitet zu einem Zeitpunkt mehr als einen Datenwert.

Folgende vier Klassen sind vorgesehen:

1. Single Instruction - Single Data *(SISD)*
   Beispiel: von Neumann-Rechner

2. Single Instruction - Multiple Data *(SIMD)*
   Beispiel: Feldrechner , Pipeline-Rechner

3. Multiple Instruction - Single Data *(MISD)*

4. Multiple Instruction - Multiple Data *(MIMD)*
   Beispiel: Multiprozessorsysteme

Die Effizienz dieses Klassifizierungsverfahrens ist umstritten (s. [GIL 81]), da sich alle bekannten Rechnerarchitekturen nur sehr ungleichmäßig auf diese vier Klassen verteilen lassen. Trotzdem soll es wegen seiner weiten Verbreitung hier zugrunde gelegt werden.

Betrachtet man jede Spalte des Speichers als eine abgeschlossene, unabhängige Einheit und jede Spalte der Suchlogik als ein eigenständiges Rechenwerk (daß dieses sehr primitiv ist, da auf die Ausführung ausschließlich log.

Operationen abgemagert, spielt in diesem Zusammenhang
keine Rolle), so kann das System der Klasse der SIMD-
Maschinen zugeordnet werden: zu jedem Zeitpunkt wird sowohl während eines Suchvorgangs, als auch bei der Überlagerung der Ergebnisse - und das sind die das System
primär charakterisierenden Funktionen - in allen Spalten
parallel nur *eine* Operation (Befehl) ausgeführt, die in
jeder Spalte unterschiedliche, also insgesamt *mehrfache,* Datenwerte verarbeitet.

Da sämtliche Funktionen des Systems *zentral* gesteuert
werden, ist eine weitere Unterteilung möglich, indem das
System der Gruppe der *Feldrechner* zugeteilt wird, für die
A. BODE und W. HÄNDLER folgende Definitionen geben [HÄN
80]:

> "Feldrechner sind Rechner mit einer Vielzahl von
> parallelen Rechenwerken, die jedoch durch ein ge-
> meinsames Leitwerk gesteuert werden. Zu einem Zeit-
> punkt T wird daher im Feldrechner nur ein Programm
> ausgeführt, jedoch möglicherweise unter Parallel-
> arbeit mehrerer Rechenwerke, die identische Auf-
> gaben ausführen."

Typische Vertreter dieser Gruppe sind z.B. ILLAC IV [BAR
68], STARAN [GOO 72] und PEPE [CRA 72].

Diese Zuordnung wird nicht durch die Tatsache verletzt,
daß es sich bei diesem "Feld" nicht um eine 4er-Nachbar-
schaft, sondern um eine für ein *lineares* Feld typische
2er-Nachbarschaft handelt.

6. <u>Algorithmen für erweiterte Speicherfunktionen</u>

Dieses Kapitel geht näher auf die im Rahmen der erweiterten Systemanforderungen in 4.5.3 bereits erwähnten Sortierverfahren und Operationen der Relationenalgebra ein.

6.1 Sortierverfahren

Um geeignete Sortieralgorithmen implementieren zu können,
ist zunächst die Spezifikation der Auswahlkriterien notwendig, die sich im wesentlichen an der Struktur und Funktionsweise der MP-Steuerung orientiert.

6.1.1 Auswahlkriterien für Sortieralgorithmen

Eine bereits genannte Randbedingung besagt, daß nur solche
Sortierverfahren zu verwenden sind, die keinen zusätzlichen
Speicherraum benötigen, sondern eine Umstellung der Tupel
am Ort, d.h., innerhalb des durch die Relation belegten
Speicherbereichs durchführen. Hierfür geeignete Verfahren
lassen sich laut N. WIRTH [WIR 79] in die drei Klassen

- Sortieren durch Einfügen (sorting by insertion)
- Sortieren durch Auswählen (sorting by selection)
- Sortieren durch Austauschen (sorting by exchanging)

einteilen. Für jede dieser Gruppen sind in [KNU 73 und
WIR 79] mehrere Verfahren aufgeführt und ausführlich erläutert. Aus diesem Grund wird hier nur auf spezielle Aspekte der Implementation eingegangen.

Neben der oben genannten seien noch folgende Randbedingungen erwähnt:

- es können keine rekursiven Algorithmen zugelassen werden, da das Steuerwerk nur über einen fünf Worte fassenden Stapel verfügt, der auch durch externe Maßnahmen nicht zu erweitern ist. Somit wären maximal vier Rekursionen möglich; das ist für die Praxis jedoch vollkommen uninteressant. Auch der Umwandlung rekursiver in iterative Algorithmen (z.B. "Quicksort") sind enge Grenzen gesetzt, da die Steuerung nicht über einen Pufferspeicher zur Aufnahme temporärer Zwischenergebnisse verfügt (s. [WIR 79].
- Alle Algorithmen, die auf einer intensiven Verschiebung der Tupel beruhen, sind für die Implementation ungeeignet, da ein Tupelaustausch 5 Mikroprogramm-Schritte beansprucht und somit in Relation zu einem Vergleichszyklus zeitaufwendig ist.
- Komplizierte arithmetische Berechnungen (Multiplikation und Division) sind nach Möglichkeit zu vermeiden, da das Steuermodul hierzu gemäß 5.4.5 nicht in der Lage ist.

Aufgrund dieser Kriterien kann folgende Auswahl getroffen werden:

Bei den Algorithmen der ersten Gruppe (Sortieren durch Einfügen) müssen die zu sortierenden Elemente sehr häufig um eine Position verschoben werden; sind die Relationen unsortiert - und davon muß in der Regel ausgegangen werden - liegt die Anzahl der Verschiebungen in der Größenordnung $n^2/2$, nur falls die Tabelle bereits sortiert ist, geht dieser Wert auf n zurück. Somit sind diese Algorithmen höchstens dann einzusetzen, wenn bekannt ist, daß die Relation bereits geordnet ist. In diesem Fall können diese Sortierverfahren als Wiederholung der Operation *"Einfügen eines Tupels"* betrachtet werden, auf die in 6.2.1 noch eingegangen wird.

Alle Verfahren der zweiten Klasse sind bis auf eines (Quicksort) langsamer als die der dritten Gruppe und werden deswegen ebenfalls nicht weiter beachtet. Quicksort gilt als eines der schnellsten Sortierverfahren überhaupt [KNU 73]; es kann jedoch nicht implementiert werden, da es sich um einen rekursiven Algorithmus handelt. Auch der in [WIR 79] enthaltene Vorschlag einer Umwandlung in ein iteratives Verfahren kann wegen der oben genannten Randbedingungen nicht verfolgt werden.

Somit bleiben nur die Verfahren "Sortieren durch Auswählen" übrig, von denen nachfolgend zwei Varianten vorgestellt werden. Während die erste durch eine besonders einfache Struktur ausgezeichnet ist, jedoch aufgrund einer zu n^2 proportionalen Laufzeit nur für das Sortieren von Relationen mit einer geringen Tupelanzahl geeignet ist, gehört das zweite, *Heapsort*, wegen einer zu $n \, log_2 (n)$ proportionalen Laufzeit mit zur Gruppe der "schnellen" Sortierverfahren.

Im folgenden sei die für die Darstellung der Algorithmen benutzte Nomenklatur erläutert:

IS_x: Zeilenindex-Speicher, Adresse x
OS_x: Zeilenoffset-Speicher, Adresse x
IZ : Zeilenindex-Zähler
OZ : Zeilenoffset-Zähler

SZ : der mit "Sortierzeiger" bezeichnete Zeilenindex gibt immer die Speicherzeile an, in
die das während des Suchlaufs gefundene,
kleinste Element abzuspeichern ist.

I,J : Zeilen-Laufindexe, die zu Beginn mit einem
Startwert vorgesetzt werden

SA_x : Suchargumentspeicher, Adresse x (falls x
nicht angegeben, immer Adresse 0)

DS_{ZI} : über Zeilenindex adressierter Inhalt des
Datenspeichers

DS_{I+O}: nur für Heapsort: Inhalt der durch die Summe
aus dem Startwert des Zeilenindexes und des
Zeilenoffsets adressierten Zeile des Datenspeichers

→ : Symbol für Datentransfer mit angegebener
Richtung

Dec : Dekrementiere

Inc : Inkrementiere

ER : Eingabe-Register

AR : Ausgabe-Register

$R:=n$: Zuweisung des Wertes n zu einer Variablen R

$[n/2]$: der nächst größere, ganzzahlige Wert zu $n/2$

6.1.2 Sortieren durch direkte Auswahl

In Bild 6.1 ist ein Sortieralgorithmus abgebildet, der auf
dem Prinzip der direkten Auswahl basiert: zunächst wird
das kleinste Element ermittelt und mit dem an der ersten
Stelle abgespeicherten ausgewechselt. Im folgenden Suchlauf wird, beginnend mit der zweiten Zeile, wiederum das
Minimum bestimmt und das entsprechende Tupel mit dem in

<u>Startbedingung</u> :

SZ zeigt auf 1. Tupel ; 1. Tupel über AR → ER geladen ;
ZO_{SZ} in OS_1 , ZI_{SZ} in IS_1 gespeichert .

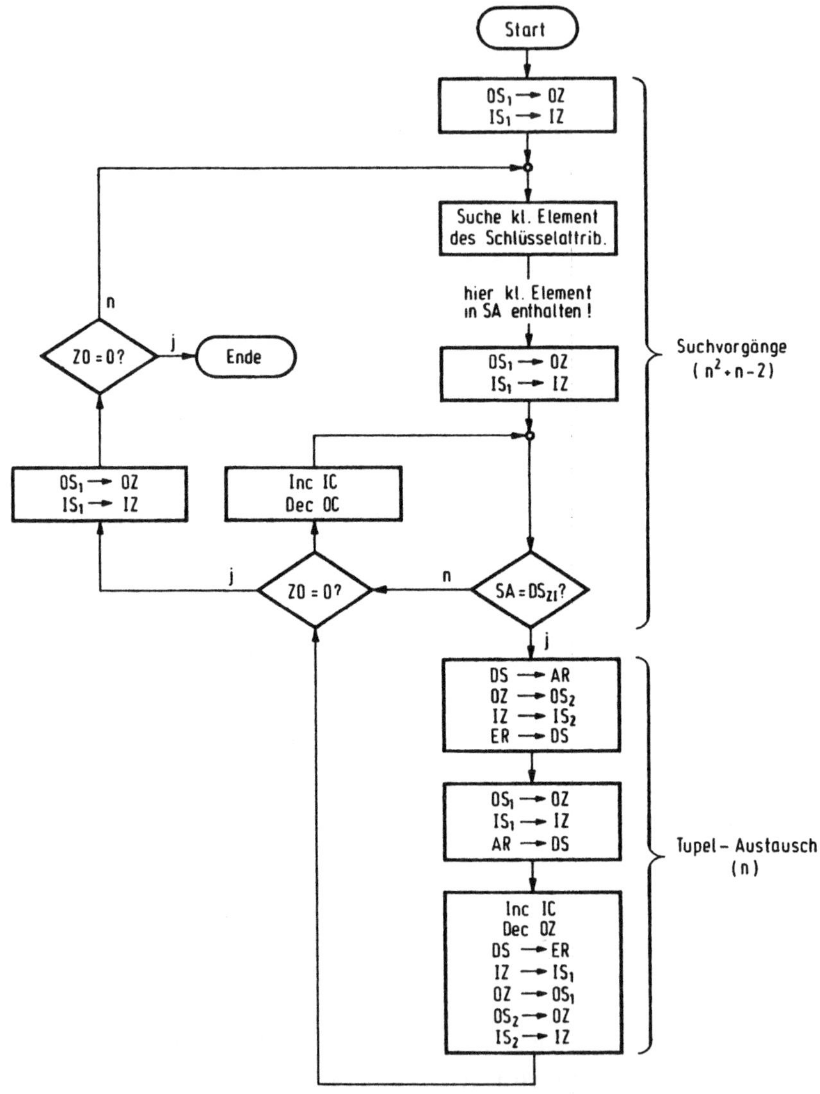

Bild 6.1   Sortieren durch direkte Auswahl

Zeile 2 ausgetauscht, usw. Nach dieser Strategie ist nach
maximal n^2+n-2 Suchläufen und n Austauschoperationen die
Relation vollkommen sortiert, mit dem kleinsten Schlüsselattribut in der ersten Zeile.

Als Sortierschlüssel kann jeweils ein beliebiges der Attribute benutzt werden, allerdings ist folgendes zu beachten: Besteht jedes Element des Schlüsselattributs aus
mehreren Daten, so kann pro Sortierdurchgang nur ein Datum berücksichtigt werden, da die Kaskadierung der Vergleicher sich nicht über mehrere Datentypen erstreckt
(s. auch 5.3.6). In diesem Fall ist der Sortiervorgang
entsprechend mehrmals auszuführen.

Charakteristisch für dieses Speichersystem ist, daß nicht
nur die Attributelemente, sondern die Tupel als Ganzes
ausgetauscht werden, so daß die Tupellänge, anders als bei
konventionellen Rechnern, auf die Ausführungszeit keinen
Einfluß hat.

Es sei noch erwähnt, daß dieser Algorithmus auch Tupel
mit identischen Schlüsselattribut-Elementen wieder in derselben Reihenfolge anordnet, die bereits in der unsortierten Relation vorlag. Somit handelt es sich um einen
"stabilen Sortierprozeß" (s. [WIR 79]).

Die exakte Laufzeit ergibt sich zu:

$$1.5T*(n^2+n-2) + 7T*n$$

T: Ausführungszeit eines MP-Befehls.

Die Faktoren 1.5 und 7 bezeichnen die Anzahl der pro Such-
bzw. Austauschzyklus auszuführenden MP-Befehle.

Bei T = 200 ns ergeben sich für den Prototypen folgende
Sortierzeiten:

n	Sortierzeit	
16	103	µs
128	5,13	ms
1024	316	ms
8192	20,1	s
16384	80,5	s

Aus diesen Werten wird die quadratische Abhängigkeit der
Ausführungszeit von der Anzahl der zu sortierenden Tupel
deutlich, so daß dieses Verfahren sicherlich nur für geringe Tupelanzahlen sinnvoll ist.

6.1.3 Baumsortierverfahren (Heapsort)

Erheblich kürzere Ausführungszeiten für große Werte von n
zeigt eine verbesserte Variante des Sortierens durch Auswählen, die auch Heapsort genannt wird. Dieses Verfahren
stellt die zu sortierenden Elemente zunächst zu einer
Baumstruktur um, wobei der Sortierschlüssel als Ordnungs-
kriterium gilt. Anschließend wird dieser Binärbaum von der
Wurzel her abgebaut, indem die dort nacheinander entnom-
menen Elemente in ihre endgültige Position gebracht und
der Baum jedesmal restauriert wird.

Für den Aufbau des Baumes werden bei insgesamt n Elementen
n , beim Abbau jedoch pro Element nur noch $ld(n)$ Vergleiche
benötigt. Insgesamt ergibt sich eine zu $n * ld(n)$ propor-
tionale Anzahl an Vergleichsschritten. Ein wichtiges Merk-

mal des Heapsorts ist hierbei, daß diese Abhängigkeit *garantiert* wird, d.h. sie ist unabhängig von der statistischen Wertefolge der Elemente.

<u>Bild 6.2</u> zeigt die einzelnen Phasen des Algorithmus, der [KNU 73] entnommen und auf die Funktionsweise des Steuerwerks adaptiert worden ist. Die neben den Klammern aufgeführten Symbole beziehen sich auf die Berechnung der Ausführungszeit in [KNU 73].

Unterhalb jeder durch ein Rechteck symbolisierten Ausführungsphase ist die Anzahl der notwendigen MP-Schritte angegeben. Die Gesamtanzahl der Mikroprogramm-Befehle ergibt sich zu:

$$21.5n*ld(n) - 6ln(n) - 1.8n - 38.$$

Bei T = 200 ns gelten folgende Ausführungszeiten:

n	Ausführungszeit	
16	285	µs
128	3,8	ms
256	8,7	ms
512	19,6	ms
1024	44	ms
8192	455	ms
16384	980	ms

Ein Vergleich mit den in 6.1.2 aufgeführten Zeiten stellt den Heapsort eindeutig als den ab n = 85 überlegenen Algorithmus heraus. Bei weniger Elementen ist das einfache Verfahren schneller, so daß in Abhängigkeit der zu sortierenden Tupel eines der beiden Verfahren ausgewählt werden kann.

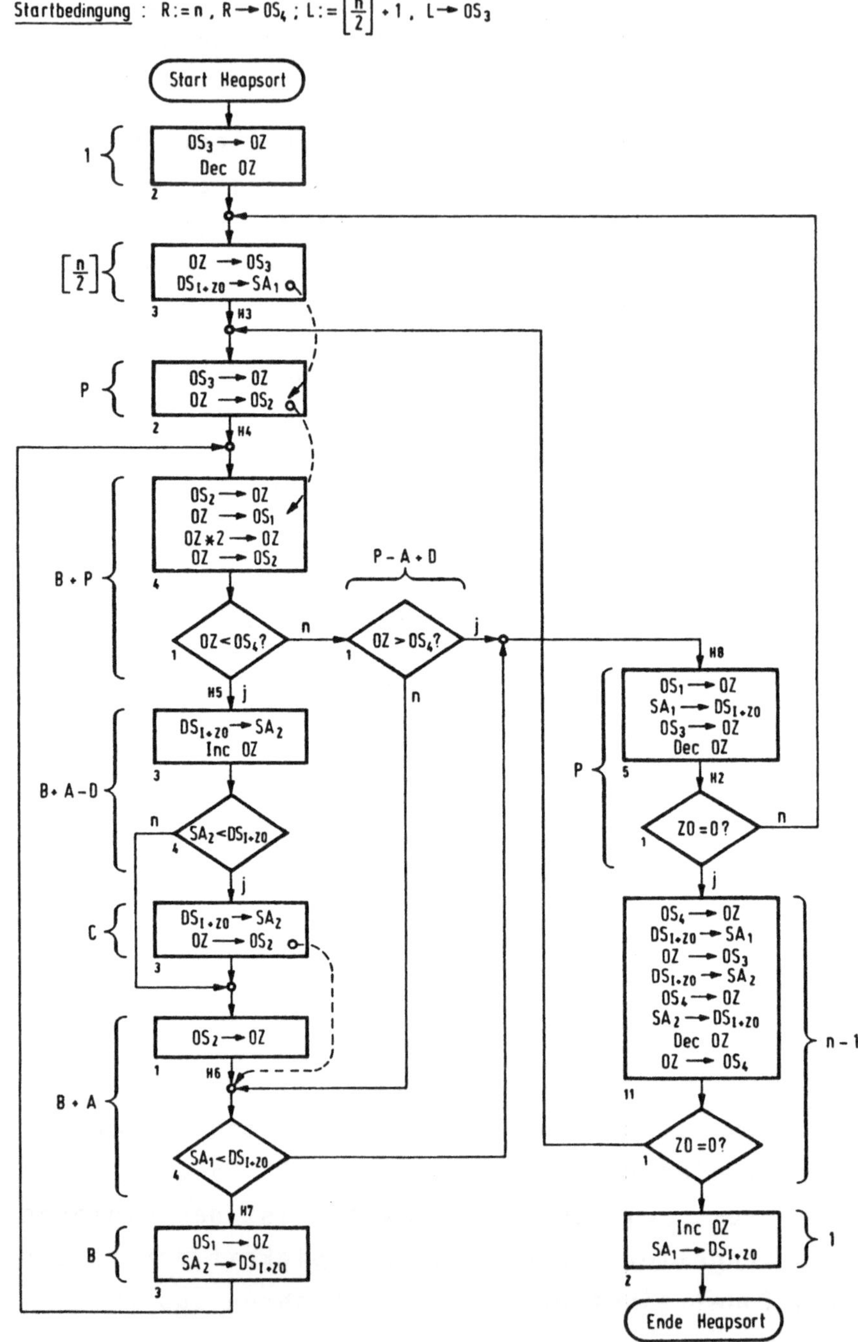

Bild 6.2 Heapsort

Ein Vergleich dieser Zeiten mit den in [WIR 79] für eine
Großrechenanlage des Typs CD 6400 ermittelten zeigt, daß
dieses Speichersystem bei gleichen Randbedingungen ca.
um den Faktor 25-30 schneller sortiert!

Allerdings sind für die Implementation dieses Algorithmus
einige Ergänzungen der Hardware des Steuermoduls notwendig: So muß ein paralleles Addierwerk vorgesehen werden,
das die Summe aus dem momentanen Zeilenoffset und dem
Anfangswert des Zeilenindex bildet und mit diesem Wert
den Datenspeicher adressiert. Außerdem ist mittels eines
Schieberegisters eine Multiplikation mit dem Faktor 2 vorzusehen (OZ*2, s. Bild 6.2). Schließlich wird für die Operation $OZ < OS_4$ und $OZ > OS_4$ ein Komparator an den Ausgängen des Offset-Zählers benötigt. Der durch diesen Algorithmus erzielbare, beachtliche Zeitgewinn rechtfertigt
diese Ergänzungen in jedem Fall.

Es sei noch darauf hingewiesen, daß, wie in Bild 6.2 in
unterbrochenen Linien angedeutet, durch zusätzliche Sprungbefehle weitere Verbesserungen möglich sind.

6.2   Implementation von Operationen der Relationenalgebra

Die in diesem Kapitel beschriebenen mengenalgebraischen
Operationen sind, wie bereits in 4.5.2.2 erwähnt, zur Bearbeitung von Suchaufträgen der 3. Kategorie notwendig.
Die folgenden Ausführungen konzentrieren sich auf grund-
sätzliche Aspekte bezüglich Ausführung und Implementation
dieser Operationen im Speichersystem.

Anschaulich ausgedrückt, wird hier nur das "Werkzeug" und
seine Handhabung zur Ausführung der genannten Operationen

vorgestellt; an übergeordneter Stelle (z.B. im Gast-Rechner) muß in jedem Fall die semantische Konsistenz der Operation überprüft werden, so daß *sinnvolle* Ergebnisse erwartet werden können.

Einen bedeutenden Einfluß auf die Bearbeitungszeit der Operationen haben vorhergehende Sortiervorgänge, wobei allerdings ein schnelles Verfahren, wie z.B. der Heapsort, vorauszusetzen ist.

Ein besonderes Kennzeichen der Mengenoperationen ist die Tatsache, daß die Suchargumente nicht mehr über die Schnittstelle vorgegeben, sondern einzelnen Attributen der gespeicherten Relationen entnommen werden.

Jede Operation ist auf ein Mikroprogramm abgebildet, das, so weit möglich, auf die bereits beschriebenen Basis-Programme zurückgreift. Die Ausführung wird durch den Anstoß des jeweiligen Programms gestartet, nachdem die Operationscodes, eventuelle Bit-Masken und Index- und Offsetparameter zur Spezifikation der durch die Operation erfaßten Attribute bzw. Relationen übergeben worden sind.

Zunächst sollen noch die Funktionen *Einfügen eines Tupels, Löschen eines Tupels* und die klassischen Mengenoperationen *Vereinigung, Durchschnitt* und *Differenz* angesprochen werden.

Das Einfügen eines Tupels ist trivial, solange eine ungeordnete Relation vorliegt; dann wird das neue Tupel in der Position N+1 abgelegt. Bezieht sich diese Operation auf eine sortierte Relation und soll diese Ordnung nach dem Einfügen bestehen bleiben, wird folgendermaßen verfahren:

Das Tupel wird als Suchargument für einen Vergleichsvorgang mit dem Suchmodul '>' benutzt und der Suchlauf nach dem ersten Tabellentreffer abgebrochen. Somit ist die Einfügestelle ermittelt; alle nachfolgenden Tupel werden, beginnend mit dem nächsten, um eine Zeile verschoben, so daß das neue Tupel in der frei gewordenen Zeile abgespeichert werden kann.

Ist ein Tupel zu löschen, gilt folgendes: Nachdem dessen Position durch einen Suchlauf identifiziert worden ist, wird diese Zeile durch den Inhalt der folgenden überschrieben und dieser Verschiebeprozeß bis zum letzten Tupel der Relation fortgesetzt. Diese Tupelbewegung ist unvermeidbar, da nicht belegte Zeilen in einem Vergleichsvorgang als solche nicht erkannt werden, es sei denn, die Information liegt kodiert vor. Davon kann in der Praxis der Prozeßdatenbanken allerdings nicht ausgegangen werden.

6.2.1 Klassische Mengenoperationen

Gegeben seien die Relationen $R = \{r \mid r \, \epsilon \, R\}$ und $S = \{s \mid s \, \epsilon \, S\}$. Dann ergibt sich die *Vereinigung* zu:

$$R \cup S = \{t \mid t \, \epsilon \, R \text{ oder } t \, \epsilon \, S \text{ oder beides}\}.$$

Der *Durchschnitt* ist definiert als:

$$R \cap S = \{t \mid t \, \epsilon \, R \text{ und } t \, \epsilon \, S\}.$$

Schließlich sei noch die *Differenz* von R und S erwähnt:

$$R - S = \{t \mid t \, \epsilon \, R \text{ und } t \, \notin \, S\}.$$

Aus dieser Definition geht unmittelbar hervor, daß zur Ausführung der Operationen alle Tupel aus R mit allen aus S zu vergleichen sind. Die auf einen Tabellentreffer folgende Aktion ergibt sich dann unmittelbar aus der Definition selbst.

Bei unsortierten Relationen R und S entspricht die Zahl notwendiger Vergleiche n_R*n_S (n_R: Tupelanzahl in R; n_S: Tupelanzahl in S). Sortiert man vorher beide Relationen, so sinkt dieser Wert teilweise erheblich, wie an folgendem Beispiel gezeigt werden kann:

Angenommen seien zunächst die einstelligen Relationen R(A), $S_1(D)$, $S_2(D)$ und $S_3(D)$:

R(A)	$S_1(D)$	$S_2(D)$	$S_3(D)$
d	v	d	e
d	v	e	i
f	x	n	j
h	x	t	k
o	z		
p			
s			
s			
t			

Überprüft man bei diesen sortierten Relationen zunächst, ob das erste Element aus S größer als das letzte aus R ist, bzw. das letzte aus S kleiner als das erste aus R, so brauchen u.U. keine weiteren Vergleiche durchgeführt zu werden, da keine Treffer eintreten können, wie an S_1 zu erkennen ist. In diesem Fall sind nur zwei Vergleiche erfolgt.

Genau n_R+n_S Vergleiche sind notwendig, wenn in beiden Relationen die ersten Elemente und die letzten identisch sind und in einer keine Werte mehrfach auftauchen (S_2).

Im ungünstigsten Fall sind trotzdem $n_R * n_S$ Vergleiche notwendig, wie an S_3 gezeigt werden kann. Da der erste und der letzte Fall kaum eintreten werden, kann man im Mittel von etwa $n_R + n_S$ Vergleichen ausgehen.

Ein vorbereitendes Sortieren lohnt sich immer dann, wenn gilt:

$$Sortierzeit_R + Sortierzeit_S + (n_R + n_S) * T \leq n_R * n_S * T$$

Als Anhaltswert ergibt sich unter der Annahme $n_R = n_S$ bei Verwendung des Heapsorts ein Sortieren als empfehlenswert bei mehr als 360 Tupeln. In der Praxis sind Relationen mehrstellig, so daß verallgemeinert gilt:

$$i * Sortierzeit_R + j * Sortierzeit_S + (n_R + n_S) * T \leq n_R * n_S * T$$

    i: Anzahl Datentypen pro Tupel r
    j: Anzahl Datentypen in Tupel s

Da diese Parameter bereits vor dem Beginn einer mengenalgebraischen Operation bekannt sind, kann in einer Vorbereitungsphase entschieden werden, ob ein Sortieren der Relationen zweckmäßig ist.

6.2.2 Projektion

Die Operation *Projektion* wird benutzt, um bestimmte Spalten aus einer Relation zu streichen. Die Definition ist aus [SCH 77] entnommen:

Gegeben sei die m-stellige Relation R mit

$$r = (a_1, \ldots, a_m) \varepsilon R.$$

Mit $r[j]$ wird die j-te Komponente von r bezeichnet. Ist

$$L = (i_1, \ldots, i_s), \quad i_k \in \{1, \ldots, m\} \text{ mit } (k=1, \ldots, s)$$

eine Liste von Spaltennummern, so ist $r[L]$ definiert als

$$r[L] = (r[i_1], \ldots, r[i_s]).$$

Die Projektion von R auf L ist dann definiert als

$$R[L] = \{r[L] \mid r \in R\}.$$

Statt Spaltennummern können auch Attributnamen verwendet werden.

Als Beispiel sei die Relation *Lieferanten* (Lief.-Nr., Name, Firmenort) gegeben.

Lieferanten   (Lief.-Nr., Name, Firmenort)

Lief.-Nr.	Name	Firmenort
24	A	ac
3	Z	k
7	B	d
4	A	h
15	V	m
1	S	k

Die Projektion auf Attribut *Name* ergibt dann:

Lieferanten   (Name)

Name
A
Z
B
V
S

Die Streichung überflüssiger Spalten ist im Speichersystem trivial: Sie werden über den Suchmodus "mask1" maskiert; anschließend sind aufgrund der Mengeneigenschaften
der Relationen doppelte Eintragungen in den nicht maskierten Spalten zu löschen (hier Element A). Hierfür bieten sich zwei Methoden an: Ist eine "Zerstörung" der Relation durch den Verlust einiger Tupel erlaubt, dürfen
mit der Funktion "Löschen eines Tupels" eventuelle mehrfache Eintragungen direkt in der Relation eliminiert
werden. Andernfalls wird in einem reservierten Speicherbereich eine Ergebnis-Relation E gebildet, in die alle
Elemente der nicht maskierten Spalten ein-fach übertragen
werden. Somit bleibt die Ursprungsrelation für nachfolgen-
de Operationen erhalten. Für diese Variante der Projektion
sei folgender Algorithmus kurz skizziert:

1. *Alle zu streichenden Spalten maskieren und erstes
   Tupel als Argument für einen Suchlauf über die gesamte Relation verwenden mit einer Eintragung der
   Resultate in die Ergebnis-Speicher; danach Elemente
   der nicht maskierten Spalten in die erste Zeile der
   Relation E transferieren. Zweite Zeile der Ergebnisspeicher adressieren.*

2. *Ergebnisspeicher zeilensequentiell solange lesen
   (Suchmodus:'=') bis kein Treffer gemeldet wird. Das
   erste, nicht qualifizierte Tupel wieder als Argument für einen Suchlauf nehmen, bei dem alle Tref-
   fereintragungen in den '=' Spalten der nicht maskierten Ergebnisspeicher (also alle log. "1"-Mar-
   kierungen) zu erhalten sind. Am Ende wieder Elemente aus den Suchargumentspeichern der nicht*

*maskierten Spalten in die folgende Zeile von E über-
tragen. Danach wird solange nach Punkt 2 zurückge-
sprungen, bis die letzte Zeile der Relation bearbeitet worden ist (ZO = 0).*

Durch dieses Verfahren ist sichergestellt, daß Elemente
nicht mehrfach in E eingetragen werden. Das hier beschriebene Suchverfahren "Vergleichen mit bedingtem
Schreiben in die Ergebnisspeicher" wird in einem getrenn-
ten Mikroprogramm implementiert, indem in jedem Suchzyklus
eine Lesephase der Ergebnisspeicher eingefügt wird. Dabei
ist die Verlängerung der Dauer eines Vergleichszyklus'
auf $2T$ unvermeidbar.

Ist die Relation bezüglich des bzw. der nicht gestrichenen
Attribute unsortiert, sind $n(n-1)/2$ Vergleichszyklen zu
je $2T$ notwendig. Somit ergeben sich folgende Ausführungszeiten:

Ausführungszeit

n	Vergleichszeit	+ Transferzeit
16	48 µs	
128	3,25 ms	
256	13,0 ms	
512	52,3 ms	$+u*(4l_{PRO}+1)*T$
1024	209,5 ms	
8192	13,4 s	
16284	53,6 s	

u, l_{PRO}: u transferierte Zeichen zu je l_{PRO} byte

Auch hier trägt ein vorhergehendes Sortieren wesentlich
zur Verkürzung der Ausführungszeiten bei, da dann, wie
leicht zu ersehen ist, nur noch n Vergleiche durchzuführen sind.

Allgemein kann festgehalten werden, daß ein Sortiervorgang
(Heapsort) empfehlenswert ist, wenn gilt:

$$k*Sortierzeit + n*T \leqslant n(n-1)*T$$

    k: Anzahl Datentypen in nicht gestrichenen Attri-
       buten

Legt man die Sortierzeit des Heapsorts zugrunde, ist ein
Sortierprozeß angebracht, sobald die Tupelanzahl der zu
projizierenden Relation größer ist als k*158.

6.2.3 Verbund

Durch die Operation *Verbund (join)* werden zwei Relationen
bezüglich eines in beiden Tabellen existierenden Attributes verbunden:

    Sei θ einer der sechs Operatoren (Suchmodi) =, $\neq$, <, >,
    $\leqslant$ oder $\geqslant$, dann ist der θ-Verbund einer Relation R bezüg-
    lich Attribut A mit der Relation S bezüglich Attribut B
    folgendermaßen definiert:

    $R\ [A\theta B]\ S = \{r\bullet s\ |\ r\epsilon R\ \text{und}\ s\epsilon S\ \text{und}\ (r[A]\ \theta\ s[B])\}$

    Das Symbol '$\bullet$' bezeichnet die Verkettung der Tupel; Vor-
    aussetzung für die Durchführung eines Verbundes sind
    gleiche Wertebereiche in A und B (die Elemente aus A
    und B müssen θ-vergleichbar sein).

Als Beispiel sei der Verbund der Relation *Lieferanten* aus
6.2.2 mit der Relation

Bauteile (Teile-Nr., Bez., Lief.-Nr.)

134	xy	4
516	ak	15
521	tv	3
076	ku	4

bezüglich des Attributs Lieferanten-Nr. mit '=' als θ-
Operator angeführt.

Lieferanten [Lief.-Nr. = Lief.-Nr.] Bauteile = E

E (Lief.-Nr., Name, Firmenort, Teile-Nr., Bez.)

4	A	h	134	xy
15	V	m	516	ak
3	Z	k	521	tv
4	A	h	076	ku

Ein Beispiel für eine Suchanfrage, zu deren Beantwortung
dieser Verbund ausgeführt werden muß, ist die *Frage nach
dem Namen der Lieferanten, die Bauteile liefern.*

Es sei wiederum darauf hingewiesen, daß ein Sortieren *beider* Relationen bezüglich des Verknüpfungs-Attributs wesentliche Zeitvorteile bringt. Wie bereits in 6.2.1 dargestellt, sinkt die Anzahl notwendiger Vergleiche auf mindestens 2, im Mittel aber $n_R + n_S$.

Der folgende Algorithmus für einen *Gleichverbund* (θ:'=')
geht davon aus, daß die Relation R bezüglich A und S bezüglich B (s.o.) sortiert sind. Es gelte $n_R \geq n_S$. Die ver-
wendete Nomenklatur ist in 6.1.2 erläutert.

S : *Startwerte für ZI und ZO von S in IS_1 bzw. OS_1, von R in IS_2 bzw OS_2 ablegen.*
Zunächst wird getestet, ob in A und B überhaupt gemeinsame Werte vorliegen können:
Übernahme des letzten Elementes aus B in SA von A;
Vergleich in 1.Zeile von R, Suchmodus '>', alle Attribute außer A maskiert;
Falls Treffer, springe nach V_E;
Übernahme des ersten Elementes aus B in SA von A;
Vergleich in letzter Zeile von R, Suchmodus '<' mit allen Attributen außer A maskiert;
Falls Treffer, springe nach V_E.

VO: *$OS_1 \rightarrow OZ$, $IS_1 \rightarrow IZ$.*
Falls $OZ = 0$, springe nach V_E

$V1$: *Übernahme des Tupels aus S in AR und SA;*
Transfer des Elementes aus B in S byteseriell über Systembus in SA von A in R;
Inc IZ, Dec OZ;
$IZ \rightarrow IS_1$, $OZ \rightarrow OS_1$; $OS_2 \rightarrow OZ \rightarrow OS_3$ und $IS_s \rightarrow IZ \rightarrow IS_3$.

$V2$: *Alle Spalten außer den zu A gehörenden maskieren;*
Suchlauf mit Suchmodus '=' in A, bis Treffermeldung oder $OZ = 0$;
Falls $OZ = 0$, springe nach VO.

$V3$: *Übernahme des getroffenen Tupels in PLR1 (Pipeline-Reg.1).*
Inc IZ, Dec OZ; $IZ \rightarrow IS_2$ und $OZ \rightarrow OS_2$;
Auslagerung des Inhalts von AR aus S gekettet mit Inhalt von PLR1 aus R in für Ergebnis-Relation E reservierten Speicherbereich.

*V4: $IS_2 \rightarrow IZ$, $OS_2 \rightarrow OZ$; falls $OZ = 0$, springe nach V0;
Vergleich mit Suchmodus '=' in A von R;
Falls Treffer, springe nach V3.*

*V5: $IZ \rightarrow IS_2$, $OZ \rightarrow OS_2$
$IS_1 \rightarrow IZ$, $OS_1 \rightarrow OZ$
Falls $OZ = 0$, springe nach V_E;
Vergleich mit Suchmodus '=' in B von S, alle anderen Spalten maskiert;
Falls kein Treffer, springe nach V1.*

*V6: Übernahme des Tupels in AR und SA
Inc IZ, Dec OZ
$IZ - IS_1$, $OZ - OS_1$, $OS_3 - OZ$, $IS_3 - IZ$
Springe nach V3.*

VE: Ende des Algorithmus

Dieser Algorithmus wird auf ein einziges Mikroprogramm
abgebildet, das, so weit möglich, auf die in 5.4.5.4 angeführten Basis-Programme zurückgreift. Für jeden θ-Operator
ist ein eigenes Programm vorgesehen, da in Abhängigkeit
des Operators unterschiedliche Programmstrukturen notwendig sind. Erwähnt sei noch, daß für diesen Ablauf zum
ersten Mal auch ein Datenaustausch zwischen einzelnen
Spalten notwendig ist.

Es ist schwierig, eine allgemeingültige Angabe zur Ausführungszeit für einen Verbund zu machen, da diese in hohem
Maß von der zufälligen Werte-Verteilung der zu verknüpfenden Attribute und somit letztendlich von der jeweiligen
Applikation abhängig ist. Als grober Anhaltspunkt sei folgender Zusammenhang aufgeführt:

$$(n_R + n_S) * \textit{Suchzykluszeit} + n_S * \textit{Transferzeit}_{B \rightarrow A} + n_R * \textit{Transferzeit}_{r.s \rightarrow E}$$

$Transferzeit_{B \rightarrow A}$ steht für die Übertragung eines Elementes aus B in die SA-Speicher von A und ergibt sich zu $T*(4*l_B+1)$, wobei l_B die Byteanzahl der Attributelemente in B bezeichnet.

$Transferzeit_{r \bullet s \rightarrow E}$ symbolisiert die für die Auslagerung von zwei verketteten Tupeln benötigte Transferzeit $T*(4l_{r \bullet s}+1)$ mit $l_{r \bullet s}$ als Byteanzahl der verketteten Tupel. Daraus ergibt sich eine mittlere Ausführungszeit ohne Sortierzeit von

$$T*(n_R(4l_{r \bullet s}+2)+n_S(4l_B+2))$$

Diese Abschätzung geht davon aus, daß fast jeder Wert B auch in A enthalten ist und in B keine Werte mehrfach auftreten.

6.2.4 Restriktion

Die Operation *Restriktion* ergibt sich unter Beachtung folgender Randbedingungen aus dem θ-Verbund:

- die Restriktion bezieht sich auf zwei Attribute in *derselben* Relation (d.h. A und B gehören nur einer Relation an)
- daraus folgt zwangsläufig, daß bei der Restriktion keine Verkettung von Tupeln vorzunehmen ist.

Somit ergibt sich die θ-Restriktion von R bezüglich der Attribute A und B zu:

R [A θ B] = { r | r ε R und (r[A] θ r[B])}

Ein Vergleich mit der Definition des Verbundes in 6.2.3 zeigt die Ähnlichkeit beider Operationen.

Ein Beispiel für einen Suchauftrag, der durch eine Restriktion abgewickelt wird, sei hier anhand der Relation *Angestellte* aus 4.5.2.2 angeführt: gesucht seien die Namen der Angestellten, die an ihrem Wohnort auch geboren wurden, d.h. für die gilt:

Wohnort = Geb.-Ort.

Die formale Verwandschaft zwischen Restriktion und Verbund führt zwangsläufig auch zu einer großen Ähnlichkeit der Algorithmen. Auf weitere Erläuterung wird deshalb mit einem Verweis auf 6.2.3 verzichtet.

6.2.5 Division

Entsprechend ihrer Definition bezieht sich die Operation der *Division* auf zwei Relationen, von denen eine 2-stellig (binär) und die zweite 1-stellig sein muß.

Sei R(A,B) eine binäre und S(C) eine Relation vom Grad 1, so ist die Division unter der Voraussetzung eines gemeinsamen Wertebereiches für die Attribute B und C folgendermaßen definiert (s. auch [SCH 77]):

$$R/S = \{a \in W(A) \mid \text{für alle } s \in S: (a,s) \in R\}$$

W(A): Wertebereich von A

Ein Beispiel:	R(A,B)	S(C)	
	5 c	c	
	8 c	d	
	4 d		
	3 c		
	5 d		
	7 c	Dann ergibt R/S = {5}.	

Identifiziert man mit A eine Lieferantennummer, mit B und
C eine Bauteile-Nr., so ist die Frage nach den Lieferanten, die *alle* in S aufgeführten Bauteile liefern, über
eine Division zu beantworten. (Nur der Lieferant Nr. 5
erfüllt diese Bedingung.)

Die Abwicklung dieser Operation im Speichersystem setzt
sich ausschließlich aus bisher beschriebenen Einzelfunktionen zusammen, so z.B. aus einem Transfer von Attribut-
elementen aus C in die SA-Speicher von B und mehrfachen
Suchläufen in der Relation R. Deshalb kann auf eine noch-
malige Aufführung eines Algorithmus verzichtet werden.
Ein Sortiervorgang - hier allerdings bezüglich *aller*
Attribute - wirkt sich wieder günstig auf die Bearbeitungszeit aus. Bei nichtsortierten Relationen steigt, wie aus
dem o.a. Beispiel leicht zu ersehen ist, die Anzahl notwendiger Vergleichsoperationen mit Sicherheit *über* n_R*n_S
hinaus an.

7. <u>Systemdiskussion</u>

Dieses Kapitel beinhaltet eine Zusammenfassung der wichtigsten Systemeigenschaften, die Spezifikation der Ausführungszeiten für typische Suchaufträge und die Diskussion einiger Systemmerkmale.

7.1 Zusammenfassung der Systemeigenschaften

Im folgenden sind die für das System charakteristischen Eigenschaften in Form eines kurzen Leistungskatalogs zusammengefaßt:

1. Es handelt sich um ein autonomes, inhaltsadressierbares Speichersystem, das über eine 16 bit-Parallelschnittstelle an konventionelle Rechnersysteme gekoppelt wird. Die maximale Datenrate an der Schnittstelle beträgt 5 Mbyte/s.

2. Das System besitzt eine eigene mikroprogrammierbare Steuerung mit dem Vorteil, sowohl das Schnittstellenverhalten als auch die internen Funktionsabläufe unterschiedlichen Anforderungen anzupassen.

3. Die Speicherung der Information erfolgt in einer Speichermatrix mit einer jederzeit durch die Anwender expandierbaren Wortlänge, die in einem typischen Bereich von 20 bis 80 byte liegt. Die Wortanzahl ergibt sich in Abhängigkeit der verwendeten Halbleiter-Speicherelemente zu 16 bis 256 K.

4. Der inhaltsadressierbare Zugriff findet wortseriell und bitparallel statt; ein Vergleichszyklus läuft z.Z. in 200 ns ab und kann, bei Verwendung schnellerer Schaltkreise bis auf 100 ns verkürzt werden. Die zu durchsuchenden Datenbestände müssen tabellen-

artig formatiert sein (Relationen).

5. Achtzehn Suchmodi, darunter auch die Ermittlung
   von Extremwerten, sind vollkommen in Hardware
   implementiert.

6. Während eines Suchvorgangs besteht die Möglichkeit,
   beliebige Bits der gespeicherten Informationen zu
   maskieren.

7. Beliebige Bits der gespeicherten Daten können unmittelbar im System modifiziert werden, ohne diese
   Information hierfür in den Gastrechner transferieren zu müssen.

8. Zur Darstellung der Information sind sechs Integer-
   und zwei Real-Datentypen vorgesehen; auch negative
   Zahlen werden vorzeichenartig verglichen.

9. Die Systemstruktur erlaubt die Implementation verschiedener Algorithmen zum Sortieren und zur Durchführung der Operationen der Relationenalgebra. Das
   als Heapsort bekannte Sortierverfahren mit einer
   zu $n * \log_2(n)$ proportionalen Ausführungszeit eig-
   net sich besonders für eine Implementation in diesem Speichersystem.

10. Gleichzeitig können mehrere Tabellen parallel durch-
    sucht werden.

7.2 Ausführungszeiten

Im folgenden werden die Ausführungszeiten für die wichtigsten Operationen, die zur Bearbeitung eines Suchauftrages
auszuführen sind, genauer aufgeschlüsselt. Die Bearbeitungszeiten der Sortiervorgänge und Mengenoperationen sind
in Kapitel 6 aufgeführt.

Bild 7.1 stellt den Ablauf der Bearbeitung eines Suchauftrages in seinen einzelnen Phasen dar. Zunächst werden,

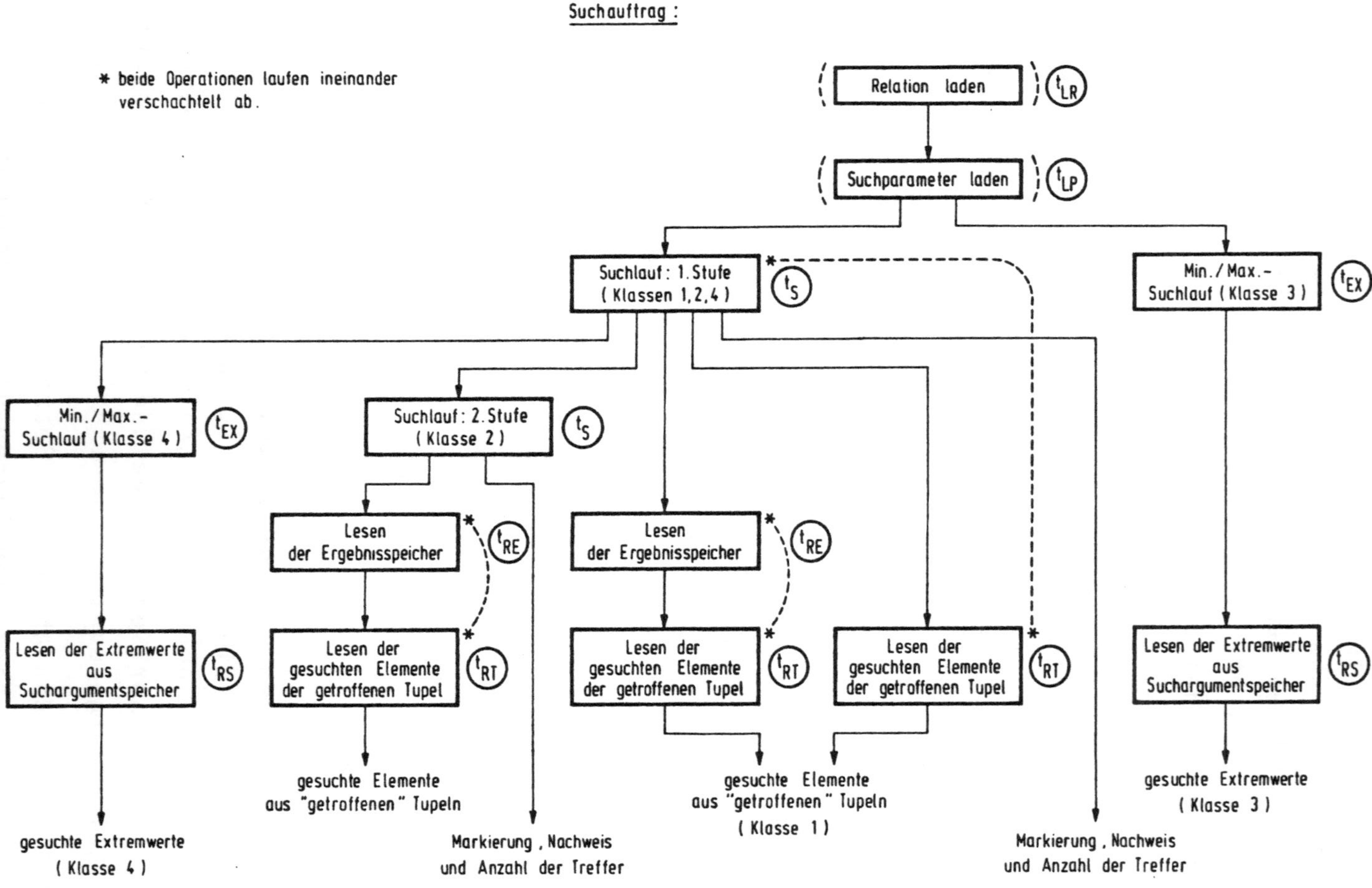

Bild 7.1   Speicherinterne Bearbeitungsphasen eines Such-
auftrags

falls sie noch nicht im Speicher enthalten sind, die zu
durchsuchenden Relationen in der Zeit t_{LR} geladen. Gemäß
der Tabelle in <u>Bild 7.2</u> ist diese Zeitspanne linear von
der Anzahl und Länge der Tupel abhängig; in der letzten
Spalte dieser Auflistung sind die Zusammenhänge auf die
Periode T des MP-Schaltwerkes bezogen dargestellt.

Als nächste Operation werden die Suchparameter geladen;
t_{LP} bezieht sich auf den Ladevorgang aller Parameter, wobei e die Anzahl der Suchargumente, Masken und Operationscodes pro Spalte, maximal 16 (s. Bild 5.7), bezeichnet.

Im günstigsten Fall sind diese beiden Ladevorgänge bereits durchgeführt, bevor ein Suchauftrag erteilt wird.
Dann brauchen gemäß Bild 7.1 nur die Zeitspannen für die
Suchläufe und evtl. die Lesevorgänge der Ergebnisspeicher
berücksichtigt zu werden. Für die Ermittlung eines Extremwertes ist die Zeit t_{EX} maßgebend, die linear von n abhängt und pro Zyklus 2 Perioden T benötigt. Für alle anderen Suchläufe ist dank des Pipeline-Verfahrens nur einmal T anzusetzen. Um eine bessere Unterteilung zu erreichen,
sind die Suchvorgänge in Klassen eingeteilt, die sich auf
die Suchmodi in Bild 5.20 und Bild 5.22 beziehen: die
Klasse 1 umfaßt die Suchmodi mit einfachem und die Klasse
2 diejenigen mit zweifachem Operator; die dritte Klasse bezieht sich auf die Ermittlung der Extremwerte und schließlich die Klasse 4 auf die Suche nach dem nächst größeren
bzw. nächst kleineren Element.

Gemäß Bild 5.41 wird der Lesevorgang der Ergebnisspeicher
mit der Übertragung der qualifizierten Tupel in Wirklich-
keit nicht sequentiell, sondern ineinander verschachtelt
abgewickelt.

In <u>Bild 7.3</u> ist die Bearbeitungszeit für einen Suchauftrag,
bezogen auf eine Zeile für drei unterschiedliche Ausgangs-

Symbol	Operation	Zusammenhang	Ausführungszyklen
t_{LR}	Laden Relation	$n(l*t_{LER}+t_{RDS})$	$n*T*(l+1)$
t_{LP}	Laden Suchparameter	$3*e*l*t_{RP}$	$3e*l*T$
t_{S}	Suchlauf, Klasse 1 und 2	$n \cdot t_V$	$n*T$
t_{EX}	Suchlauf, Klasse 3 und 4	$2n \cdot t_V$	$2n*T$
t_{RT}	Lesen der qual. Tupel	$r*(l*t_{RAR}+t_{RDS})$	$r*T*(l+1)$
t_{RS}	Lesen Sucharg.-Speicher	$l*t_{RP}$	$l*T$
t_{RE}	Lesen Erg.-Speicher	$n*t_{RES}$	$n*T$

Nomenklatur:

t_{LER} : Ladezeit Eingaberegister

t_{RDS} : Zugriffszeit Datenspeicher

t_{RP} : Zugriffszeit Parameterspeicher

t_{RAR} : Zugriffszeit Ausgaberegister

t_{RES} : Zugriffszeit Ergebnisspeicher

l : Anzahl Bytes/Tupel

n : Tupelzahl

e : Anzahl Parameterwerte/Parametertyp

t_V: Vergleichszeit

T : Systemzyklus

r : Anzahl qual. Tupel

Bild 7.2   Die Bearbeitungszeiten: ein Übersicht

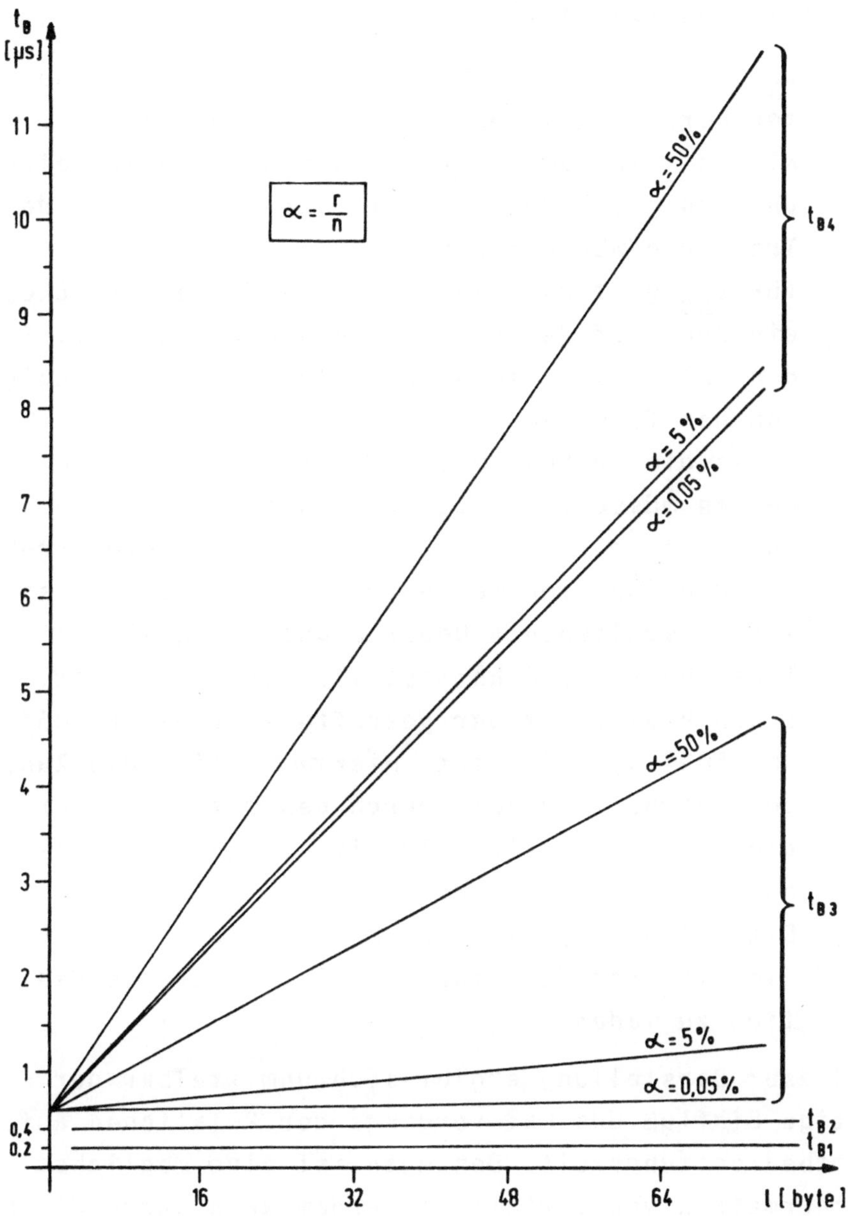

Bild 7.3: Die Bearbeitungszeit in Abhängigkeit der Tupellänge

situationen dargestellt:

- t_{B1} ist maßgebend, wenn Relationen und Suchparameter bereits geladen sind, ein Suchlauf der Klasse 1 zur Beantwortung der Anfrage ausreicht und lediglich der Nachweis bzw. die Anzahl der Treffer gewünscht sind.
- für t_{B2} gilt das gleiche bis auf die Tatsache, daß ein Suchlauf der Klasse 2 abgewickelt wird. In beiden Fällen ist die Bearbeitungszeit unabhängig von der Tupellänge.
- Falls die Suchparameter vor dem Suchlauf geladen werden müssen, ist t_{B3} relevant; hier findet ein Suchlauf der Klasse 2 statt, so daß die Ergebnisspeicher gelesen werden müssen. Weiterhin ist hier eine anschließende Übertragung der qualifizierten Tupel über die Schnittstelle berücksichtigt, wobei α den Prozetsatz der getroffenen Tupel (0.05%, 5% und 50%) symbolisiert. Hier macht sich die Zunahme der Bearbeitungszeit durch den Datentransfer über die Systemschnittstelle mit steigender Tupellänge nachteilig bemerkbar.
- Diese Abhängigkeit wird bei t_{B4} noch deutlicher; hier ist vor dem Start des Suchauftrages die Relation zu laden.

Aus dieser Darstellung ergibt sich unmittelbar der ungünstige Einfluß des Ladevorgangs der Relationen auf die Gesamtbearbeitungszeit. Deswegen ist eine möglichst große Speichermatrix von Vorteil; außerdem kann durch die Bereitstellung mehrerer, parallel arbeitender Speichersysteme in einem Suchrechner (s. Kapitel 9) diesbezüglich Abhilfe geschaffen werden.

Wie bereits erwähnt, kann die MP-Periode T bei Verwendung schnellerer Schaltkreise und Speicher mit Zugriffszeiten unter 80 ns auf ca. 100 ns verkürzt werden. Die zeitkritischsten und damit die maximale Ausführungsgeschwindigkeit bestimmenden Datenpfade sind zum einen der Weg *Datenspeicher - Vergleicher - Ergebnisspeicher,* der durch das Pipeline-Prinzip wirkungsvoll entschärft werden konnte und die Strecke *Ergebnisspeicher - Logik zur Treffersynthese - Kreuzschienenverteiler - Statusregister der MP Steuerung.* Die Summe der maximalen Gatterlaufzeiten aller auf dem letzten Pfad implementierten Bauelemente beträgt z.Z. ca. 170 ns, so daß auch hier eine mindestens zweistufige Pipeline vorzusehen ist, wenn das Steuerwerk mit 10 MHz, also 100 ns pro Periode, operieren soll.

Bei den Ausführungszyklen aus Bild 7.3 sind die MP-Schritte zur Abfrage externer Systemzustände *(Treffermeldung, $SO=0$ bzw. $ZO=0)* noch nicht berücksichtigt; sie beeinflussen die Ausführungszeit der entsprechenden Operation nur unwesentlich.

7.3 Diskussion einiger Systemmerkmale

Auf folgende vier Merkmale soll noch einmal kurz eingegangen werden:

- die Reduktion der notwendigen Anzahl an Ergebnisspeichern
- eine Ladestrategie für Relationen, so daß auch bei gemischt auftretenden 8-, 16-, 32- und 64 bit-Datentypen kein "Verschnitt" innerhalb einer Relation in der Speichermatrix entsteht
- eine Methode zur Bearbeitung von Relationen, deren Tupellänge größer als die physikalische Wortlänge des Speichers ist ($l \geqslant L$).

Anzahl der notwendigen Ergebnisspeicher

Wie bereits in 5.1.2 angedeutet, besteht durchaus die
Möglichkeit, die Anzahl der Ergebnisspeicher pro Spalte
auf 2 zu reduzieren. <u>Bild 7.4</u> zeigt eine zu Bild 5.5 alternative Verschaltung der Vergleicherausgänge, die über einen
Multiplexer auf die Eingänge sowohl eines nur zwei Spalten
umfassenden Ergebnisspeichers als auch der Treffersynthese
gelegt sind. Dieser Multiplexer wird während des ersten
Suchvorgangs so eingestellt, daß die Resultate am gewünschten Vergleicherausgang in die Spalte 1 des Ergebnisspeichers eingetragen werden; während des zweiten Durchlaufs wird der dann relevante Vergleicherausgang mit der
Spalte 2 des Speichers verschaltet. In der anschließenden
Überlagerung der aus beiden Spalten gelesenen Pegel können die Treffer gemäß aller bisher beschriebenen Suchmodi
generiert werden.

Allerdings befindet sich der zusätzliche Multiplexer genau
in einem der beiden zeitkritischen Pfade, so daß bei einer
Verkürzung der Taktzeit auf 100 ns eine zusätzliche Pipe-
line-Stufe zwischen Vergleicher und Multiplexer vorzusehen
ist. Daraus folgt jedoch ein erhöhter Steuerungs- und
Schaltungsaufwand, der die eingesparte Spalte des Ergebnisspeichers kompensiert. Somit ergibt sich zwangsläufig die
in 5.1.2 dargestellte Lösung als die praktikabelste.

Ladestrategie für Tabellen mit gemischten Datentypen

Wie in 5.3.6 bereits erwähnt, erlaubt die im Prototyp implementierte Kaskadierlogik eine Abspeicherung von 32- und
64 bit-Datentypen nur unter Berücksichtigung der Modulgrenzen. Um bei gemischt auftretenden 8-, 16-, 32- und 64 bit
Datentypen ungenutzten Speicherraum innerhalb einer Tabelle zu vermeiden, muß der Ladevorgang so gestaltet werden,

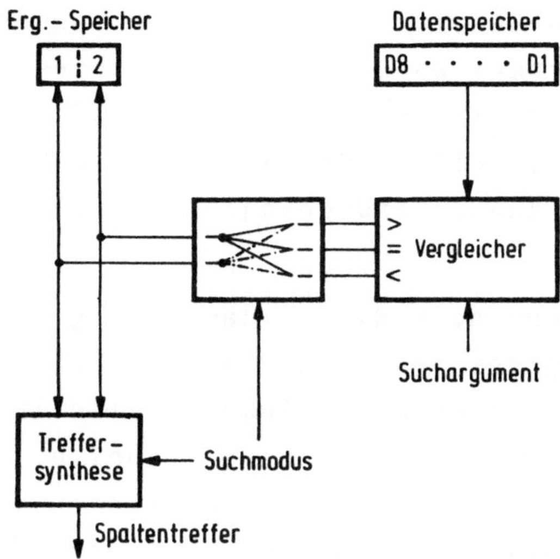

Bild 7.4   Alternativlösung für Ergebnis-Speicherung

daß alle 32- und 64 bit-Typen in einer Sequenz zusammengefaßt abgespeichert werden. Da die in einer Relation vorhandenen Datenformate bereits vor dem Ladeprozeß bekannt sind, ist eine Umstellung der Attribut-Reihenfolge so, daß die hier erwähnte Randbedingung erfüllt ist, ohne weiteres möglich.

Lediglich muß dann noch die an den Modulgrenzen orientierte Abspeicherung des *ersten* 32- bzw. 64 bit-Typs beachtet werden.Schließt man an diese Sequenz alle 16- bzw. 8 bit Typen an, entsteht innerhalb einer Tabelle kein ungenutzter Speicherraum. Nur zwischen zwei Relationen kann ein Verschnitt von maximal drei Spalten auftreten.

Diese Ladestrategie muß selbstverständlich auch bei der Abspeicherung der Suchparameter zugrunde gelegt werden, damit die richtige Zuordnung zu den Daten gewahrt bleibt.

Nach außen hin ändert sich das Verhalten des Systems während der Suchvorgänge durch die Umstellung nicht, da die absolute Position der Daten innerhalb des Speichers irrelevant ist, lediglich ist die Zuordnung zwischen Suchparameter und Daten einzuhalten.

Speicherung von Relationen mit Tupellängen $l \geqslant L$

Von vorneherein ist nicht ausgeschlossen, Relationen mit Tupellängen, die größer als die implementierte Speicherwortlänge sind, im System zu speichern und inhaltlich zu durchsuchen. Die Struktur der Suchlogik erlaubt folgendes Verfahren (es gelte $L < l < 2L$):

Die Relation wird entlang einer Attributgrenze in zwei Blöcke aufgespalten, die "untereinander" im Speicher abgelegt werden. Jedes Tupel des ersten Blocks wird demnach in einer weiteren Speicherzeile fortgesetzt. Beide Teile der Relation können in einem Suchverfahren erfaßt werden, unter der Randbedingung, daß beim Übergang vom ersten zum zweiten Block neue Suchparameter vorgegeben werden.

Da diese in Hilfsspeichern abgelegt sind, braucht hierfür lediglich deren Adresse einmal fortgeschaltet zu werden. Bezüglich der Suchläufe ergeben sich somit keine Verzögerungen.

Dagegen gestaltet sich der Lesevorgang der Ergebnisspeicher etwas komplizierter, da, um ein Tupel als qualifiziert zu erkennen, Eintragungen in zwei Zeilen der Ergebnisspeicher überprüft werden müssen: Das MP-Steuerwerk liest eine Zeile im ersten Block, speichert den erfaßten log. Wert in einem Flip-Flop am Ausgang der Logik zur Treffersynthese zwischen, liest die Zeile im zweiten Block und verknüpft diesen Wert mit dem gespeicherten zum endgültigen Spaltentreffersignal. Aufgrund der hohen Flexibilität des MP-Steuerwerks ist dieser Sprung des Zeilenindex ZI problemlos; allerdings steigt der Zeitbedarf für den Lesevorgang in diesem Fall um den Faktor 4, da der Zeilenindexzähler nicht gleichzeitig inkrementiert und mit einem neuen Wert geladen werden kann.

Mit diesem Verfahren kann die bereits in 5.1.1 angesprochene Bindung der Tupellänge an die physikalische Speicherwortlänge unter Berücksichtigung steigender Bearbeitungszeiten umgangen werden.

Allgemein kann festgehalten werden, daß bei $k*L < l \leq (k+1)*L$ die Relation in k+1 Blöcken untereinander abzuspeichern ist und bis auf eine 2(k+1) mal längere Ermittlungszeit für die Spaltentreffer alle Ausführungszeiten nahezu unverändert bleiben.

8. Chip-Integration der Suchlogik

Das in Kapitel 5 vorgestellte Speichersystem ist als
Prototyp mit einer Kapazität von 16K Zeilen und 8 Spalten
realisiert worden. Für den Aufbau werden Platinen mit einer etwa 3 Doppel-Europakarten entsprechenden Fläche benutzt. Während eine dieser Platinen die gesamte Logik des
Steuermoduls faßt, können auf derselben Fläche nur vier
Spalten der Suchlogik untergebracht werden. Der Platzbe-
darf für ein Speichermodul hängt sehr von der Anzahl implementierter Zeilen und der Speicherkapazität der verwendeten Bauelemente ab; bei 16K Zeilen benötigt man für ein
Speichermodul eine Doppel-Europakarte.

Da die Such- und Speichermoduln mehrfach vorhanden sein
müssen, stellt sich die Frage nach einer Reduzierung des
notwendigen Platzbedarfs durch eine sinnvolle Chip-Integration. Diese kann sich, da die Speicherkomponenten bereits
mit hohen Kapazitäten ausgestattet sind, nur auf die Suchlogik beziehen, die bei Verwendung von Standart-TTL-Schalt-
kreisen pro Spalte ca. 50 Komponenten umfaßt.

In diesem Kapitel sollen zwei Möglichkeiten zur stufenwei-
sen Reduzierung dieser für einen größeren Systemausbau zu
hohen Bauelemente-Anzahl diskutiert werden.

8.1 Verwendung frei programmierbarer Logik-Elemente

Da die Suchlogik zu einem hohen Anteil aus rein kombinatorischen Schaltungen besteht, bietet sich die Verwendung
frei programmierbarer Logik-Elemente (FPLE) an. Der interne Aufbau dieser Elemente ist in Bild 8.1 dargestellt.
(s. [MMI 78 und BOT 80]). Die Eingänge E_1-E_K werden über
eine Treiberstufe direkt und invertiert auf die Spalten

einer Matrix gelegt, deren n Zeilen über zwischengeschaltete Verstärker auf eine zweite Matrix führen, deren Spalten mit den Ausgängen A_1-A_J verbunden sind. Die Knotenpunkte der beiden Matrizen bestehen aus Strombrücken (*fusible links*), die in einem Programmiervorgang durchtrennt werden können; alle intakten Brücken einer Zeile der ersten Matrix stellen eine UND-Verknüpfung der jeweiligen Eingangsspalten dar, während in der zweiten Matrix alle intakten Knoten einer Spalte eine ODER-Verknüpfung der Eingangszeilen bewirken. Diese Komponenten können durch den Anwender programmiert werden, wobei über noch nicht im Bild 8.1 dargestellte interne Rückführungen und eine wahlweise Invertierung der Ausgangssignale nahezu beliebig komplexe logische Verknüpfungen möglich sind.

In dem erstellten Prototypen sind in jeder Spalte die Logik zur Treffersynthese, die Verknüpfung der Masken und Suchargumente und die Kaskadierung der Vergleicher mit FPLE-Bausteinen realisiert worden (s. Bild 5.19 und Bild 5.27). Die verwendeten Elemente (Komponenten aus der PAL-Reihe der Firma MMI, s. [MMI 78]) enthalten allerdings keine *programmierbare* ODER-Matrix; hier existieren nur die in Bild 8.1 eingekreisten Knotenverbindungen.

Durch die Verwendung dieser Bausteine konnte die Anzahl der rein kombinatorischen Schaltkreise um ca. 60% reduziert werden; das entspricht einer Einsparung von ca. 25%, bezogen auf die Gesamtzahl der in der Suchlogik verwendeten Schaltkreise.

Eine größere Einsparung ist mit dieser Methode nicht mehr möglich, da der überwiegende Schaltungsteil der Suchlogik aus Registern und Speicherzellen besteht. Eine weitere Integration kann deshalb nur mit sog. "Gate Arrays" erreicht werden.

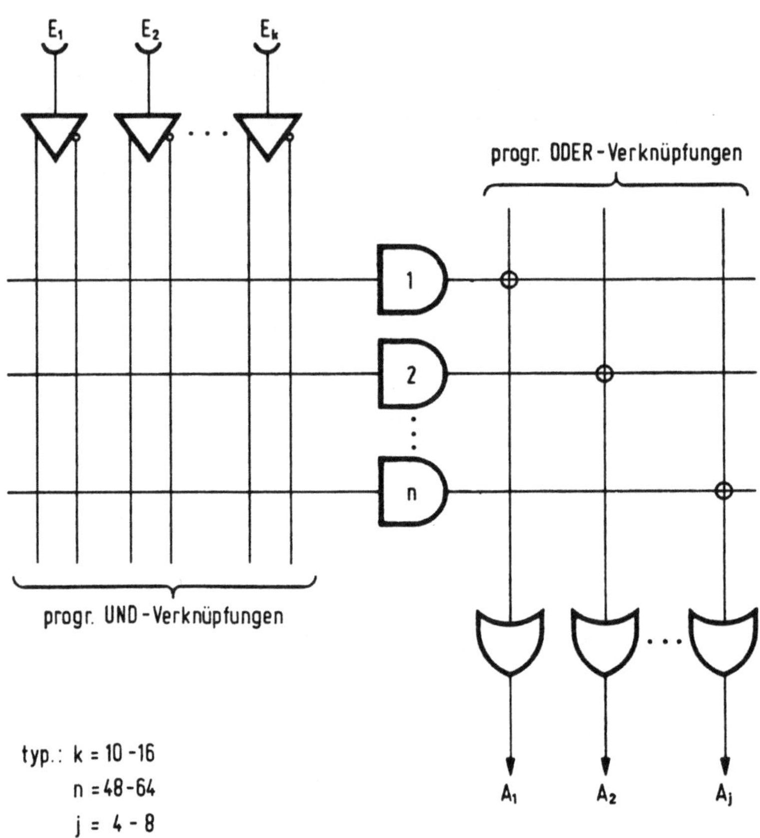

Bild 8.1   Grundstruktur eines FPLE

8.2 Gate Arrays

Seit einigen Jahren werden für die Herstellung kunden-
spezifischer Schaltkreise sog. *gate arrays* angeboten.
Diese Elemente bestehen aus matrixförmig angeordneten
Zellen, die nicht verdrahtete Transistoren, Widerstände
und Dioden enthalten. Im letzten von insgesamt 5 - 6
Herstellungsschritten werden die Zellelemente auf der
Basis der vom Kunden vorzulegenden Logikpläne und Schal-
tungsbeschreibungen verbunden. Die hierfür notwendige
Verdrahtungsmaske wird mit Hilfe rechnergestützter CAD-
Systeme erstellt [FER 79]. Alle Logikschaltungen entstehen aus einzelnen Gatterfunktionen; da mit den in einer
Zelle enthaltenen Bauteilen nur zwei Funktionen realisiert
werden können, sind bei steigender Komplexität mehrere
Zellen zusammenzuschalten. Für die Ermittlung der notwendigen Verbindungswege kann während der Entwurfsphase auf
sog. *Zell-Bibliotheken* des CAD-Systems zurückgegriffen
werden, die alle Verbindungsvorschriften für eine Reihe
von Standardschaltungen wie Speicherzellen, Register,
Dekoder etc. enthalten.

Alle Gehäusetypen stehen sowohl "dual-in-line"-Bauformen
mit bis zu 64 Anschlüssen als auch "square-pack"-Versionen
mit maximal 172 Polen zur Verfügung.

Mit der folgenden Abschätzung soll geklärt werden, ob die
Randbedingungen für eine Chip-Integration der Suchlogik
aus rein technischer Sicht erfüllt sind.

Die Aussage stützt sich auf die Spezifikation folgender
Parameter:

-    Anzahl der Gehäuseanschlüsse
-    Zahl der notwendigen Gatterfunktionen
-    Gatterlaufzeiten.

Summiert man die Verbindungswege, die zwischen jeder Spalte, ihrem rechten und linken Nachbarn sowie dem Systembus erforderlich sind, erhält man entsprechend <u>Bild 8.2</u> insgesamt 64 Anschlüsse. Diese Zahl ergibt sich, wenn die Adressen für die Suchparameter-Speicher in einem Multiplex-Betrieb angelegt werden und jede Spalte maximal mit ihren drei linken Nachbarn kaskadiert wird. Die Zusammenschaltung von 8 Spalten kann nur durch die Reihenschaltung mit der vierten, linken Nachbarspalte erfolgen, in der dann die höchstwertigsten vier Spalten kaskadiert sind. Bei typischen Gatterlaufzeiten von 2 ns sind die durch diese Reihenschaltung bedingten Verzögerungszeiten von ca. 15 ns durchaus tragbar. Somit verfügt jede Spaltenlogik über insgesamt 8 Eingänge und 2 Ausgänge für die Kaskadierung. Die Anzahl der jeweils zu kaskadierenden Spalten wird über zwei getrennte Steuerleitungen festgelegt.

Eine Abbildung der in einer Spalte des Prototypen enthaltenen Suchlogik auf einfache Gatterfunktionen ergibt insgesamt ca. 1200 Funktionen. Hierbei sind sämtliche Register und Suchparameter-Speicher sowie die gesamte Kaskadierlogik berücksichtigt.

Einige der z.Z. verfügbaren gate arrays sind in ECL-Technik aufgebaut, für die Gatterlaufzeiten von 1 ns typisch sind. Da außerdem die bei Verwendung standardisierter TTL-Bausteine auftretenden Verzögerungen durch Ein- und Ausgangsstufen in einem gate array entfallen, ergeben sich durch die Integration sogar erhebliche Geschwindigkeitsvorteile.

Zusammenfassend kann festgehalten werden, daß die Integration einer Spalte der Suchlogik in einen gate array mit 64 Anschlüssen, ca. 1200 Gatterfunktionen und einer zu Low-power-Schottky äquivalenten oder schnelleren Technolo-

gie aus technischer Sicht bereits heute problemlos möglich
ist. Dadurch könnte die Anzahl der für ein Suchmodul notwendigen Komponenten von 130 auf ca. 14 reduziert werden.
Bei diesem Konzept entfällt außerdem die Randbedingung,
daß 32 und 64 bit-Daten nur unter Berücksichtigung der
Modulgrenzen abgespeichert werden können. Diese Lösung
wäre für eine Serienfertigung sicherlich eine praktikable
Basis.

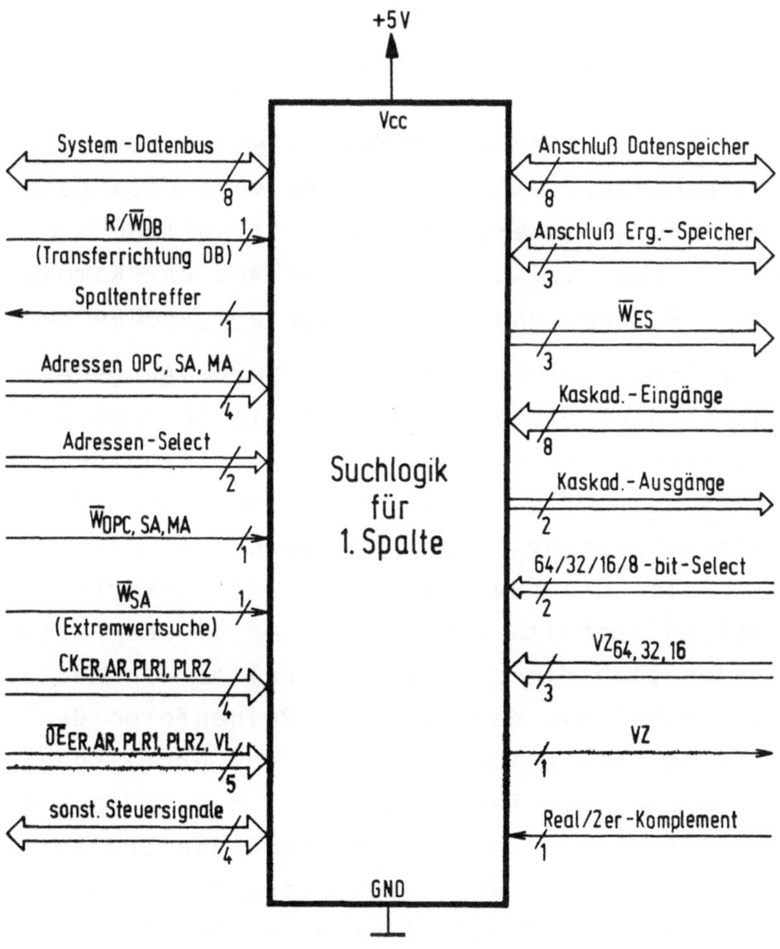

Bild 8.2 Anschlüsse für eine Spalte der Suchlogik

9. Einige Anwendungsbeispiele

In diesem Kapitel werden unterschiedliche Anwendungsmöglichkeiten für das beschriebene Speichersystem kurz erläutert. Neben dem primären Einsatz als Spezial-Hardware zur Unterstützung von Datenbanksystemen eröffnet sich diesem System ein weites Applikationsfeld, das hier anhand einiger ausgewählter Beispiele dargestellt wird.

9.1 Unterstützung von Datenbanksystemen

Der Einsatz als dediziertes Hardware-System zur Unterstützung von Datenbanksystemen ist in den vorangegangenen Kapiteln eingehend erläutert worden; hier soll noch einmal eine *logische Sicht* auf das System anhand der Kommunikation zwischen Rechner und Speichersystem gegeben werden.

Sämtliche Aktionen werden durch die Übertragung definierter Parameterblöcke eingeleitet, auf die je nach Art der Operation unterschiedlich strukturierte Datenblöcke folgen. Bild 9.1 zeigt das Datenpaket "Laden einer Relation", das als Initialisierungsparameter sowohl die Mikroprogramm-Startadresse als auch die Index- und Offset-Werte für Zeilen und Spalten enthält. Unmittelbar an diesen Parametersatz schließen sich die einzelnen Tupel der zu ladenden Relation an, wobei die dargestellte Reihenfolge der einzelnen Bytes zu berücksichtigen ist (der erste Index weist auf das Tupel bzw. die Zeile, der zweite auf die Position dieses Bytes innerhalb des Tupels, also die Spalte hin). Das MP-Schaltwerk führt den Ladevorgang in die gewünschten Speicherstellen aus und meldet nach der Übertragung des letzten Bytes dem Gast-Rechner das Ende dieses Mikroprogramms.

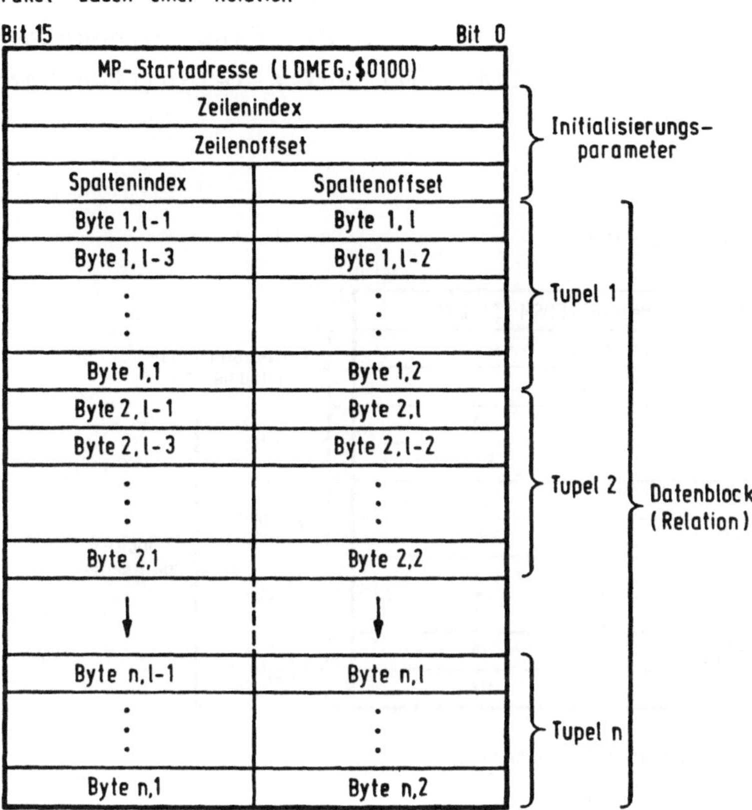

Bild 9.1   Paket "Laden einer Relation"

Soll diese Relation jetzt auf bestimmte Inhälte hin durchsucht werden, ist als nächstes das Paket "Laden Suchparameter" zu übertragen. Im Bild 9.2 wird einer einheitlichen
Darstellung wegen davon ausgegangen, daß für *jede* Spalte
des Speichers *alle vier* Suchparameter übergeben werden.
Grundsätzlich brauchen diese vier Parameter nur für die
Spalten übergeben zu werden, die vom anschließenden Suchvorgang auch erfaßt werden; allen anderen ist allerdings
in jedem Fall der Operationscode "mask 2" (s. Bild 5.20)

zu übergeben. Hierdurch werden die Ergebnissspeicher der
nicht betroffenen Spalten während des dann folgenden Suchvorgangs, der sich grundsätzlich auf alle Spalten bezieht,
schreibgeschützt.

Paket "Laden Suchparameter"

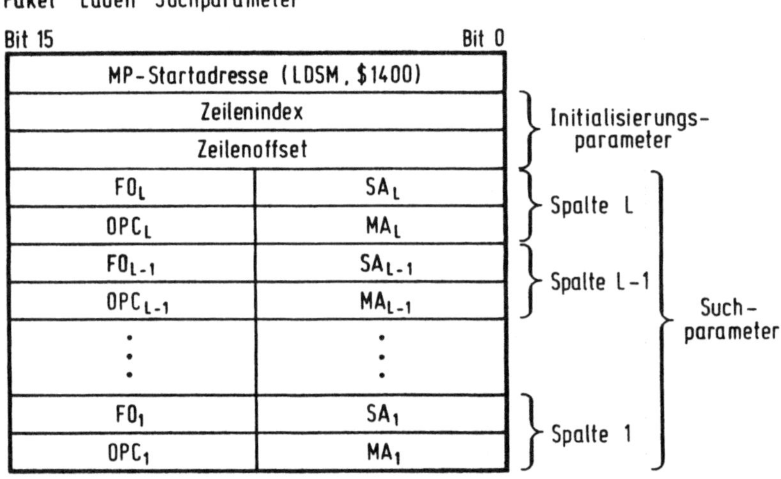

FO : Formatsteuerwort (Kaskadierung)
SA : Suchargument
OPC : Operationcode
MA : Bit – Maske
L   : höchstwertigste Speicher – Spalte

Bild 9.2   Paket "Laden Suchparameter"

Es folgt das Paket "Suchen", das neben der Startadresse
nur den Zeilenausschnitt, auf den sich der Vergleichsvorgang erstrecken soll, enthält.

Paket "Suchen"

Bit 15	Bit 0
MP-Startadresse (COMPNO, $1C00)	
Zeilenindex	
Zeilenoffset	

Bild 9.3   Paket "Suchen"

Geht man in diesem Beispiel weiterhin davon aus, daß als
Ergebnis des Suchvorgangs die qualifizierten Tupel gelesen werden sollen, ist als letztes das Paket "Lesen qualifizierte Tupel" vom Gast-Rechner dem Speicher zu übergeben.
Nachdem die in Bild 9.4 angeführten Initialisierungsparameter (einschließlich Tabellenmaske und Steuerworte für den
Kreuzschienenverteiler, s. 5.44) übertragen sind, liest
der Gast-Rechner eventuell vorhandene qualifizierte Daten
in dem dargestellten Format über die Schnittstelle wieder
ein. Die Existenz eines qualifizierten Tupels wird, wie
bereits erwähnt, vom MP-Steuerwerk dem Gast-Rechner über
einen Interrupt gemeldet. Im Minimalfall (keine Treffer)
findet nach der Übergabe des Parameterblocks keine weitere
Kommunikation statt; sobald das Steuerwerk die Beendigung
des Mikroprogramms meldet, ist der Speicher für weitere
Operationen freigegeben.

Es sei noch einmal darauf hingewiesen, daß als Ergebnis
eines Suchvorgangs nicht nur das Lesen der qualifizierten
Tupel, sondern alle in 4.5.2.2 aufgeführten Operationen
möglich sind. Die Aufteilung und Inhalte der Datenpakete
richten sich dann nach dem jeweiligen Typ der Operation.

Paket "Lesen qualifizierte Tupel"

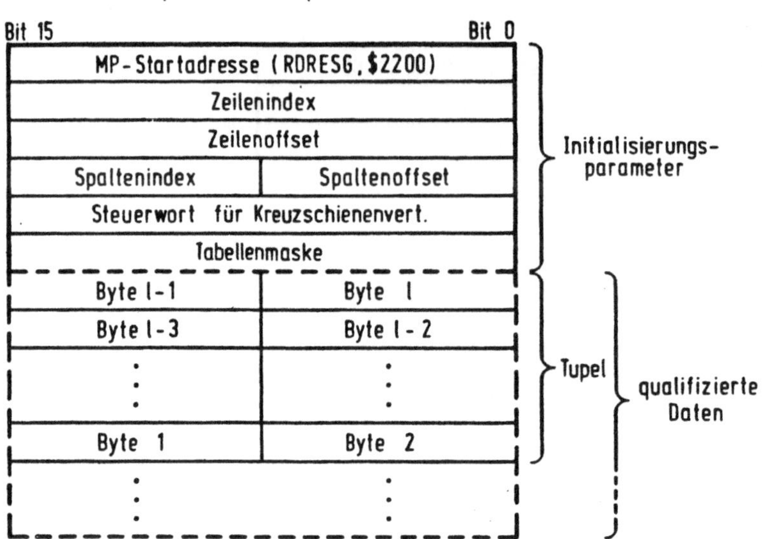

Bild 9.4   Paket "Lesen qualifizierte Tupel"

Es zeigt sich somit, daß die logische Sicht des Gast-Rechners auf den Speicher sehr einfach ist: Er benötigt keine Kenntnisse über den internen Aufbau und die Funktionsweise des Speichers, sondern kommuniziert mit ihm ausschließlich über eine Auswahl definierter Datenpakete.

Ein Beispiel für den Einsatz inhaltsadressierbarer Speicher in Datenbanksystemen ist in [RIE 79] gegeben. Hier wird gezeigt, in welcher Weise ein zeitintensiver Vorgang der Fertigungsplanung - die Teilebedarfsermittlung - wirkungsvoll durch ein "Suchrechnersystem", der auf einem inhaltsadressierbaren Massenspeicher basiert, beschleunigt werden kann.

9.2 Einsatz in Mustererkennungssystemen

In [KRA 81] wird gezeigt, wie ein inhaltsadressierbarer Speicher zur Beschleunigung des Objektklassifikationsprozesses in der Mustererkennung eingesetzt werden kann. Dieser Vorgang ist durch eine Vielzahl von Vergleichs- und Suchfunktionen charakterisiert, die, falls sie auf einem Universalrechner implementiert werden müssen, zu unnötig langen Erkennungszeiten führen.

Es wird ein Verfahren vorgestellt, daß auf der Anwendung inhaltsadressierbarer Speicher basiert und zu einer erheblichen Beschleunigung des Klassifikationsvorgangs führt. Hierzu werden bei einer zeilenweisen Bildabtastung alle Übergänge von Hintergrund/Objekt und Objekt/Hintergrund in einer Zeile in Form eines Punktepaares pro Übergangskombination kodiert. Diese Punktpaare werden geordnet in der Reihenfolge ihres Auftretens innerhalb einer Zeile in verschiedenen Teilmengen zusammengefaßt und im Speichersystem abgelegt. Während der Einschreibphase erfolgt ein weiterer Zerlegungsvorgang in sog. *Segmente*, aus denen durch einen Suchvorgang das Objekt gebildet wird. Das Speichersystem operiert hier als *selbstsuchendes Element*, indem in aufeinanderfolgenden Schritten ein Objekt aus der Reihenfolge der assoziierten Segmente gebildet wird. Dabei ist in jedem assoziierten Segment ein Hinweis auf das nächste zu vergleichende Element enthalten.

Dieses Verfahren erlaubt eine vollkommen selbständige Objektbildung und ist einer konventionellen, ausschließlich software-gesteuerten Lösung überlegen (eine detaillierte Beschreibung ist in [KRA 81] zu finden).

9.3 Anwendung in der Statistik

Wie auch in [MOT 78] näher erläutert, bieten statistische
Auswertungen vorliegender Datenmengen nicht nur in der kommerziellen, sondern auch in der Meßdatenverarbeitung ein
interessantes Anwendungsfeld für inhaltsadressierbare
Speichersysteme.

So kann eine *absolute Häufigkeit* bestimmter Attributwerte
dadurch ermittelt werden, daß nacheinander die relevanten
Werte als Suchargument vorgegeben werden und bei dem anschließenden Vergleichsvorgang lediglich die Trefferzahl
festgestellt wird, die nach Beendigung des Suchvorgangs
im Trefferzähler des Steuermoduls zur Verfügung steht. Somit kann jedem interessierenden Attributwert seine absolute Häufigkeit zugeordnet werden.

Ebenso können *Verteilungsdichten* ermittelt werden, indem
der interessierende Attribut-Wertebereich in einzelne In-
tervalle frei wählbarer Größe unterteilt und die Häufigkeit
der in den einzelnen Intervallen enthaltenen Attributwerte
ermittelt wird. Hierzu wird ein Zwischen-Grenzen-Suchvor-
gang ausgeführt und mit Hilfe des Trefferzählers die Häufigkeit der dem jeweiligen Intervall zugehörenden Werte ermittelt.

Ergänzt man das Steuermodul durch eine arithmetisch-logi-
sche Einheit (ALU) - diese Nachrüstung ist bei der derzei-
tigen Auslegungen des MP-Steuerwerkes problemlos möglich -
so kann die auch in der Meßdatenverarbeitung häufig auf-
tretende Operation der *Mittelwert-Bildung* vom Speichersystem selbständig ausgeführt werden. Beispiel: In einer
Relation "Mitarbeiter (Personal-Nr., Name, Wohnort, Gehalt)"
sei das mittlere Gehalt aller Mitarbeiter mit Wohnsitz in
Aachen gesucht. Hierzu wird zunächst ein Suchvorgang mit

dem Wert "Aachen" als Suchargument für das Attribut "Wohnort" ausgeführt und die Trefferzahl festgehalten. Anschließend sind die Werte des Attributs "Gehalt" nacheinander in
die ALU zu übernehmen und durch die Trefferzahl zu divi-
dieren. Diese Operationen laufen wieder unter der Kontrolle eines speziell hierfür erstellten Mikroprogramms ab;
das Ergebnis wird schließlich dem Gast-Rechner übergeben.

Ähnlich verläuft auch die Ermittlung des Mittelwertes der
in einem gewählten Werte-Intervall enthaltenen Daten. Hier
ist lediglich der Suchvorgang derart auszuführen, daß alle
in diesem Intervall enthaltenen Datenworte durch eine Zwi-
schen-Grenzen-Abfrage identifiziert werden. Ein Beispiel
ist die Frage nach dem durchschnittlichen Alter aller Mitarbeiter zwischen 25 und 60 Jahren.

Alternativ sind hier selbstverständlich auch *Meßreihen*
denkbar, bei denen jedes Tupel einer einzelnen Messung entspricht und die unterschiedlichen Meßgrößen als Attribute
aufgeführt sind.

Schließlich seien noch *Klassifikationsvorgänge* erwähnt,
bei denen große Datenmengen bezüglich ihrer statistischen
Zugehörigkeit zu verschiedenen Klassen analysiert werden
sollen. Dabei werden die Klassifikationskriterien im Speicher abgelegt und die zu untersuchenden Daten als Suchargument benutzt. Ein Attribut entspricht hierbei einem
Klassifikationsmerkmal (z.B. "Farbe, Typ", etc.), ein Attributwert (z.B. "blau, VW") beschreibt eine Klasse. Außerdem
werden in jeder Zeile einige Spalten zur Aufnahme eine Zählerstandes reserviert. Tritt bei einem Suchvorgang jetzt
in einer Zeile ein Treffer auf, liest das Mikroprogramm
den zugehörigen Zählerstand aus, inkrementiert ihn in der
oben erwähnten ALU und schreibt ihn an dieselbe Stelle
wieder zurück. Somit können Daten klassifiziert werden,

ohne sie hierfür abspeichern zu müssen. In diesem Fall ist
der Zählerstand nach Beendigung des Vorgangs ein direktes
Maß für die Stärke einer Klasse (s. auch [MOT 78]).

9.4 Fehlererkennung und Fehlerkorrektur

Die zwangsläufig steigenden Anforderungen an die Zuver-
lässigkeit von Datenverarbeitungssystemen erfordern u.a.
immer umfangreichere Maßnahmen zur Erkennung und Korrektur
fehlerhafter Informationen.

Die Voraussetzung für eine Behandlung von Übertragungsfeh-
lern ist die Verwendung redundanter Codes, die für eine
Fehlerkorrektur einen sog. *Mindest-Hamming-Abstand* von
h_{min} = 3 besitzen müssen. Das Speichersystem kann in folgender Weise als Hilfsmittel zur Fehlererkennung und
-korrektur verwendet werden.

Jedes der zugelassene Codeworte wird als boole'scher Vek-
tor in jeweils einer Zeile des Speichers abgelegt, so daß
die Gesamtheit aller Codeworte wieder eine Tabelle ergibt.
Jede Zeile dieser Tabelle wird durch das dem jeweiligen
Codewort entsprechende, gültige Symbol ergänzt.

Eine Fehlererkennung ist mit Hilfe eines Suchvorgangs möglich, bei dem der zu prüfende Wert als Suchargument benutzt und ein unmaskierter Vergleich mit den gespeicherten
Codeworten (Suchmodus: '=') ausgeführt wird. Falls nach
Beendigung dieses Vorgangs kein Treffer gemeldet wird,
handelt es sich um ein fehlerhaftes Zeichen. Geht man davon aus, daß dieses mit großer Wahrscheinlichkeit durch
eine Verfälschung aus dem Codewort hervorgegangen ist, zu
dem es den geringsten Hamming-Abstand hat, so ist eine
Korrektur durch weitere Suchvorgänge mit unterschiedlichen

Bit-Masken möglich. Pro Suchvorgang wird jeweils ein anderes Bit maskiert; tritt jetzt ein Treffer auf, kann direkt auf das in der getroffenen Zeile ebenfalls enthaltene Symbol zugegriffen werden, das ja unter der erwähnten Annahme das korrekte Zeichen darstellt. Dieses Verfahren kann, falls keine Treffer auftreten, auch mit mehreren maskierten Bits fortgesetzt werden. Der Hamming-Abstand beschränkt hierbei die maximale Anzahl maskierbarer Bits: sie darf $h_{min}/2$ nicht überschreiten, da sonst Mehrfachtreffer auftreten können. Die Länge der Codeworte braucht hier nicht einem der in 4.5.1 aufgeführten Datenformate angepaßt zu werden, da es sich nur um eine Identitäts-Abfrage handelt und somit beliebige Wortlängen zulässig sind.

In dem hier erläuterten Verfahren (s. auch [MOT 78]) ist das Speichersystem ein effektives Hilfsmittel, besonders bei einer großen Menge langer Codeworte.

10. <u>Ausblick: Ein Suchrechnersystem</u>

Für den Betrieb des in Kapitel 5 beschriebenen inhaltsadressierbaren Speichers lassen sich folgende, verbesse-
rungswürdige Details anführen:

1. Zu einem bestimmten Zeitpunkt kann im System
   immer nur eine Operation ausgeführt werden.
   Parallele Zugriffe mehrerer Benutzer auf den
   Speicher müssen durch den Gast-Rechner sequentiellisiert werden, wobei alle nicht sofort ausführ-
   baren Anfragen in eine Warteschlange einzufügen
   sind.

2. Bezieht sich eine Suchanfrage auf nicht im Speicher
   enthaltene Information, muß diese von einem Massenspeicher erst geladen werden; wie in 7.2 gezeigt,
   steigt in diesem Fall die Gesamt-Bearbeitungszeit
   (Laden und Suchen) erheblich an.

3. Die Tatsache, daß der Gast-Rechner dank des MP-
   Schaltwerkes von allen direkten Steuerungsaufgaben
   befreit ist, darf nicht darüber hinwegtäuschen,
   daß für die meisten Speicherfunktionen teilweise
   umfangreiche Parametersätze generiert und übertragen werden müssen; hier ist eine weitere Entlastung
   des Rechners erstrebenswert.

Die Nachteile entfallen weitgehend, wenn mehrere inhaltsadressierbare Speicher in einem *Mehrrechnersystem* entsprechend <u>Bild 10.1</u> eingebettet werden. Die Kommunikation
mit dem Gast-Rechner übernimmt jetzt ein eigenständiges
Verwaltungs- und Kommunikationsmodul. Jeder Speicher ist
über einen "Slave"-Rechner (SR) an ein Doppelbussystem
gekoppelt, an den ebenfalls der Verwaltungsrechner und ein
Massenspeicher angeschlossen sind.

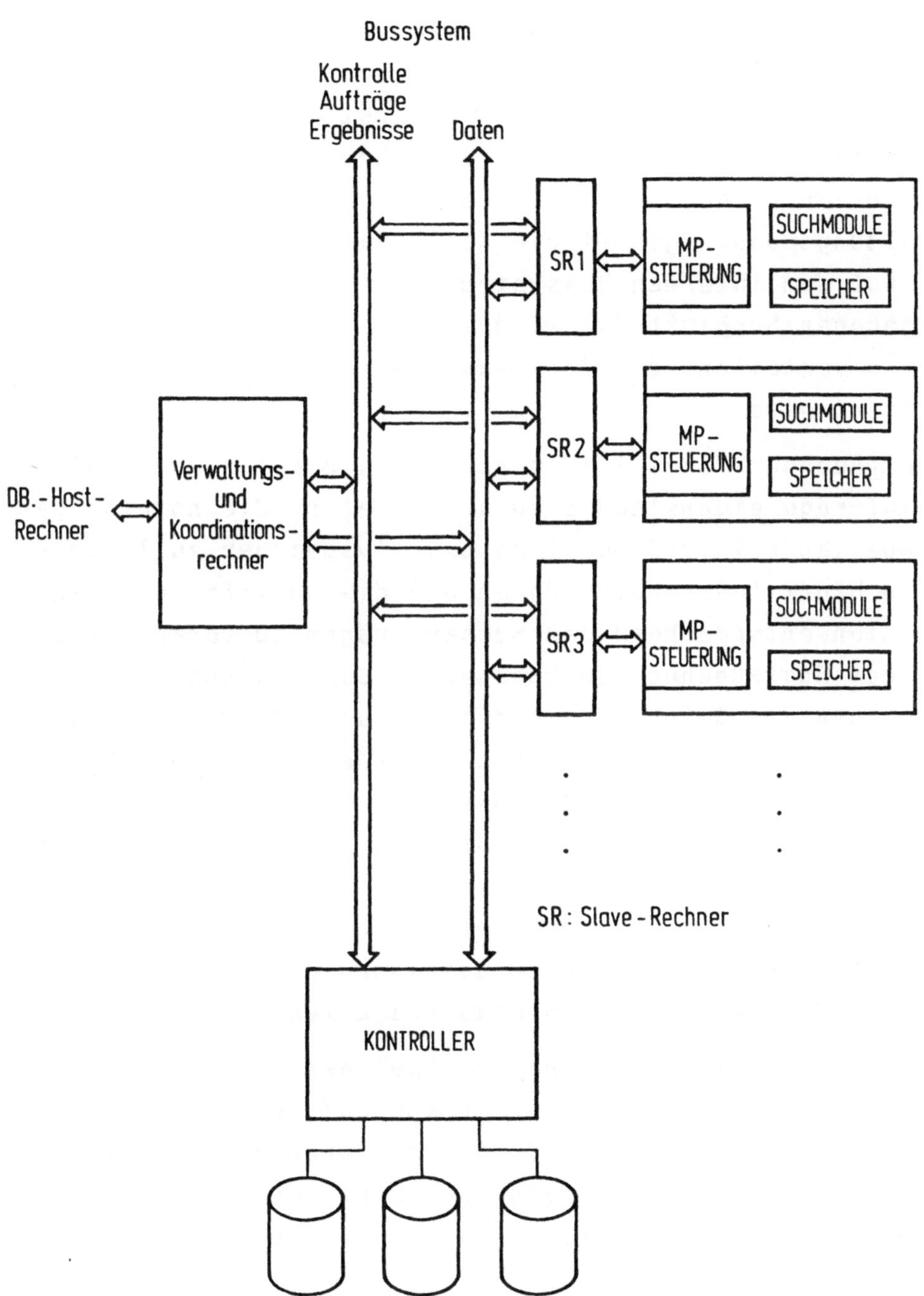

Bild 10.1 Suchrechnersystem

Durch diese Struktur wird die parallele Ausführung unterschiedlicher Funktionen in den einzelnen Speichern möglich; so können z.B. ein Ladevorgang im ersten und ein Suchlauf im zweiten und dritten System gleichzeitig ausgeführt werden. Zu den Aufgaben des als Leitrechner eingesetzten Verwaltungsmoduls gehört die Koordination der Kommunikation auf dem internen Bussystem: die vom Gast-Rechner übergebenen Suchaufträge sind so auf die einzelnen Speicher zu verteilen, daß der Gehalt an Parallelarbeit maximiert wird.

Dieses Rechnersystem ist in der Lage, die ihm übergebenen Suchaufträge eigenständig zu analysieren, die notwendigen Datenbestände in die Quasi-Assoziativspeicher zu laden, die Suchfunktionen auszuführen und die qualifizierte Information entsprechend den Suchaufträgen zu verarbeiten bzw. dem Host-Rechner zu übergeben. Somit können alle Funktionen der Selektion in diesem auch als *Suchrechner* bezeichneten System konzentriert werden (s. auch 3.2). Die Kommunikation zwischen Host- und Suchrechner ist erheblich problemorientierter, da alle mit der physikalischen Speicherstruktur verbundenen Verwaltungsaufgaben im Suchrechner selbst durchgeführt werden. Zu dessen Aufgaben gehört selbstverständlich auch die Koordinierung der konkurrierend eintreffenden Suchaufträge mehrerer Benutzer.

Durch die Parallelschaltung der Speicher, von denen jeder laut 5.5 einer SIMD-Struktur entspricht, kann dieser Suchrechner zur Kategorie der MIMD-Strukturen gezählt werden, da jetzt zu einem beliebigen Zeitpunkt *mehrere Befehle gleichzeitig mehrere Datenwerte* verarbeiten können.

11. Zusammenfassung

In den letzten Jahren sind zu den klassischen Disziplinen der Prozeßdatenverarbeitung - Messen, Regeln und Steuern - zunehmend dispositive Aufgaben hinzugekommen, deren Lösung den Einsatz echtzeitfähiger Datenbanksysteme erfordert.

Da konventionelle Rechnersysteme nur sehr bedingt in der Lage sind, zeitkritische Prozesse der Informations-Wieder-gewinnung auszuführen, sind innovative, dedizierte Hardwaresysteme unentbehrlich.

Einen Beitrag hierzu liefert das in dieser Arbeit vorge-stellte inhaltsadressierbare Speichersystem: Es besitzt die Fähigkeit, komplexe Suchvorgänge in tabellenartig for-matierten Datenbeständen (Relationen) selbständig durchzu-führen und stellt eine autonome Einrichtung dar, die über eine anpassungsfähige Schnittstelle an unterschiedliche Rechnersysteme gekoppelt werden kann. Alle internen Funk-tionen werden durch eine eigene mikroprogrammierbare Steue-rung kontrolliert, die zusätzlich zu einer hohen Ausfüh-rungsgeschwindigkeit den Vorteil der anwendungsspezifi-schen Implementation verschiedener Algorithmen bietet: Neben einer großen Anzahl an Suchverfahren können ver-schiedene Sortiervorgänge und mengenalgebraische Opera-tionen ausgeführt werden.

12. Literaturverzeichnis

[AMD 78]   Advanced Micro Devices
             Am 2910 - Microprogram Controller
             Datenblätter, Advanced Micro Devices,
             Inc. Sunnyvale, USA, 1978

[BAC 78]   Backus, J.
             Can Programming be Liberated from the von
             Neumann Style? A Functional Style and Its
             Algebra of Programs
             CACM 21, 8, S. 613-641

[BAB 79]   Babb, E.
             Implementing a Relational Database by Means
             of Specialized Hardware
             in: ACM Transactions on Database Systems, Vol. 4,
             Nr. 1, März 1979, S. 1-29

[BAR 68]   Barnes, G.H. u.a.
             The ILLIAC IV-Computer
             in: IEEE Transactions on Computers, C-17, Vol. 18,
             1968, S. 746-757

[BBC 80]   Brown, Boveri & Cie
             Kurzbeschreibung des Projektes "PRIMO-S - ein
             speicherresidentes Datenhaltungssystem"
             Brown, Boveri & Cie, Mannheim 1980

[BBC 81]   Brown, Boveri & Cie
             Dokumentation zur Zwischenpräsentation des Ent-
             wicklungsvorhabens "Echtzeitdatenhaltungssystem"
             Brown, Boveri & Cie, Ladenburg, 1981

[BBC 82]   Brown, Boveri & Cie
            Performance-Report PRIMO/S
            Entwicklungsbericht, Brown, Bowerie & Cie,
            Mannheim 1982

[BEE 78]   Beeri, C. u.a.
            A Sophisticate's Introduction to Database
            Normalization Theory
            in: IEEE - CH 1389-6/78/0000-0113, 1978,
            S. 113-124

[BER 77]   Berra, P.B.
            Associative Processors and Data Base Management
            in: Parallel Computers - Parallel Mathematics,
            M. Feilmeier (ed.), International Association
            for Mathematics and Computers in Simulation,
            1977, S. 39-48

[BER 79]   Berra, P.B. und Oliver, E.
            The Role of Associative Array Processors in
            Data Base Machine Architecture
            in: Computer, Vol. 12, Nr. 3, März 1979,
            S. 53-61

[BOT 80]   Both, J.
            FPLE; Die maßgeschneiderte Logik
            in: Elektronik, Heft 7, 1980, S. 53-58

[COD 70]   Codd, E.F.
            A Relational Model of Data for Large Shared
            Data Banks
            in: Comm. ACM, 1970, S. 377-387

[CRA 72]   Crane, B.A. u.a.
            PEPE Computer Architecture
            in: Compcon 72 Proceedings, Sept. 1972,
            S. 57-60

[DAT 77]   Date, C.J.
            An Introduction to Database Systems
            Addison-Wesley Publishing Company, Massachusetts,
            1977

[DEJ 79]   Desjardins, R.
            Datenbanksysteme für Minicomputer-Anforderungen
            und Architekturprinzipien
            in: Datenbanktechnologie, Berichte German
            Chapter of the ACM 2, B.G. Teubner-Verlag,
            Stuttgart, 1972, S. 195-206

[DES 80]   Destunis, S.
            Die Datenbank - Ihre Voraussetzung und Nutzung
            in der Prozeßdatenverarbeitung als Prozeßdaten-
            bank
            Diss. RWTH Aachen, 1980

[DEW 79]   De Witt, D.J.
            Direct - A Multiprocessor Organization for
            Supporting Relational Database Management Systems
            in: IEEE Transactions on Computers, Vol. C-28,
            Nr. 6, Juni 1979, S. 395-406

[DOT 80]   Doty, K.L. u.a.
            Magnetic Bubble Memory Architectures for Suppor-
            ting Associative Searching of Relational Database
            in: IEEE Transactions on Computers, Vol. C-29,
            Nr. 11, 1980, S. 957-970

[EBE 81]   Eberhard, L., Riechmann, C., Schütt, A.
            Datenbankmaschinen - Überblick über den der-
            zeitigen Stand der Entwicklungen
            in: Informatik-Spektrum 4, 1981, S. 31-39

[FAL 62]   Falkoff, A.D.
             Algorithms for parallel search-memories
             in: J. of Ass. Comp. Mach., Vol. 9, 1962,
             S. 488-511

[FER 79]   Ferranti Electronics Ltd.
             ULA Technical Handbook
             Datenbuch, Ferranti Electronics Limited,
             Chadderton, GB, 1979

[FLY 72]   Flynn, M.J.
             Some Computer Organization and their Effective-
             ness
             in: IEEE Transactions on Computers, Vol. C-21,
             Sept. 1972, S. 948-960

[GIL 81]   Giloi, W.K.
             Rechnerarchitektur
             Heidelberger Taschenbücher, Sammlung Informatik,
             Springer-Verlag, Berlin, 1981

[GOO 72]   Goodyear Aerospace Corp.
             Staran-S: Reference Manual,
             GER-15636, Goodyear Aerospace Corp., Aron,
             Ohio, 1972

[HÄN 80]   Händler, W., Bode, A.
             Rechnerarchitektur - Grundlagen und Verfahren
             Springer-Verlag, Berlin, 1980

[HER 81]   Hertlin, I., Laubsch, H.
             Implementation einer relationalen Datenbank
             mittels Pearl als Systemsprache: Bildge-
             stützte Programmierung von Prozeßrechnern
             in: Fachtagung Prozeßrechner 1981, Informatik-
             Fachberichte, Springer-Verlag, Berlin, 1981

[HOL 79]   Hollaar, L.A.
            Text Retrieval Computers
            in: IEEE-Computers, März 1979, S. 40-50

[INT 80]   Intel Corp.
            The 8086 Family User's Manual
            Firmenschrift, Intel Corp., 1980

[KNU 73]   Knuth, D.E.
            The Art of Computer Programming - Sorting
            and Searching
            Addison-Wesley Publishing Comp., Massachusetts,
            Vol. 3, 1973

[KRA 81]   Kraft, R.
            Graubildverarbeitendes Objekterkennungssystem
            für die industrielle Fertigung
            Forschungsberichte für die Praxis Nr. 25,
            Hanser-Verlag, München, 1981

[KUB 81]   Kubera, R.
            Entwurf und Realisierung einer REFRESH-Logik
            für ein dynamisches Speichersystem
            Diplomarbeit RWTH Aachen, Fak. Elektrotechnik,
            1981

[LAM 78]   Lamb, S.
            An Add-in Recognition Memory for S-100 Bus
            Microcomputers
            in: Computer Design, Aug. 1978, S. 140-142,
            Sept. 1978, S. 162-168, Okt. 1978, S. 182-186

[LEA 77]   Lea, R.
            Associative Processing of Non-Numerical Infor-
            mation
            in: Computer Architecture, D. Reidel Publishing
            Company, Dordrecht-Holland, 1977, S. 171-215

[LEI 74]   Leilich, H.O.
            Assoziative Speicher
            in: Taschenbuch der Informatik, Springer-Ver-
            lag, Berlin, 1974

[LEI 75]   Leilich, H.O.
            Ein Suchkonzept für Datenbankanwendungen
            in: Elektronische Rechenanlagen 17, Heft 3,
            1975, S. 108-118

[LEI 80]   Leilich, H.O., Zeidler, H.Ch. u.a.
            Die Architektur der relationalen Datenbank-
            maschine (RDBM)
            in: Hardware für Software, Tagung des German
            Chapter of the ACM, B.G. Teubner-Verlag,
            Stuttgart, 1980

[LÖB 78]   Löbel, G., Müller, P., Schmid, H.
            Lexikon der Datenverarbeitung
            Verlag Moderne Industrie, München, 1978

[LUT 77]   Lutz, T.
            Was ist Datenbank?
            in: Elektronische Rechenanlagen, Heft 5,
            19. Jahrgang, S.233-236

[MAL 79]   Maller, V.A.J.
            The content addressable file store - CAFS
            in: ICL Technical Journal, 1979

[MMI 78]   Monolithic Memories
            PAL - Programmable Array Logic Handbook
            Datenbuch, Monolithic Memories, 1978

[MOS 80]   Mostek
            Datenblatt zu MK 4164(N/E)-12/15-dyn. Ram-
            Elementen
            Firmenschrift, Mostek Corp., 1980

[MOT 77]   Motsch, W.
            Kompakte Baueinheiten und komplexe Suchopera-
            tionen für Assoziativspeicher in LSI-Technik
            in: NTG-Fachberichte, Band 58, VDE-Verlag,
            Berlin, 1977

[MOT 78]   Motsch, W.
            Assoziativer Prozessor für nichtarithmetische
            Operationen
            Diss. Ruhr-Universität Bochum, 1978

[MOT 81]   Motorola Inc.
            MC 68000L10 - 16bit Microprocessing Unit
            Datenblätter, Motorola Inc., Austin, USA, 1981

[MTE 82]   Markt & Technik
            Mehr Bedeutung für statische RAMs, Speicher-
            marktprognose
            in: Markt & Technik, Nr. 8, 1982

[MÜH 76]   Mühlenfeld, E., Kistner, W., Keller, A.
            Ein holographischer Assoziativspeicher für
            unformatierte Daten
            in: Elektronische Rechenanlagen, Heft 5, 1976,
            S. 224-228

[OZK 76]   Ozkarahan, E.A., Schuster, S.A., Smith, K.C.
            A virtual Memory System for a Relational
            Associative Processor
            in: AFIPS - Conference Proceedings, Vol. 45,
            1976, S. 855-862

[OZK 77]   Ozkarahan, E.A., Schuster, S.A., Sevcik, K.C.
            Performance Evaluation of a Relational
            Associative Processor
            in: ACM Transactions on Database Systems, Vol. 2,
            Nr. 2, Juni 1977, S. 175-195

[PAR 73]   Parhami, B.
           Associative Memories and Processors: An Over-
           view and Selected Bibliography
           in: Proceedings of the IEEE, Vol. 61, Nr. 6,
           Juni 1973, S. 722-730

[PAR 76]   Parhami, B. und Mavaddat, F.
           Two-Level Associative Memory Organization for
           Table Look-up Application
           in: Revue Française d'Automatique, Informatique
           et Recherche opêrationelle, Sept. 1976, S. 31-40

[PLA 80]   Platz, H.Ph.
           Produktivitätspotential
           in: IBM-Nachrichten, Heft 248, Feb. 1980,
           S. 25-31

[PLE 82]   Pleßmann, K.W.
           Mikrorechner in der Meß-, Steuerungs- und
           Regelungstechnik
           in: VDI-Bildungswerk, BW 38-17-30, Feb. 1982

[RAM 78]   Ramamoorthy, C.V., Turner, J.L., Wah, B.W.
           A Design of a Fast Cellular Associative Memory
           for Ordered Retrievals
           in: IEEE Transactions on Computers, Vol. C-27,
           Nr. 9, Sept. 1978, S. 800-815

[RIE 79]   Riedel, W.
           Einsatz eines Suchrechnerkonzeptes bei Daten-
           bankanwendungen mit strukturiertem Datenbe-
           stand, dargestellt am Beispiel der Teilebe-
           darfsermittlung
           Dissertation TU Braunschweig, 1979

[ROB 79]   Roberts, C.S.
Partial-Match Retrieval via the Method of
Superimposed Codes
in: Proceedings IEEE, Vol. 67, Nr. 12, Dez. 1979,
S. 1624-1642

[SCH 77]   Schlageter, G., Stucky, W.
Datenbanksysteme: Konzepte und Modelle
Teubner Studienbücher Informatik, Stuttgart, 1977

[SCH 80]   Schütt, D.
Parallelverarbeitende Maschinen
in: Informatik Spektrum 3, Springer-Verlag,
Berlin, 1980, S. 71-78

[SLA 56]   Slade, A.E., McMahon, H.D.
A cryotron catalog memory system
in: Proc. Eastern Joint Comp. Conf., Vol. 10,
1956, S. 115-120

[SMI 76]   Smith, C.H., Wittie, L.D.
Memory Hardware for High Speed Job Selection
in: IEEE Transactions on Computers, Vol. C-25,
Nr. 2, Februar 1976, S. 148-156

[SÖL 78]   Söll, W., Kirchner, H.J.
Digitale Speicher
Vogel-Verlag, Würzburg, 1978

[STE 77]   Steigner, Ch., Waldschmidt, K.
Kooperation von Mikroprozessormoduln durch
Abbildung aller Koordinationsvektoren in einem
Assoziativspeicher
in: Tagungsband, 7. Jahrestagung der Gesell-
schaft für Informatik, 1977

[STE 78]   Steinbuch, K.
Computer und Politik
in: Datascope, Heft 28, 1978, S. 4-10

[STE 81]   Stevenson, D.
A Proposed Standard for Binary Floating-Point
Arithmetic, Draft 8.0 of IEEE Task P754
in: Computer, Heft 3, 1981, S. 51-62

[WED 74]   Wedekind, H.
Datenbanksysteme 1
in: Reihe Informatik 16, Bibliographisches
Institut, Mannheim 1974

[WIL 76]   Willwacher, G.
Fähigkeiten eines assoziativen Speichersystems
im Vergleich zu Gehirnfunktionen
in: Biological Cybernetics, Vol. 24, Springer-
Verlag, Berlin, 1976, S. 181-198

[WIR 79]   Wirth, N.
Algorithmen und Datenstrukturen
Teubner Verlag, Stuttgart 1979

[WOL 75]   Wolf, G.
Assoziative Speicher und Prozessoren
in: Elektronische Rechenanlagen, Heft 6, 1975
S. 264-271

Band 44: Organisation informationstechnik-gestützter öffentlicher Verwaltungen. Fachtagung, Speyer, Oktober 1980. Herausgegeben von H. Reinermann, H. Fiedler, K. Grimmer und K. Lenk. 1981.

Band 45: R. Marty, PISA – A Programming System for Interactive Production of Application Software. VII, 297 Seiten. 1981.

Band 46: F. Wolf, Organisation und Betrieb von Rechenzentren. Fachgespräch der GI, Erlangen, März 1981. VII, 244 Seiten. 1981.

Band 47: GWAI – 81 German Workshop on Artificial Intelligence. Bad Honnef, January 1981. Herausgegeben von J. H. Siekmann. XII, 317 Seiten. 1981.

Band 48: W. Wahlster, Natürlichsprachliche Argumentation in Dialogsystemen. KI-Verfahren zur Rekonstruktion und Erklärung approximativer Inferenzprozesse. XI, 194 Seiten. 1981.

Band 49: Modelle und Strukturen. DAG 11 Symposium, Hamburg, Oktober 1981. Herausgegeben von B. Radig. XII, 404 Seiten. 1981.

Band 50: GI – 11. Jahrestagung. Herausgegeben von W. Brauer. XIV, 617 Seiten. 1981.

Band 51: G. Pfeiffer, Erzeugung interaktiver Bildverarbeitungssysteme im Dialog. X, 154 Seiten. 1982.

Band 52: Application and Theory of Petri Nets. Proceedings, Strasbourg 1980, Bad Honnef 1981. Edited by C. Girault and W. Reisig. X, 337 pages. 1982.

Band 53: Programmiersprachen und Programmentwicklung. Fachtagung der GI, München, März 1982. Herausgegeben von H. Wössner. VIII, 237 Seiten. 1982.

Band 54: Fehlertolerierende Rechnersysteme. GI-Fachtagung, München, März 1982. Herausgegeben von E. Nett und H. Schwärtzel. VII, 322 Seiten. 1982.

Band 55: W. Kowalk, Verkehrsanalyse in endlichen Zeiträumen. VI, 181 Seiten. 1982.

Band 56: Simulationstechnik. Proceedings, 1982. Herausgegeben von M. Goller. VIII, 544 Seiten. 1982.

Band 57: GI – 12. Jahrestagung. Proceedings, 1982. Herausgegeben von J. Nehmer. IX, 732 Seiten. 1982.

Band 58: GWAI-82. 6th German Workshop on Artificial Intelligence. Bad Honnef, September 1982. Edited by W. Wahlster. VI, 246 pages. 1982.

Band 59: Künstliche Intelligenz. Frühjahrsschule Teisendorf, März 1982. Herausgegeben von W. Bibel und J. H. Siekmann. XIII, 383 Seiten. 1982.

Band 60: Kommunikation in Verteilten Systemen. Anwendungen und Betrieb. Proceedings, 1983. Herausgegeben von Sigram Schindler und Otto Spaniol. IX, 738 Seiten. 1983.

Band 61: Messung, Modellierung und Bewertung von Rechensystemen. 2. GI/NTG-Fachtagung, Stuttgart, Februar 1983. Herausgegeben von P. J. Kühn und K. M. Schulz. VII, 421 Seiten. 1983.

Band 62: Ein inhaltsadressierbares Speichersystem zur Unterstützung zeitkritischer Prozesse der Informationswiedergewinnung in Datenbanksystemen. M. Malms. XII, 225 Seiten. 1983.